National Image
A Community of Shared Future for Mankind
and the National Image in the Pandemic Era

国家形象

人类命运共同体与疫情时代的国家形象

范红 胡钰 主编

清华大学出版社
北京

版权所有，侵权必究。举报：010-62782989，beiqinquan@tup.tsinghua.edu.cn。

图书在版编目（CIP）数据

国家形象：人类命运共同体与疫情时代的国家形象 / 范红，胡钰主编. —北京：清华大学出版社，2022.7
ISBN 978-7-302-61061-8

Ⅰ.①国… Ⅱ.①范…②胡… Ⅲ.①国家—形象—中国—文集 Ⅳ.①D6-53

中国版本图书馆CIP数据核字（2022）第160384号

责任编辑：纪海虹
封面设计：傅瑞学
责任校对：王荣静
责任印制：朱雨萌

出版发行：清华大学出版社
网　　址：http://www.tup.com.cn, http://www.wqbook.com
地　　址：北京清华大学学研大厦A座　　邮　编：100084
社 总 机：010-83470000　　邮　购：010-62786544
投稿与读者服务：010-62776969, c-service@tup.tsinghua.edu.cn
质量反馈：010-62772015, zhiliang@tup.tsinghua.edu.cn

印 装 者：三河市东方印刷有限公司
经　　销：全国新华书店
开　　本：170mm×240mm　　印　张：15　　字　数：243千字
版　　次：2022年9月第1版　　印　次：2022年9月第1次印刷
定　　价：78.00元

产品编号：094766-01

编者的话

2020年新冠肺炎疫情的全球流行,在很大程度上改变了人们的生活。人们过去对于旅行、教育、国际关系等领域的理解,都被这场突如其来的疫情彻底改变了。各个国家采取的不同的抗疫措施,带来了国家间关系的变化和对国家形象认知的转变。与此同时,在新冠肺炎疫情的背景下,习近平总书记提出的"人类命运共同体"概念更加值得关注。"人类命运共同体"概念强调世界各国相互联系、相互依存,形成你中有我、我中有你的共同体,这对于全世界共同抵抗新冠肺炎疫情有着极强的指导作用。

自2012年十八大明确提出,要倡导人类命运共同体意识,在追求本国利益时兼顾他国的合理关切以来,习近平总书记在多个重要场合反复提到"人类命运共同体"概念。无论是在2015年的博鳌亚洲论坛年会时提出的迈向命运共同体的"四个坚持",还是在2018年庆祝改革开放40周年大会上的讲话中提到的,要推动建设开放型世界经济,构建人类命运共同体,都极大地丰富了"人类命运共同体"概念的内涵和外延,逐步地确定了这一概念的框架和意义。一方面,作为被写入联合国决议的重要概念,"人类命运共同体"概念蕴含着世界主义的思想,具有重要的政治意义;另一方面,作为对外宣传的重要概念,"人类命运共同体"概念对于全球传播和国际传播等领域,具有重要的研究意义。

就国家而言,无论规模的大小,无论经济发展水平的高低,良好的形象都是国家最为重要的软实力。良好的国家形象能够成为国家的竞争优势,能够对国家的全球地位、经济发展和国民素质产生积极影响。2020年的新冠肺炎疫情是世界各国人民共同面临的一场前所未有的危机,这场危机使得国与国之间的交往出现减速,甚至一度停滞。国家间的隔离和孤立,对全球范围内的经济、政治、文化和公共外交都产生了重大影响。随着我国疫情防控进入常态化阶段,如何看待疫情背景下的中国国家形象,是学界应该关注的话题。

2020年11月10日，清华大学国家形象传播研究中心在清华大学举办了以"人类命运共同体与国家形象建构"为主题的"2020清华国家形象论坛"。本次论坛嘉宾云集，思想争鸣。150多位来自国内外学界、业界的专家代表出席了本次论坛。同时，在线云端分论坛也如期举行。各大新媒体平台进行了同步直播，抖音平台直播观看人数突破10万。

《国家形象：人类命运共同体与疫情时代的国家形象》一书是此次论坛的思想成果，收录了各界同仁最新的研究和实践成果。本书主要分为四个部分：第一部分"主题发言"，收录了与会嘉宾的重要发言，他们就人类命运共同体与疫情时代的国家形象这一主题发表真知灼见，内容具有极强的前瞻性和洞察性。第二部分"高端对话与调查报告"，邀请学界和业界的重量级嘉宾，围绕疫情期间的中国国家形象和中国方案展开讨论，迸发出智慧的火花。除此之外，清华和爱德曼公关公司联合发布的《信任度与新冠肺炎疫情》调查报告显示，中国在新冠肺炎疫情控制方面的步伐和成果远远超过其他国家和地区，呈现出强有力的疫情防控、治理能力，直观反映为中国各类机构信任度的持续提高。第三部分"人类命运共同体与国家形象"，收录了多篇论文，深入分析了"人类命运共同体"概念对国家形象的意义。第四部分"疫情与国家形象"，集中探索了新冠肺炎疫情对于国家形象的影响和意义，提出了许多深刻的见解和思考。

2020年是清华大学国家形象论坛举办的第七个年头，在过去七年中，每届论坛都得到了国内外政界领袖、学界专家、业界权威等各界精英的大力支持。自2014年清华大学国家形象传播研究中心成立以来，积极响应习近平总书记提出的"加强国际传播能力建设，精心构建对外话语体系"的重大部署，为国家战略、城市形象、企业品牌等领域提供理论支持和传播策略。目前，中心已出版的图书包括：《国家形象研究》（2015）、《国家形象　多维塑造》（2016）、《国家形象：创新与融合》（2017）、《国家形象："一带一路"与品牌中国》（2018）、《国家形象：文化自信与国家形象》（2019）和《国家形象：文明互鉴与国家形象》（2020）。本书是该系列丛书的第七本，既探讨了新冠肺炎疫情背景下国家形象塑造的理论依据和实践路径，又丰富了"人类命运共同体"概念在国家形象领域的思想内涵和应用方式。

最后,对于本书的出版,要感谢清华大学校领导、同事和清华大学出版社的倾力帮助,也要感谢各界同仁的大力支持。未来,清华大学国家形象传播研究中心将继续努力,为实现建构国家形象研究领域的世界一流智库的目标而不懈努力。

编者于清华园

2021 年 6 月

目　录

第一部分　主题发言　1
2020年清华国家形象论坛开幕致辞　2
以人类命运共同体理念为指引建构良好国家形象　4
让"人类命运共同体"占据中国形象传播制高点　8
把防控发布做实 把议题引领做优 把精神力量做强
　　——首都抗疫中的形象建构与人类命运共同体传播　14
为建构国家形象注入企业力量　20
人类命运共同体视阈下的中国国家形象传播　23
疫情时代的国家品牌　29
新冠肺炎疫情与国家品牌建构　32
中华民族伟大复兴与国家形象宣传　35

第二部分　高端对话与调查报告　39
2020清华国家形象论坛高端对话　40
清华-爱德曼联合发布2020爱德曼信任度调查报告
　《信任度与新冠肺炎疫情》　53

第三部分　人类命运共同体与国家形象　61
"人类命运共同体"与中国对外传播　62

"人类命运共同体"背景下中国主流媒体定位与机遇　69
人类命运共同体的理论境界与中国道路的实践选择　79
"人类命运共同体"视阈下的对外传播　96

第四部分　疫情与国家形象　103

重大公共危机事件中的城市形象塑造与传播策略
　　——以武汉为例　104
特朗普的"罪感洗脱"逻辑与"被诋毁的中国形象"
　　——用伯克罪感 - 救赎循环理论来看特朗普疫情期间的话术　110
世界主义视域下的平台化思维：疫情时代的公共外交理念转型　124
国家形象与情感传播：疫情背景下《人民日报》抖音号的
　　情感逻辑和形象建构　132
中国形象的"他塑"与"自建"　139
各国对中国抗击疫情的积极话语分析　145
抗疫背景下中央广播电视总台对外传播策略与中国国家形象建构　153
新冠肺炎疫情防控与中国大国形象塑造
　　——基于信号表达的理论与实践　160
突发公共事件的危机管理、舆情应对和共情传播
　　——基于新冠肺炎疫情的检视与思考　181
新冠肺炎疫情中的中国国家形象与舆论斗争策略　189
国际舆论视域下的中国抗疫行动与公共外交　194
新冠肺炎疫情背景下的国家形象危机及应对策略　204
外宣媒体的战疫报道与中国国家形象塑造
　　——以 CGTN 为例　215
海外主流媒体涉华疫情报道中的中国国家形象与文化影响　223

第一部分

主题发言

2020年清华国家形象论坛开幕致辞

向波涛[①]

2020年对于中国而言是极不寻常的一年。面对突如其来的新冠肺炎疫情，中国人民众志成城，以举国之力与之搏斗，付出艰苦努力，作出巨大牺牲，最终取得抗疫斗争的重大战略成果。经历了风雨飘摇，才愈发彰显砥砺前行、携手共进的可贵。在这里，第七届清华大学国家形象论坛如期而至，现场嘉宾云集，共话构建人类命运共同体的责任担当。首先，我谨代表清华大学，向出席2020年清华大学国家形象论坛的各位领导和嘉宾表示热烈的欢迎，向积极参与、大力支持本次活动的各界朋友表示诚挚的谢意！

全球新冠肺炎疫情的防控局势愈发证明，构建人类命运共同体，既是历史发展的客观进程，又是解决全球范围内的新问题、新挑战的根本路径。习近平总书记指出："加强疫情防控国际合作是发挥我国负责任大国作用、推动构建人类命运共同体的重要体现。""大道不孤，大爱无疆"，"山川异域，风月同天"。在疫情面前，中国人民不仅对自身的生命安全和身体健康负责，也对全球的公共卫生事业尽责，为全球疫情防控源源不断地输出资源、分享经验。这不仅集中体现了中国人民休戚与共、兼济天下的价值传统，更有效地塑造了讲信义、重情义、扬正义、守道义的中国形象，生动阐释了共塑人类美好未来的中国担当。

在此期间，清华大学积极响应国家战略，充分发挥高校科研与智库优势，在国际社会广泛开展对话、交流与合作。疫情暴发以来，清华大学先后举办多场跨国特别会议，发起国际科研项目支持计划，成立万科公共卫生与健康学院。通过搭建多样化平台，推动各国高校联合攻关关键技术，协力提升治理能

[①] 向波涛：清华大学党委副书记、清华大学国家形象传播研究中心副理事长。

力。在防疫抗疫、公共卫生应急体系建设等方面,贡献了清华力量,同时也展现出参与全球健康事业,维护人类福祉的大国高校形象。

  面对新冠肺炎疫情这一21世纪以来人类遭遇的最大挑战,中国实践成效卓著,清华行动有目共睹。这一过程对中国国家形象的功能、塑造与传播产生了积极影响。国家形象既取决于内部的综合国力,又取决于与世界各国文明之间的沟通交流。在全球化与现代化的历史进程中,中国如何以人类命运共同体的融合视角,以东方文化独有的智慧与魅力,多维度地提升国家形象的传播力,始终是学界关注的议题。

  清华大学国家形象传播研究中心自2014年7月成立以来,积极响应习近平总书记提出的"为世界谋大同、推动构建人类命运共同体"的重大部署,充分利用清华大学的跨学科优势,以新闻与传播学院为依托单位,联合公共管理学院、经济管理学院、人文学院、建筑学院、美术学院五个学院,合作搭建专门研究国家形象的智库平台。七年来,为国家形象塑造提供了科学合理的理论体系和切实有效的传播策略。

  此次论坛以"人类命运共同体与国家形象"为主题,既观照于全球疫情防控形成的国家形象塑造的机遇与挑战,又立足于人类命运共同体提出的国家形象的功能与定位,具有高度的现实关切与理论站位。在这个秋意浓浓的清华校园里,我希望各位领导、专家、学者能够畅所欲言,秉持国家情怀、国际视野,围绕本次论坛的主题展开深入交流,发表真知灼见,为持续优化中国国家形象的传播路径建言献策,助力人类命运共同体开辟互通、互动、互信新格局。

以人类命运共同体理念为指引建构良好国家形象

崔士鑫[①]

首先,受人民日报社社长、总编辑庹震同志,副总编辑、人民日报社与清华大学共建新闻与传播学院委员会人民日报社方主任方江山同志委托,在此,对2020清华国家形象论坛的成功举办表示衷心祝贺!

国家形象论坛已成功举办多年,今年的论坛主题定为"人类命运共同体与国家形象建构",放眼世界变革,聚焦时代热点,体现出高度的政治敏感与精准的专业考量。2013年,习近平总书记首次在国际场合提出并阐述人类命运共同体理念,此后又在多个重要国内和国际场合对该理念进行全面论述与深刻阐发。作为应对人类共同挑战的中国主张、中国方案,人类命运共同体理念不仅被写入党的十九大报告和党章,还多次被写入联合国文件,得到国际社会的欢迎和认可。在疫情肆虐的特殊背景下,尽管有的国家以"甩锅"代替合作,甚至以邻为壑,但全世界必须联手抗疫才能消灭病毒、战胜疫情的事实,更加凸显了人类命运共同体理念的真理性与前瞻性。

人类命运共同体理念与国家形象建构是相辅相成、相互促进的。倡导建设持久和平、普遍安全、共同繁荣、开放包容、清洁美丽新世界的人类命运共同体的理念,有助于建构积极良好的中国国家形象;积极良好的中国国家形象,有助于消除国际社会对人类命运共同体理念的误解和质疑。如何以人类命运共同体理念为指引,做好疫情时代国家形象的塑造与传播,我将从媒体角度,与大家分享几点认识与体会。

---

① 崔士鑫:人民日报社研究部主任。

一、突出主题，建构大国形象

习近平总书记提出的人类命运共同体理念，有着丰富的思想内涵；习近平总书记推进构建人类命运共同体的实践，体现了中国将自身发展同世界发展相统一的全球视野、世界胸怀、大国担当，有力推进了新时代中国国家形象的建构与对外传播。我们要宣传阐释好人类命运共同体理念，作为建构国家形象的主题与指引；宣传报道好总书记重要外交活动，展现大国领袖风采和更具亲和力的中国国家形象。

2020年9月，习近平总书记在第七十五届联合国大会一般性辩论上发表的重要讲话中，重申了中国将继续做"世界和平的建设者、全球发展的贡献者、国际秩序的维护者"。世界和平的建设者，反映了中国数千年一以贯之的"以和为贵"的思想理念，是中国人民爱好和平、崇尚和平的最好表达；全球发展的贡献者，概括了中国大到"一带一路"倡议和实践，具体到举办中国国际进口博览会等举措，是中国担当负责任大国义务的最好写照；国际秩序的维护者，表明中国坚定践行多边主义，坚定维护国际秩序的鲜明态度，是中国奉行公平正义原则的最好说明。在逆全球化浪潮叠加、世界经济衰退、人类遭遇危机的特殊时刻，报道阐释好总书记的这一重要宣示，无疑对中国国家形象有巨大的加分作用。

二、聚焦主线，展现责任担当

2020年初突如其来的严重疫情，既给中国人民的生产生活带来巨大影响，万众一心抗击疫情，又充分彰显了中国精神、中国力量、中国担当。中国人民的风雨同舟、众志成城，让世界印象深刻；中国人民的无私援助、慷慨解囊，令世人备受感动。

2020年11月4日，习近平总书记在第三届中国国际进口博览会开幕式上的主旨演讲中透露，为支持各国抗击疫情，中国人民毫无保留地同各方分享经验，尽己所能地为国际社会提供援助。截至10月20日，已向150个国家和7个国际组织提供抗疫援助，出口口罩1790多亿只、防护服17.3亿件、检测试剂盒5.43亿人份。中国抗疫斗争的成绩有目共睹，中国在全球抗疫斗争中的贡献赢得赞誉。我们的国家形象塑造与传播，有必要聚焦中国抗疫斗争的伟大实践这一主线,聚焦中国人民与世界人民一道抗击疫情、应对人类共同挑战这一壮举,展现我们的责任担当,构建积极良好的国家形象。

三、围绕主旨,讲好中国故事

我们夺取疫情防控和实现经济社会发展目标双胜利,充分反映了上下同心、集中力量办大事的制度优势,然而,这却成为一些敌对势力非议、攻击我们的口实。不可否认,国际舆论格局仍是"西强我弱"。同时也要看到,我们的媒体还没有完全走出传统观念和思维定式,国际传播能力和对外传播话语体系建设有待加强。

习近平总书记指出,"讲故事,是国际传播的最佳方式"。那么,该怎样讲好中国人民的抗疫故事呢?必须认真研究国外不同受众的习惯和特点,把我们想讲的和国外受众想听的结合起来,使中国故事得到更多认同。更重要的是通过中国的抗疫故事,反映我们的制度优势,进而把宣传中国道路、中国理论、中国制度、中国精神、中国力量的主旨寓于其中,在润物无声中树立和塑造国家形象。

四、当好主力,壮大传播声量

新闻媒体在国家形象塑造和传播中具有独特地位和作用。有人认为,国家形象就是这个国家在新闻媒体上的呈现。中国主流媒体作为对外传播主力军,是海外民众了解中国变化、感受中国发展的重要窗口。尤其是在全媒体时代,主力军要全面挺进对外传播主战场,在国家形象的立体传播中充分发挥作用。

同时,我们必须认识到,国家形象的塑造和传播是一个全方位、多角度、深层次的系统性、立体化工程。国家形象既是宏观的,体现在国与国的交往中;又是具体的,展现在人与人的交流中。在塑造和传播我国良好的国家形象的问题上,需要媒体、高校、文旅部门、企业等社会各方携手努力,共同壮大对外传播声量,这既是当下之需,又是长远之计。

近年来,《人民日报》以人类命运共同体理念为指引,统筹内宣外宣、网上网下,在社会各界的支持下,积极做好对外传播,讲好中国故事,传播中国声音。

比如，从 2018 年 8 月 1 日起，《人民日报》在国际版开辟"风从东方来"专版，先后推出"国际人士亲历改革开放""国际人士谈一带一路合作"等系列专题。今年 2 月起，《人民日报》又以"患难见真情 共同抗疫情"为主题，连续刊发多个整版报道。这些报道通过邀请外交官、企业家、学者、政要等不同身份的国际友好人士，以第一人称的叙述方式，讲述自己见证的中国改革开放和中国与国际社会携手打赢疫情防控阻击战的感人故事，为塑造和传播我国国家形象发挥了积极作用。评论是《人民日报》的传统优势与核心竞争力。2019 年 11 月 5 日，《人民日报》推出全新国际评论专栏"和音"，该栏目在 2020 年上半年连续推出 50 余篇"抗击疫情离不开命运共同体意识"系列评论，为疫情防控的全球阻击战，敲响了和平、合作、和谐的"黄钟大吕"。习近平总书记强调，塑造我国的国家形象，要重点展示中国历史底蕴深厚、各民族多元一体、文化多样和谐的文明大国形象，政治清明、经济发展、文化繁荣、社会稳定、人民团结、山河秀美的东方大国形象，坚持和平发展、促进共同发展、维护国际公平正义、为人类作出贡献的负责任大国形象，对外更加开放、更加具有亲和力、充满希望、充满活力的社会主义大国形象。在世界处于百年未有之大变局的关键时期，"和音"唱响了中国传统文化的博大内涵，唱响了世界发展进步的历史逻辑，向世人传递了来自东方、兼容并蓄的"和谐之音""和平之音"。

良好的国家形象的建构和塑造不可能一蹴而就，需要持之以恒、久久为功。《人民日报》期待与社会各界一道，以人类命运共同体理念为指引，在"十四五"规划的全面建设社会主义现代化国家的新征程中，共同为塑造和传播良好的中国国家形象做出新的贡献。

让"人类命运共同体"占据中国形象传播制高点

柳斌杰[①]

在这天朗气清、金风玉露的清华园中,我们迎来了第七届清华大学国家形象论坛。我首先感谢大家在百忙之中,莅临清华大学参会指导。自清华大学国家形象传播研究中心建立以来,每年的深秋都会举办国家形象论坛,紧密结合中国国情和国际传播领域的学术研究趋势,邀请各学科、各行业的代表,多维度、多角度地研究、探索国家形象传播领域的实践和学术问题。在这里,中外知名学者、政府领导、企业高管等各界精英共聚一堂,发布过去一年中的重要科研成果与国际舆情案例,形成新的认识,深化学术思想。

本次会议的主办方——清华大学国家形象传播研究中心,于2014年7月成立。利用清华大学的跨学科优势,国家形象传播研究中心以新闻与传播学院为依托,联合公共管理学院、经济管理学院、人文学院、建筑学院、美术学院等校内单位,共同搭建了一个专门研究国家形象的智库平台。旨在以学术为重点,贯彻落实习近平总书记提出的"加强国际传播能力建设,精心构建对外话语体系"和"向世界展现真实、立体、全面的中国"的重大部署。七年以来,在学校领导、人民日报社、中国外文局等方面的大力支持下,中心致力于国家形象的理论体系建构与实践探索,努力为国家战略、政府决策、城市形象、企业品牌等学科领域,提供智库与学术支持,努力塑造好和传播好国家形象。下面我讲四个相关问题:

---

① 柳斌杰:清华大学国家形象传播研究中心理事长、清华大学新闻与传播学院院长、十二届全国人大教科文卫委员会主任委员。

一、中国在抗击疫情中展现了良好的国家形象

2020年新冠疫情的全球暴发是对我国国家形象的重大考验。在抗击疫情的过程中,中国人民上下一心、齐心协力,在党的坚强领导下,打赢了全民抗疫的保卫战,展现了中华民族一方有难、八方支援、举国抗疫、同舟共济的社会主义大国形象。

自新冠肺炎疫情暴发以来,中国为抗击疫情、控制疫情蔓延做出了艰苦卓绝的努力,中国政府在对病毒几乎一无所知的情况下,果断采取"封城"、集中隔离、居家隔离的措施,有效阻断了病毒的传播,并在第一时间向世界公布了病毒全基因组序列,与世界卫生组织及相关国家和地区分享疫情信息。中国政府始终将人民的生命和健康放在首位,采取了前所未有的防控救治措施。比如,在几天内建成方舱医院、开展大规模检测、追踪密切接触者等。据美国《科学》杂志2020年4月发表的一项研究显示,中国在疫情暴发之初的50天内采取的严格的防疫措施,可能避免了数十万病例的发生,彰显了负责任的东方大国形象。

在自身抗疫的关键时刻,中国向国际社会提供急需的防疫物资与生活物资,惠及170多个国家和地区。在疫情席卷全球的至暗时刻,中国没有实行物资的封锁禁运,而是加速国内医疗产品的复产复工,并向疫情最为严重的国家输送物资,如意大利、塞尔维亚等国,甚至派出医疗队驰援。面对西方社会的质疑与流言蜚语,中国以实际行动向世界展示了团结合作的良好形象,为人类命运共同体的"共同发展、合作共赢"理念提供了有力证明。疫情没有国界,人类需要团结起来共同对抗病毒,这是世界人民的共同利益所在,也是人类命运共同体建构的现实诉求。

作为联合国五大常任理事国之一的中国,利用自身日益增长的国际影响力,不断推动全球治理体制的改革,对其中不公正、不合理的方面进行改进,努力使全球治理体制更加平衡地反映大多数国家的意愿和利益。近年来,中国深度参与国际机制的完善,致力于推进更加公平合理的全球治理模式,支持国际组织发挥作用。通过一系列新主张、新方案和新机制,推动形成更加合理的全球治理体系,在全球治理的变革中留下了许多中国印记。

二、抗疫斗争升华了人类命运共同体理念

突如其来的新冠肺炎疫情让世界经济陷入停摆,人类的健康与未来遭遇

了空前的危机。在疫情危机面前,世界各国之间是携手互助、休戚与共、团结抗疫,还是相互封锁、制造对抗、各自为政,显得尤为重要。中国在抗击本国疫情的同时,竭尽全力帮助其他受疫情影响严重的国家,践行"人类命运共同体"的主张,以实际行动站在道义的制高点上。

"人类命运共同体"这一概念由习近平主席于2015年9月在纽约联合国总部首次提出。他指出:"当今世界,各国相互依存、休戚与共。我们要继承和弘扬联合国宪章的宗旨和原则,构建以合作共赢为核心的新型国际关系,打造人类命运共同体。"2017年10月18日,习近平总书记在党的十九大报告中再次提出,坚持和平发展道路,推动构建人类命运共同体,倡导和促进全球的治理体系变革。

"人类命运共同体"的理念内涵十分丰富,它包含了国际权力观、共同利益观、可持续发展观和全球治理观。"国际权力观"是指,随着经济全球化的深入发展,资本、技术、信息、人员跨国流动,国家之间处于一种相互依存的状态,一国的经济目标能否实现与别国的经济波动有重大关联。各国在相互依存中形成了一种利益纽带,要实现自身利益就必须维护这种纽带,即现存的国际秩序。国家之间的权力分配未必要像过去那样,通过战争等极端手段来实现,国家之间在经济上的相互依存有助于国际形势的缓和,各国可以通过国际体系和机制来维持、规范相互依存的关系,从而维护共同利益。

"共同利益观"体现了经济全球化背景下,人们对传统的国家利益观的反思。在全球化的大背景下,各国的经济利益高度交融,成为共同利益链条上的一环,任何一环出现问题,都可能导致整个利益链条停摆。在新媒体时代,媒介环境的变化使不同的社会空间发生了更多交叠,互联网把各国空前紧密地连接在一起,诸如流行性疾病、全球气候变暖、文化多样性等社会问题,能够跨越地域的限制,影响到全球的每一个国家。面对越来越多的全球性问题,任何国家都不可能独善其身。要想自己发展,也必须让别人得到发展。

"可持续发展观"是将中华民族的长远发展与国际社会的共识相结合的理论典范。可持续发展观的内涵是指,"既能满足当代人需要,又不对后代人满足其需要的能力构成危害的发展"。自1995年我国将"可持续发展"作为重大战略提出以来,我国的环境保护工作已经取得了可喜的进展,特别是在植树治沙、退耕还林等方面。作为一项"功在当代、利在千秋"的国家重大战略,可持续发展观不仅体现了中国对于本国人民赖以生存的土地的深切关怀,也彰显了中华民族维护人类命运共同体的核心利益的坚定决心。

"全球治理观"的核心观点在于,由于全球化导致的国际行为主体的多元化,全球性问题的解决,是一个由政府、政府间组织、非政府组织、跨国公司等主体共同参与和互动的过程,而解决问题的重要途径是强化国际规范和国际机制,以形成一个具有机制约束力和道德规范力的、能够解决全球问题的"全球机制"。比如,2008年国际金融危机后出现的"20国集团",帮助各国协调事务、应对危机,使世界经济没有陷入类似20世纪全球大萧条的境地。近些年来,国际上的各种协调磋商机制非常活跃,推动国际社会朝着更加制度化和规范化的方向前进。

在这次的抗疫斗争中,中国秉持人民至上、生命至上、人类命运共同体的核心理念,支持全球抗疫,不仅提升了中国的负责任大国的形象,还升华了人类命运共同体的理念,赢得了世界人民的信赖。

三、让"人类命运共同体"占据国家形象传播制高点

"人类命运共同体"的概念内涵具有普适意义,与各国人民心意相通,与全球化发展的趋势相契合,为我国的国家形象塑造提供了科学的理论基础。放眼全球,当前国际社会存在的各种价值观,仍主要服务于不同国家的现实利益。人类命运共同体的构建是一个长期目标,建设也是一个长期、复杂和曲折的过程。如果各国政治家能真正从全人类的长远利益出发考虑问题,而不是根据短期的国内政治需求制定政策,一个更高程度的、走向共同繁荣的人类命运共同体完全是可以建成的。在这个过程中,各国的社会制度、发展模式、利益诉求、宗教信仰以及文化传统的不同,都将给人类命运共同体的构建设置重重障碍。跨文化交流不可或缺,不同的国家需要增进互相理解。唯有以海纳百川的宽广胸怀打破文化差异和文明冲突的壁垒,以开放包容、兼收并蓄的态度汲取其他文明的养分,才能消除不同文化、不同国家之间的隔阂和误解,促进心相通、民相亲、世大同。

"人类命运共同体"是"国家形象"对外传播的制高点和核心理念。一方面,人类命运共同体是新时期中国国家形象建构的核心和灵魂,规定了中国国家形象对外传播的内涵、路径与目标;另一方面,中国国家形象的好坏优劣又直接影响着人类命运共同体理念的对外传播,直接影响着人类命运共同体

构建的可能性空间。推进人类命运共同体的对外传播,不仅是人类命运共同体价值理念生成、发展的必然要求,也是建构积极良好的中国国家形象的价值需要。认同了人类命运共同体理念,就是认同了中国的国家形象,这是息息相关的。在疫情后的国际形势下,建构坚持和平发展、维护国际公平正义、对外更加开放、更具亲和力的中国国家形象,将使"中国主张、中国价值、中国方案"在人类命运共同体的构建中发挥出更大的作用。为此,如何立足于中国经济社会的发展实践,在深刻把握中国特色社会主义发展规律,充分借鉴西方学术话语体系合理内容的基础上,创造、提炼和总结出具有中国特色的学术概念、理论框架和重大命题,形成既能被国际社会广泛认同、又契合中国实际的学术话语体系,用系统的学术语言为中国特色社会主义道路提供话语逻辑,显得十分重要,我们的国家形象传播研究中心一直致力于这方面问题的讨论,既要加强传播显性国家形象,又要深化人类共同价值的引领,全面、立体、真实地传播中国新形象。

四、大学应当在国家形象建构和传播中发挥重要作用

在建构和传播"人类命运共同体"和"国家形象"的过程中,大学应发挥更加重要的作用,为人类命运共同体理论的实践与国家形象的塑造贡献积极力量,担负起时代的责任。

其一,大学应当牢牢把握新时代人才培养的方向,坚持造就有全球视野、人类情怀的各门类优秀人才。在新时代的背景下,高等教育应当主动适应经济社会发展的时代需要,调整优化高校区域布局、学科结构、专业设置,大力培养创新型、复合型、应用型人才。我国一流大学的人才培养目标,在全球公民素养、人文情怀、科学精神、终身学习能力和人生理想等方面有待加强,对培养国际化人才和全球领导者的重视程度有待提高。因此,大学要在坚持中国特色的前提下,在全球大环境中重新定位和优化人才培养目标,为构建人类命运共同体积蓄力量。

其二,大学应加强学科建设,优化资源配置,促进跨学科与交叉学科的发展,以适应全球竞争的需要。对学科的配置与分类进行统筹、整合和优化,能够促进学科资源的体系化和结构的合理化,使不同学科都能找到最为适宜的发展模式。在当前科技革命的背景下,产业转型升级和新旧动能转换已成定

局,大学应当主动适应以新技术、新产业、新业态和新模式为特征的新经济变化,建设高水平的专业教育,推动文科、医科、农科、工科等专业教育的创新发展,以适应全球化人才竞争的未来走势。

其三,大学应加强全方位的科研合作与交流,特别是在国际层面上。大学应该与海外优秀院校、学术组织开展交流活动,鼓励优秀人才的联合培养。在疫情背景下,全球的医疗科研机构都在争分夺秒地研发新冠病毒疫苗,国际合作的重要性日益凸显。同时,线上虚拟会议等新的沟通模式也应运而生,为科研合作提供了新的交流平台,要充分利用一切机会,扩大国际认同和共识。

2020年9月,"双一流"专家评议会一致认为,清华大学"双一流"建设的实施过程与建设方案高度符合。清华大学全面、高质量地完成了"双一流"建设任务,办学质量、社会影响力和国际声誉持续提升。未来的清华大学,应当更加自信、更加进取、更加开放地肩负起时代所赋予的使命和责任,为建设高等教育强国贡献力量,为探索中国特色世界一流大学的建设道路贡献力量,为构建人类命运共同体发光发热。

中华民族正处于伟大复兴的历史进程中,从民族自强自立,到全面实现小康社会,中国实现了伟大的历史跨越。我国领导人在不同场合多次强调构建人类命运共同体的重要性,展现了中国有担当、负责任、更开放的国家形象。我国媒体也逐渐通过新媒体传播、广告传播、事件聚焦、口碑营销、公共外交、公共关系等策略,进行国家形象的立体传播。在重大国际事务中,中国展现了在全球治理中的负责任的精神与态度,以及在解决抗击疫情、经济增长动能不足、贫富分化日益严重、气候变化等全球问题时,体现出的大国担当和中国方案,成功地展示了当代的中国形象。我们要继续巩固成果,把工作做得更好。

党的十九大报告指出:"没有哪个国家能够独自应对人类面临的各种挑战,也没有哪个国家能够退回到自我封闭的孤岛。世界命运握在各国人民手中,人类前途系于各国人民的抉择。中国人民愿同各国人民一道,推动人类命运共同体建设,共同创造人类的美好未来。"这场新冠肺炎疫情再次证明,在人类共同的敌人面前,各国人民是一个命运共同体,它超越了阶级、阶层和群体的利益共同体,深刻反映了未来人类的发展规律和美好前景。思想的光芒是有穿透力的,我们一定要把党的思想理论及时转化为学术语言,让"人类命运共同体"这一核心理念,牢牢占据中国国家形象传播的制高点,为人类指引方向。

把防控发布做实 把议题引领做优 把精神力量做强
——首都抗疫中的形象建构与人类命运共同体传播

徐和建[①]

很高兴受邀参加2020清华国家形象论坛,感谢清华大学的邀请。围绕人类命运共同体与国家形象这一论坛主题,我结合北京疫情防控的国际传播实践,就首都形象建构和人类命运共同体传播谈几点认识。不妥之处,请大家指正。

刚刚过去的庚子年的前十个月,让每一个人都无比深刻地感受到百年变局、中美博弈,无比深刻地感受到百年疫情、人类命运共同体,惊心动魄、荡气回肠。新冠肺炎疫情席卷全球,影响深远而广泛,当今世界百年未有之大变局加速演进。抗击疫情,中国化危为机、转危为安,成功实现两个率先——率先取得抗疫重大战略性成果,率先实现经济增长由负转正。由抗击新冠肺炎疫情引发的新一轮国际舆论传播竞赛——塑造新型国家形象、塑造首都北京新型国际城市形象之战,已悄然打响,我们面临严峻挑战,也迎来新的机遇。持续打造与变局中的中国的发展地位相适应的国际传播格局,塑造与中国特色社会主义大国首都相匹配的北京新型国际城市形象,是我们在相当长一段时期内要面对的新的重大课题。

作为大国首都,北京在提升国际传播能力建设方面负有重要责任。在西方就疫情源头问题上抹黑、甩锅中国的严峻形势下,北京坚持强化对外宣传、国际传播,持续对外讲好疫情防控的中国实践、北京经验。2020年6月,北京

---

① 徐和建:北京市委宣传部副部长、北京市政府新闻办主任。

新发地突发聚集性疫情,引发全球关注。北京仅用40天便实现精准控制疫情,打了一场漂亮的疫情防控仗。与疫情防控同时,高难度、高强度、最透明、高频次的国际传播全力展开,有力地吸引了来自境外受众的目光,使其对中国理念从"耳濡目染",到"感同身受",再到"产生共鸣",打了一场漂亮的国际舆论翻身仗,实现防控工作做得好、抗疫故事讲得好、境外媒体报道得好这"三好"。

从外媒的报道情况来看,外媒密集刊播3万余条有关北京疫情防控的报道,其中客观、正面态度的报道达85%以上。彭博社等近百家主流外媒认为,北京"清零"能够为世界抗疫提供经验,路透社报道称,"北京显然是一个最佳范例"。《人民日报》等中央媒体指出,外媒纷纷给北京防疫"打高分"。北京迅速、有效、精准防疫成为国际舆论的主流声音。《参考消息》6月连续转载外媒相关报道83篇,其中连续4天在头版、头条,大幅通栏标题集中转载境外主流媒体的相关报道达40篇。自北京开始,主流外媒纷纷点赞疫情防控的中国速度、中国力度、中国措施和中国成效,首都疫情防控国际传播取得前所未有的显著成效,成功化危为机,一举扭转了自年初以来中国疫情防控在国际上的被动传播局面。这次首都疫情防控国际传播的成功破局,有效实现了疫情防控信息的即时、通讯和互动,为树立国际传播信用、引导国际社会客观认识中国积累了经验。中央政治局委员、中宣部部长黄坤明批示指出:精心组织,精准发力,效果很好,应予总结。

一、把防控发布做实,寓全面、真实、立体中国于高频信息直通

事实传播是最基础、最有效、最首选的国际传播方式。构建国家形象应当以大量、全面、真实、立体的事实为支撑、为基础,在事实认同的基础上为更高的价值认同创造条件。在抗击疫情的过程中,最主要的事实传播是防控发布会。自2020年1月24日除夕至今,北京召开新冠肺炎疫情防控新闻发布会175场,发布信息8000余条,回答社会关切问题700余个,开放网络直播,邀请外媒参加300余人次。专家学者评价,北京防控发布会已成为社会期待、媒体期待,成为和防控物资一样的必需产品。专家学者认为,北京就抗疫主题持续发布时间之长、发布数量之多前所未有,出席发布人数之多、覆盖之广前

所未有,传播效果之好、社会影响之大前所未有。北京防控发布会与首都疫情防控工作同频共振,及时、透明、全面、权威、管用,做到了防控政策、防控信息应发尽发,成为北京防控政策信息公开的主要平台;与全城抗疫、全民防疫同心合力,发布内容第一时间传递到千家万户、国内国外,社会各界和市民朋友能够第一时间了解掌握北京最新疫情、最新政策、最新进展、最新要求、健康提示,起到了高效动员群众、引导群众、组织群众参加疫情防控的重要作用,成为北京疫情防控群众工作的指挥平台;与首都疫情防控工作同步同向,与北京新冠肺炎疫情防控工作领导小组会议精神、首都严格进京管理联防联控协调机制会议精神有机衔接,成为北京抗击疫情助力助势的作战平台;与新时代环境局势变化、公共卫生事件走势要求同向同行,防控新闻发布会从传统意义的新闻发布会,华丽升级为被赋予了丰富职能和时代意义的"新"新闻发布会,成为新闻发布时代实践的发展平台。通过"北京快讯"Newsletter 英文短信平台,并会同外交部、《北京日报》客户端建立"北京疫情防控信息直通车",第一时间、高频次地向驻京外媒记者提供疫情防控一线的第一手新闻素材和采访线索 3000 多条,成功树立了国际传播公信力。

  与此同时,精心组织大规模外媒集体采访,全方位地满足外媒报道需求,2020 年 2 月,赴佑安医院采访"北京市新冠肺炎患者出院";3 月,采访"北京新冠肺炎疫情社区联防联控",赴清华大学采访"通过远程教学实现如期开课";6 月,前往金融街、新街口采访"北京市核酸检测工作",引发全世界的高度关注。北京市核酸检测外媒集体采访成为国际传播的经典案例。中央政治局委员、北京市委书记蔡奇批示:这次外媒集体采访组织得好,富有说服力、影响力。

二、把议题引领做优,寓民心相通、守望相助于社交媒体传递

  北京防控新闻发布会的议题选择原则是,能与群众、受众产生共鸣的且基于共同利益的国际传播议题,基于民心相通、守望相助的抗疫议题引领必须做优,牢牢把握防控叙事权、表达权、舆论引导权、主导权,要在讲好世界故事的背景下讲好中国故事、抗疫故事,抢占国际舆论场。北京防控新闻发布会在权威发布方面,牢牢占据先赋信源优势;在前置议程方面,做舆论引导的

"总舵手";在聚焦共情方面,构建具有共同立场的对话;在闭环发布方面,消弭次生谣言空间;在矩阵联动方面,明确贯彻全流程发布意识;在人文关怀方面,强化全民战疫内生动力。每项重要防控政策公布、每个疫情热点回应、每个确诊病例通报都实现闭环发布,每项发布内容力争完整,有因、有果、有专业解读,把来龙去脉讲清楚。市民朋友、媒体记者想知道的信息第一时间发布,市民朋友、媒体记者要知道、应知道的信息同步发布,充分满足各界的防控信息需求。每有热点必有及时回应,每有疑问必有专家专业解答,每有传言必有及时澄清,每有谣言必有及时辟谣,每有涉疫违法行为曝光必有案件处理通报。"疫情防控常态化""北京进入非常时期""新发地疫情精准防控""零新增不等于零风险""首都疫情防控形势持续趋稳向好""北京精准防控载入史册"等议题主题成功实现舆论引领,官方对疫情的判断定性、概念塑造、决策举措、防控成效被国际社会、媒体记者广泛接纳。防控信息应发尽发,始终跑在疫情前面;防控信息要发早发,努力跑在舆情前面。防控知识该讲老讲,防控科普千家万户;防控要求知无不言,时时提醒自我防护,实现民心相通、守望相助。

北京防控新闻发布通过全程、全息、全员、全效、全媒体渠道,将信息第一时间传递给广大受众、国际社会,追求实现议题引领最优化。传统媒体发挥主力军、主阵地作用,央媒、市属媒体客户端、政务新媒体、微博、抖音、快手等新媒体平台精品迭出,主流广播电视实况转播、现场直播发挥影像传播的重要作用,客户端移动化、可视化直播效果非常令人鼓舞。社交媒体是国际传播的新赛道,直抵传播终端,我们非常注重社交媒体在提升国际影响力方面的作用。首次会同《人民日报》、新华社、CGTN、《环球时报》等中央及外宣媒体,《北京日报》《新京报》等市属媒体,形成社交媒体传播合力,结合海外受众视角,采用漫画、短视频等多种形式,以国际化表达、故事化呈现,向海外受众实时传递我国疫情防控的最新措施成效,累计发帖8000余条,海外阅读量达2亿人次。例如,我们推出《9个月大婴儿肺炎患者与医护人员亲密互动》等短视频,境外阅读量达25万人次,视频播放量超过10万次;《"遵纪守法马布里"在京14天隔离结束》帖文获得马布里本人的关注和评论互动;通过《外籍居民参与社区疫情防控》报道的大量真实事例,坚定传递构建人类命运共同体就是我们身边事的信念,持续传播真实、生动的北京,获得外国网友点赞支持。人类在生命、健康、安全方面守望相助,大气的中国做法、北京行动赢得人心,疫情让全球人民的心紧紧连在一起，共同抗击疫情。

三、把精神力量做强，寓人类命运相连于全面信息发布

国际传播、形象塑造的最高境界是文化传播、价值传播和精神传播，把精神力量做强是我们不懈奋斗的高远目标。2019年，北京市提出"做强主流传播"的外宣思路。主流传播的核心是价值传播，人类命运共同体在国际传播的过程中构建国家形象的价值核心，是百年未有之大变局中赢得舆论主动的根本。以习近平同志为核心的党中央，以巨大的政治勇气和责任担当，为解决世界和中国的一系列重大问题提供了新的选择。习近平总书记提出推动构建人类命运共同体的重大愿景，为人类社会破解世界难题、携手共创美好未来提供了中国方案、中国价值。聚焦国际传播和构建国家形象的过程中，北京坚持围绕对外宣介习近平新时代中国特色社会主义思想、宣介人类命运共同体思想这个最首要、最主要、最重要的任务展开，发布和传播习近平总书记有关疫情防控的系列重要讲话、批示指示精神和党中央防控决策部署在首都落地执行的北京故事，并将之贯穿北京疫情防控国际传播的始终，落实到发言人、发布稿、答问等各个重要的环节和细节上，自觉落实在外媒集体采访准备、信息推送、回答咨询等各个环节和细节里，把中央要求、北京政策转化为受众语言、国际说法弘扬传播。

北京作为第一个应对疫情局部暴发的城市，把保障人民生命健康放在第一位，动员全社会迅速、有效地应对疫情，将所有措施和成效第一时间通过发布会应发尽发，并通过外媒的大量报道抵达国外的千家万户，第一时间回应国际社会的关切，并赢得赞同。据不完全统计，仅2020年6月11日至7月10日，境外媒体关于北京疫情防控新闻发布会的报道量为39250条，5月19日至8月19日，境外媒体关于主持人、发言人报道量为11186条，覆盖23个语种、96个国家、1383个网站。美国有线电视新闻网（CNN）发布视频《这可能就是北京快速应对疫情的秘诀》，播放量达1.3亿，点赞量达2800万，形成全球传播的爆款。国际舆论普遍认为，中国的行动效率和动员能力一流，公众也非常配合。10月，CNN在视频连线中介绍青岛的核酸检测时说，"中国就是这么推进的，他们严阵以待，而且之前就是这么做的"，持续点赞"北京大型核酸检测现场组织有序，令人印象深刻"。

和平发展年代面临着比战争年代更加艰巨和繁重的任务。在百年一遇的新冠肺炎疫情面前,全世界几乎站在同一个起跑线上争夺话语权。事实充分证明,中国的防控方案是最优方案、最佳做法,中国的国际传播也实现了从"没机会说""说了没人听",到"要求你说""你不说不行"的质的飞跃。我相信,中国方案、中国智慧能够持续构建国家形象,必将汇聚成真正强大的国家软实力与竞争力,必将成就真正强大的精神力量。

为建构国家形象注入企业力量

刘福广 [①]

非常高兴能够参加今年的清华大学国家形象论坛。国家形象构建是与实现中华民族伟大复兴密切相关的重大命题,也是推进人类命运共同体建设的重大议题。作为一个庞大的系统工程,需要多维主体的共同参与、协同发力。既要有整体层面的顶层设计,也要有不同领域的共同推进;既要有官方组织的建构维护,也要有社会组织的携手推动;既要有高校、智库的学理支撑,也要有媒体机构的传播推广。其中,"走出去"的中国企业是构建国家形象、展示国家形象和传播国家形象的重要力量。下面,结合近年来中央企业贯彻落实习近平总书记关于国家形象建设的重要讲话精神,不断深化海外发展和海外形象建设的有关实践,和大家分享三个方面的认识。

一、以企业形象展示国家形象,彰显开放发展主旋律

企业是一个国家的名片,人们对一个国家的认识,往往是从认识这个国家的产品和企业开始的。在古代,世界通过中国出口的丝绸、瓷器、四大发明等了解中国。在当代,中国已经打造出中国制造、中国建造、中国创造等响亮品牌,也必将进一步在世界经济发展中展现更大的作为。这不仅能够带动中国产品和技术的全球供给,也能够推动中国形象和声誉的世界传播。

目前,中央企业的海外机构广泛分布在180多个国家和地区,境外项目数量超过5000个,境外员工总数达到120余万。多年来,"走出去"的中央企业,以高质量的合作、高质量的产品、高质量的服务,推动所在国家和地区的产业

[①] 刘福广:国资委宣传工作局副局长。

高质量配置、经济高质量增长、文化高质量融合,日益成为展示中国形象的重要窗口和促进交流互鉴的重要桥梁,成为中国践行人类命运共同体和促进世界和平发展的重要标识。

比如,国家能源集团在印尼形成了以利益共生、质量共生、科技共生、产业共生、生态共生等为基点的国际化发展模式,为推动当地产业升级和经济高质量发展,做出了中国企业的贡献。中交集团积极推动中国基建的先进产能走出去,为多个国家和地区建造连心桥、致富路、发展港和幸福城,让中国贡献得到了广泛认同。自新冠肺炎疫情发生以来,中央企业在积极配合支持全球抗疫、维护国际产业链供应链稳定、推动全球经济复苏等方面,都发挥了重要作用。在 2020 年第三届中国国际进口博览会上,中央企业发挥优势配合招展、深挖潜力积极采购,采购金额较第一届、第二届稳中有升,成为彰显开放发展主旋律的硬核力量。

二、以企业话语讲好中国故事,提升国家海外软实力

一个国家的软实力包括思想力、形象力、精神力、文化力等多个方面,但只有在海外具有传播力,才能真正形成影响力。加强国际传播,讲好中国故事,是展现和强化国家软实力的重要方法,也是国家形象建设的重要内容。"走出去"的中央企业作为独立的市场主体,在海外深耕多年,广泛参与世界经济,深度融入当地社会,它们每天都在以企业身份、企业话语、企业平台讲述中国故事,助力中国精神、中国价值、中国理念在世界各地的广泛传播。

近年来,各中央企业着力加强传播能力建设,积极构建具有企业特色的国际传播话语体系,不断建强海外发声阵地,使海外传播的国际化、本土化水平不断提升,感染力、影响力不断增强,为国家形象建构和海外软实力提升提供了有力的支撑。比如,高度重视议题设置和内容优化。中国建筑在海外社交平台发布了建设火神山、雷神山医院的航拍视频,中国石化策划推出英国博主探访中国熔喷布生产车间的直播节目等,以海外受众易于接受的方式,入情入理地讲好企业故事,展示中国形象。又比如,积极聚焦新媒体,扩大传播影响。目前,"走出去"的中央企业在脸书、推特、优兔等海外社交媒体平台广泛开通了企业账号,南航集团的脸书账号粉丝量已经超过千万,东航集团多平台、多语种账号 2020 年以来已联动推出 135 个微视频,海外浏览量达 1419 万。再

比如，持续加强传播手段创新。国家电投、中国电建、中国建材等企业在海外疫情形势比较严峻的情况下，采用 Vlog 形式，依托海外项目开展"云开放日"活动，每场直播活动的海外观看量都在百万以上。

三、以文化融合促进民心相通，巩固海外民意基本盘

共建"一带一路"需要政策沟通、设施联通、贸易畅通、资金融通和民心相通，其中民心相通是最深入、最长久、最基础的互联互通。它不仅是"一带一路"高质量发展的根本保障，也是构建人类命运共同体的深层基础。中央企业坚持把文化交流融合作为促进民心相通的重要途径，积极推动经济合作与文化交流结伴而行，以文化的魅力来化解文化阻隔、文化差异和文化冲突，赋予中国企业、中国制造、中国产品深厚的文化底蕴和文化标识，以文化融合促民心相通，不断巩固支持共建"一带一路"的民意基础。

比如，开展多种形式的文化交流活动。国家电网在巴西举办"中国文化月"，中广核在法国、纳米比亚开展"CHINA WEEK"中华文化体验节，保利集团与加拿大温哥华音乐学院共同推出《云乐飞扬》线上音乐会等等，积极开展交流互动，充分展示中华文化之美，让越来越多的外国人理解中国、亲近中国，甚至爱上中国。又比如，建立完善的文化融合机制。中国三峡集团在巴西推出"Buddy（伙伴）项目"，组织中巴员工两两"结伴"，互相介绍本国风土人情、风俗文化。中国铁建深耕非洲数十年，以中国导师"传帮带"的形式为安哥拉培养了 1 万多名专业技工，不断提高当地民众对中国和中国企业的好感度、认同度。

近年来，中央企业以共商、共建、共享为价值引领，在海外做了大量的工作，也取得了一定的成绩。建议各位专家、各位学者能够加强对中央企业的海外发展和国际传播的关心和关注，开展更多企业海外形象建设方面的专题研究，为中央企业的国际传播提供思想上的助力和理论上的支持。也希望广大媒体、平台的朋友们，为中央企业的国际传播提供更多的传播渠道，共同挖掘中央企业海外发展的故事。中央企业将继续与各界朋友一道深化海外发展，讲好中国故事，促进民心相通，为构建和平、合作、发展、负责任的中国形象贡献企业力量。

人类命运共同体视阈下的中国国家形象传播

孙 明[①]

2020年突如其来的新冠肺炎疫情,给人类命运共同体理念的传播和国家形象的建构都带来了新的情况和新的变化。作为国家级外宣高端智库,当代中国与世界研究院与国内众多智库一道,秉持人类命运共同体理念,主动作为、积极发声,围绕国际合作抗疫、全球治理、公共卫生等主题,有针对性地开展了一系列国际智库交流活动。同时,发挥自身优势,从媒体、智库、图书、民调等多维度开展应用性研究,在疫情防控决策咨询、政策研究和科学引导方面贡献了智慧和力量。

利用今天这个机会,我结合2020年以来当代中国与世界研究院开展的相关研究的所见所得,与各位专家学者分享疫情时代国家形象塑造传播的所思所感。

一、人类命运共同体理念的海外认知

构建人类命运共同体,是站在人类共同发展的视角,为推进全球治理、解决全球性问题提供中国智慧,重点回答"世界怎么了""我们怎么办"等世界性问题。通过我院历年来对人类命运共同体理念的研究发现,在新冠肺炎疫情的背景下,围绕人类命运共同体理念的海外认知研究主要存在以下四方面变化:

第一,2017年以来,国际舆论的关注度总体在高位波动,元首外交、高访外交、主场外交是外界观察人类命运共同体理念的主要渠道。相关报道的节

[①] 孙明:中国外文局当代中国与世界研究院副院长。

点基本与中国举办重大主场外交活动或重要出访、来访时间相吻合。2020年由于新冠肺炎疫情的出现,人类健康命运共同体成为新的聚焦点和新的报道热点。

第二,从媒体层面来说,西方媒体关注度低于发展中国家和亚太地区媒体;但从智库层面来说,西方智库关注度高于发展中国家或亚太地区智库。一方面,反映出不同国家地区和不同群体关注重点的不同;另一方面,表明了西方学界围绕概念、理念和重要表述等方面的相关研究正在不断深入。

第三,外界整体上关注中国提出构建人类命运共同体的背景原因及其前景影响,观点评价相对多元。有的客观看待这一理念相对于西方"零和"思维的优越性,有的用惯性的"威胁论"思维论证中国要改变已有的国际规则和已有的国际秩序,也有的相对理性地分析构建命运共同体可能面临的困难。但是我们发现,人类命运共同体理念之所以受到外界的质疑和误解,根本原因在于国际社会,尤其是西方社会,对于中国所倡导的人类命运共同体的目标和意图缺乏足够的了解和理解。

第四,人类命运共同体和中国国家形象是相互影响、相互促进的。随着国际社会的认知由浅及深,人类命运共同体建设逐渐成为外界观察中国对外政策的重要窗口,成为建构中国国家形象的精神内核。通过在国际舞台上的互动、行动、联动,我们希望将人类命运共同体的价值理念展示在世人面前,从而形成共同认可的原则和规范,积极良好的中国国家形象,应该并且能够在人类命运共同体理念的构建过程中发挥重要作用。

二、中国国家形象的海外呈现

新冠肺炎疫情对世界格局产生了深刻影响,对普通民众的国家观、国际观也产生了潜移默化的影响,中国的国家形象在此过程中受到一定程度的冲击,因此,构建人类命运共同体也面临新的情况与变化。与各位专家学者分享当代中国与世界研究院近期发布的两份海外形象调查报告,见图1至图4所示。一份是《中国国家形象全球调查报告2019》,可以看出中国整体形象的好感度仍在上升,在发展中国家中表现较为突出。在国际事务的影响力方面,美国和中国名列前茅。在这个过程中,经济和科技成为海外受访者希望中国发挥更大作用的领域,这与外界对于中国在治理方面的期待是相吻合的。

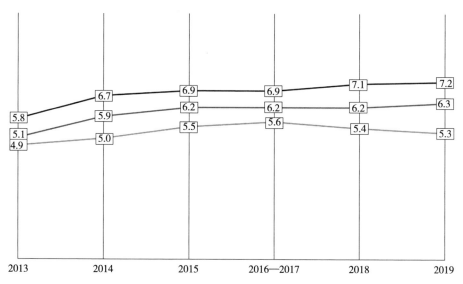

样本量：10500个海外样本。 ■海外总体，■发达国家，■发展中国家。

图1 中国整体形象得分（1~10分）

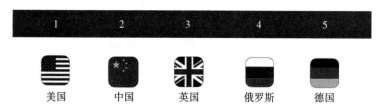

图2 国际事务影响力排名

问题：您最希望今后中国在全球治理的哪些领域发挥更大作用？（%）

	海外总体	发达国家	发展中国家	海外 18~35岁	海外 36~50岁	海外 51~65岁
经济领域	52 48	40 36	65 61	48 48	54 48	54 48
科技领域	52 50	38 42	67 59	50 48	53 50	50 53
生态领域	35 23	39 20	31 28	34 24	34 24	37 22
政治领域	27 26	24 24	32 28	26 24	28 26	28 29
安全领域	25 25	24 23	26 27	25 24	25 24	24 27
文化领域	24 37	20 39	27 35	26 34	24 37	19 42

样本量：10500个海外样本。 ■2019，■2018。

图3 受访者对中国在治理方面的期待

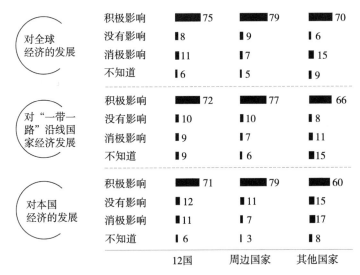

图 4 受访者对本国与中国关系的看法（单位：%）

另外一份报告是 2020 年 11 月初发布的《2020 中国企业海外形象调查报告》"一带一路"版。在此调查中，近七成的"一带一路"沿线国家的受访者认为，本国和中国的关系很重要。在这个过程中，经济因素占较大分量。

与此同时，基于系统研究，我们对 2020 年海外"中国画像"做了一个梳理，主要有四点发现：

第一，中国是发展强劲又迎难而上的"集合体"。中国经济的韧性与活力是海外媒体眼中的一大奇迹。在新冠肺炎疫情肆虐全球的背景下，国际舆论认可中国经济的韧性，经合组织、世界银行和国际货币基金组织等机构，先后预测中国将是 2020 年唯一可以实现正增长的主要经济体。凭借强韧的经济，中国正在成为全球经济衰退中的"稳定之锚"。但与此同时，唱衰中国经济发展、放大发展问题的声音仍然存在。

第二，中国是重视创新但仍要突围的"进步体"。面对美国对华为、TikTok、微信的封禁，中国系统地优先发展科技产业，在科创和制造业方面保持强劲势头，吸引国际舆论的关注。技术强国的潜力、5G 建设成就都成为热议焦点。但"技术民族主义""科技外交""科技威胁"等论调也不断浮现。

第三，中国是有国际担当的"共同体"。为应对公共卫生危机、气候变化、经济复苏等全球性问题，中国作出积极贡献，合作抗疫、碳中和承诺、"一带一路"建设等举措，令中国负责任的大国形象更加突出，外界称赞中国是反对单边主义的斗士,是面对国际贸易和投资大幅萎缩的挑战时可以依靠的力量。

第四,中国是体量大但音量小的"失衡体"。如果把整个国际舞台比作一个房间,中国现在就像一头大象,在这个房间里无处可躲也无处可藏,我们的一举一动都能引起别人的关注。而大块头需要有一副好嗓门,中国的块头足够大,但是我们的音量和发声能力,相较别国还有一定差距。

以上是我们通过自主调查和研究总结的国际舆论对于中国形象的认知。基于此,我们也发现,国际舆论的对华认知呈现四个方面的落差:第一,发达国家和发展中国家的认知落差在扩大。长期以来,发展中国家的"中国观"一直好于发达国家,进入2020年以来,这种落差进一步加大。第二,中外之间的认知落差在扩大。受疫情影响,中国自身的"中国观"和外部世界,特别是西方世界所持"中国观"的落差进一步加大。第三,中国经济实力和软实力的落差在扩大。一段时间以来,外界对中国经济影响力的评价较高,但对中国的文化吸引力等方面的评价较低。疫情期间,这一趋势继续得到了固化。第四,疫情前后的落差在扩大。受疫情的直接影响,大多数海外民众的"中国观"出现了不同程度的恶化。这些落差,对我们塑造疫情时代的中国国家形象也提出了很多挑战。

三、如何塑造疫情时代的中国国家形象

第一,心态平和化,清晰认识中国与世界的关系。现在,中国在变,世界也在变,世界看待我们的眼光以及我们看待世界的眼光都在变化。世界对中国的期待很多,因此,中国需要在短时间内全方位地调适自己,来适应世界的变化。"一个没有准备好的中国要面对一个没有准备好的世界",这是我们必须厘清楚的问题。在展示全球影响力方面,中国还是一个不够老道的新手。今后一段时间内,国际舆论中对我们不利的声音会越来越多,因此,中国需要低调处理、冷静应对。要考虑清楚,什么问题我们不用理睬、什么问题我们一定反击,避免把一些不大的事情炒成热点,要打有准备之仗。

第二,传播国际化,打造全球普适的话语与表达。首先,需要以国际化的思维指导传播活动,使用本土化的语言,贴近受众的习惯与文化,坚持中国立场和国际表达。以普适性为内核调节众口,打破地域文化的界限;以国际化的定位淡化中国属性,传递中外共通的情感;以国际化元素为突破口开展

海外传播,形成具有内驱力的长链条传播模式。其次,将"人类命运共同体"打造成国际规制话语,继续加强在联合国及其他国际机构、组织的推广和宣介力度,让更多机构、组织制度性地接纳这一理念。

第三,目标精准化,重视第三世界和周边国家的传播。为了在负面舆论中打开局面,需要进行有策略的"侧面突围",需要从第三世界与周边国家着手。第三世界国家和周边国家与中国有着相似的发展经历、发展目标,对"人类命运共同体"理念有着广泛的共鸣。在国际舆论场中,西方舆论也只是其中一部分,中国应加大力度向更容易接受这一理念的国家和地区推广宣介。

第四,主体多元化,协同专业队伍和草根力量共同发声。正如刚才各位领导和专家谈到的,我们要推动政府、媒体、企业、智库、草根群体、网红,包括Z世代群体之间的合作。这些不同的主体都是未来非常重要的传播力量,让专业的人做专业的事,形成共振和聚化效应,才能使传播效果进一步优化。

第五,渠道平台化,借社交媒体之力塑国家形象。可以借助脸书、推特、TikTok等"多声部"社交媒体平台,利用其海量、交互、智能、碎片化、即时性等特点开展传播,借助图片和短视频的独有优势提升外宣的可读性、可视化。

第六,内容具象化,以中国发展成就作为重要载体。坚持国际化表达,故事化呈现。一方面,可以抓住公共卫生安全、碳中和、科技创新、数字经济、"一带一路"等领域的海外期待作为具象的落脚点,全方位塑造负责任的大国形象。另一方面,以微观视角下的生动故事作为抽象的高语境宣传的补充,比如,疫情期间新华社拍的《病毒往事》,就取得了不错的效果。我们需要总结更多类似的案例,以鲜活而具象化的故事展现中国的优势。

各位专家学者,做传播要有低姿态,做研究要有高站位。当代中国与世界研究院期待与清华大学国家形象传播研究中心建立学术合作,合力推进双方关于国家形象塑造和传播方面的研究工作。

疫情时代的国家品牌

Robert Govers[①]

一直以来，国际区域品牌协会（International Place Branding Association）都与清华大学国家形象传播研究中心和城市品牌工作室保持着良好的合作关系，我们对此备感荣幸，也在合作中深受启发，特别是与范红教授的合作。同时，范红教授也是《区域品牌和公共外交》（*Place Branding and Public Diplomacy*）期刊编委会的成员之一。

国际区域品牌学会共有6位理事会成员，其他5位分别来自英国、荷兰、比利时和波兰，范红教授是我们在中国的理事会成员。过去几年，范红教授一直在非常积极地参与我们在希腊、英国和中国澳门组织的会议。

2020年6月，我们还与范教授一同参加了由巴塞罗那市政府举办的线上活动，主题为"在COVID-19时代重新思考城市品牌"。正如大家所见，在新冠肺炎疫情之下，2020年的一切活动都无奈地转到了线上。对我们而言，这无疑是令人遗憾的，因为我们之间存在着很好的合作模式，彼此面对面的交流总是令人期待和愉悦的。

我曾在2015年的清华大学国家形象论坛发表线上演讲，在2016年受邀来到清华授课，并在2019年7月参加了范教授主办的国家品牌研讨会。那次中国之行，我还与范教授一同参加了在成都举办的第二届世界文化名城论坛·天府论坛。这些给我和我的家人及同事都留下了美好的回忆，我们热爱中国。希望这场大流行病能够早日结束，我们也可以再次进行面对面的交流。

[①] Robert Govers：国际区域品牌协会主席、《区域品牌与公共外交》国际学术期刊总编辑。

显然，旅行的中断给许多城市、地区和国家都带来了破坏性的影响，并且这种影响还在持续扩散。疫情结束后，世界各地的旅游、活动和服务业都将大幅衰退。价值链将断裂，贸易将衰减，经济指数将大幅下跌。有些人认为，这是一个关乎国家形象的问题，但我并不这样认为。

受此次疫情影响最大的一些国家，例如意大利、比利时和西班牙，尽管全球媒体对它们有这样或那样的报道，但根据最近发布的《Anholt IPSOS 国家品牌指数报告》，这些国家的国家品牌排名并未发生变化。换句话说，无论 COVID-19 对经济和媒体的影响如何，这些国家在全球范围内仍然受到尊重。因此，与其惊慌失措，不如退后一步，进行一些反思。

对于共同体和国家而言，是时候思考一些关于自身是谁、来自哪里、将去往何方以及对未来的借鉴的问题。国家应该思考自身在疫情之后想要发生怎样的变化，以及希望在未来如何实现自我定位。大流行病、气候变化和价值链的脆弱性表明，我们需要对全球化和共同体在全球化中扮演的角色进行重新思考。同时，我们也需要重新思考，未来我们想要什么样的旅游、投资、贸易、工业、价值链、移民、金融或消费。

不要过多地关注广告和推销建议的令人眼花缭乱的策略或权宜之计。尽管这些很诱人，但我们真正需要的是战略、领导力和创造力。最能有效应对当前危机的共同体往往是那些富有想象力的共同体。无论是城市、地区还是国家，富有想象力的共同体都是由一群共享身份、历史和归属感的人及其商业活动组成的。那些富有想象力的共同体很清楚是什么将自身凝聚在一起，很清楚成员之间有着怎样的同志之谊和共同目的。富有想象力的共同体通过采取原创的、有创意的、引人入胜且鼓舞人心的举措，彰显并强化了自身身份，向全世界展示了共同体的意义，并以此建立了独特的、息息相关的、真实的、一致的和令人印象深刻的声誉。这些富有想象力的共同体正在以自己独特的方式应对当前的危机，这已经引起了全球媒体的关注：

在数字国家爱沙尼亚，公私合营联盟发起了一项名为"破解危机"（hack the crisis）的 48 小时创意收集活动，为以应对危机和后危机世界为目的的项目提供助力，产生了许多富有创意的、与国家品牌形象相符的解决方案。

新型冠状病毒促使我们放慢脚步,回归本土,寻求内心的宁静。许多民众已经透露出不想回归"正常"状态的愿望。这促使不丹从单纯地追求以经济发展带动GDP增长,转向将国民幸福总值放在首要位置。

这些例子表明,声誉战略在正常时期和危机期间都具有现实价值。最重要的是,它能够作为后危机世界的指路明灯。这就是我《富有想象力的共同体》一书的主题,我希望在不久的将来,可以将这本书翻译为中文。

新冠肺炎疫情与国家品牌建构

Alexandros Modiano[①]

本届论坛的主题——人类命运共同体和国家形象建构,具有非常重要的意义,特别是在2020年的情况下。在新冠肺炎疫情的时代,我们该如何建构国家形象呢?

我知道,人类命运共同体这一理念对于中国的领导力而言非常重要。作为拥有共同未来的共同体,全球治理模式植根于中国文化之中。但人类命运共同体强调的不仅是理解他人,它也需要国家间的交流与合作。我们需要期待并努力推动以共同的技术和项目为基础的全球治理的发展,而不是仅仅依靠对文化的相互理解来保障和平与人类幸福。

在这段讲话中,我希望表达的是,我们正在经历的新冠肺炎疫情是一个超越文化理解,实现全球合作,乃至实现全球社会共同体的机会。

为了让大家更好地理解,请允许我以美国为例进行比较。这不是因为美国代表了所有的西方国家,而是因为美国的情况不那么复杂。

在中美两国的治理经验差异如此之大的情况下,我们如何能够期待在中美两国相互理解的基础上实现全球治理呢?

中国的价值观包含了几个世纪以来的对权威的尊重。但美国的核心价值观包含了一代又一代的人,他们从零开始建设自己的生活和社区。他们不信任中央政府,也不愿意看到政府干预他们的生活。他们的特点是对政府缺乏信心,无论是对国家组织,还是对各领域的科学专家。特朗普总统在选举中失利了,但特朗普主义却没有就此消失。在后真相主义歪曲事件的过程中,事实真相变得无关紧要。人们可以采取任何手段来逃避责任,寻找外部目标作为

[①] Alexandros Modiano:希腊东西方城市治理智库主席、雅典市原副市长。

自身行为的借口。

国家形象也很大程度上取决于公民对自己的政府的看法。但美国人看到的却是政府无法保护他们，无法为他们提供答案。

在疫情流行的过程中保护生命，这涉及公共安全、经济、个人自由和隐私以及社会各阶层之间的平衡。

是封锁城市还是让酒吧继续营业？是否推荐佩戴口罩？是强制使用追踪应用程序还是将追踪病人视为侵犯隐私？这些都是政府必须回答的问题。这些问题的答案对于新冠肺炎疫情的防控有着重要影响，同时也极大地影响了外国公众对国家形象的看法。此外，公众的集体行动也会对国家形象产生重要影响。

国家形象对于国际关系和国家经济发展有着深远的影响。在新冠肺炎疫情流行期间，不同国家及其民众的不同反应，在外国公众中产生了不同的印象。

中国和中国的国家形象在疫情初期受到了损害，但最终，会在这次经历中变得更加强大。批评家和反对者利用这个机会攻击中国的国家形象，试图将许多不同主题混为一谈。

在许多领域，我们必须清楚地给出坚定的答案。

经济。关于新冠肺炎疫情对中国经济以及随后对世界经济的影响。

外交事务。关于新冠肺炎疫情或对外国援助的信息公开，尽管向其他国家提供捐款对母国受众的传播影响要大于对目标国的实质性援助。

阴谋论。个人的和集体的愚蠢在各个国家都出现了。通常情况下，普通公民的私人意见因其可用的通信手段而呈现出不同的维度。然而，在美国等一些国家，这种愚蠢的观点是政府的官方意见。例如，中国操纵世界卫生组织等观点。

与疫情流行相关的文化偏见。例如，中国人对野生动物的食用和个人的卫生习惯。

疫情情况以及防疫措施。中国的疫情情况，包括统计数据、个人在疫情中的故事等。中国政府和中国人民为控制病毒而采取的强制的或自愿的措施，包括限制旅行、佩戴口罩和开发疫苗。

中国在研究方面也处于最前沿，这就是为什么我们都在关注着中国在抗击病毒方面的工作。所有国家都在观察其他国家的措施，包括邻国、规模相当的国家以及值得所有人学习的模范国家,但最重要的是,我们都在观察中国在做什么。

我们确实能够从其他国家的做法中学到一些东西。所有的成功都取决于纪律和意志力。中国之所以成功,是因为中国的集体主义文化和对社会的归属感。这就是我为我的中国朋友感到骄傲和自豪的原因。

中华民族伟大复兴与国家形象宣传

张国刚[①]

今天的会议主题是"人类命运共同体与国家形象",我觉得这是一个非常好的角度。中国提出的"一带一路"倡议,就是用具体的行动构建人类命运共同体。如果说"一带一路"更注重物质层面的互通互联,那么,"人类命运共同体"思想则突出思想和文明上的包容和共享。

除了"一带一路"倡议之外,中国还提出了"中华民族伟大复兴"。在清华大学的一次读书分享会上,有一位马克思主义学院的博士生问我,中华民族伟大复兴的目标是什么?其实,习近平总书记在这方面讲得很清楚,中华民族伟大复兴的目标是"国家富强、民族振兴、人民幸福"。这一点与人类命运共同体思想是不冲突的。中国发展了、富强了,才能为世界作出更大的贡献。但是,如果处理得不好,比如内宣与外宣的不一致,有时候就产生了冲突。

我认为,中国形象展示的不是我们在做什么工作。我们做了很多工作,这些工作非常必要,而且也很有效果。20世纪80年代末,我在欧洲进行访问时,大家都说中国的宣传做得非常好,后来也很好,但是到了最近又不太好了。其实,中国现在发展得比过去好很多,富强很多。可见,中国的形象不仅与经济是否发达,不仅与生活水平是否提高有关系,还与方方面面相关。这部分内容在此不详细讨论,今天我只想从历史长河上看,我们的内宣到底应该说什么。

十八大以来,以习近平同志为核心的党中央提出了很多关于推动建设人类命运共同体,打造法治化、市场化、国际化的营商环境,建立国家治理体系和推进治理能力现代化的口号。"现代化"是非常振奋人心的、能够得到国际社会认同的口号。自1978年至今,中国是世界范围内发展得最好的国家。我们

---

① 张国刚:中国中欧协会理事、清华大学历史系教授。

跟欧、美、日的差距越来越小。在发展中国家中,我们的优势也越来越明显。但是我们"说"得不太好,或者大家总觉得我们说的和做的不一样。做得那么好,但说得不好,是很吃亏的。那么,我们到底说了什么?中国对"说"的问题一直有探讨。

随着时代的发展,中国人的"说"也在不断地调整。秦朝以前百家争鸣,到了秦朝时对"说"进行了限制,但是秦朝15年就灭亡了。到了汉朝,刘邦则主张要少"说",刘邦恰恰用的是秦朝的模式。经过60多年以后,汉朝不断发展,到了汉武帝时期,汉朝已经是世界上最强大的国家。汉武帝认为,随着国家的强大,必须要统一说法。汉武帝非常成功,他用儒家统筹诸子百家,将诸子百家都包含在里面,并不断丰富和发展儒家思想,通过重新解读五经来丰富和发展诸子百家。

怀特海德说,西方两千年的思想史,无非就是柏拉图的注解。而中国思想史何尝不是对先秦诸子的一代一代注解。我们所说的汉人、汉文明和汉字,这个"汉"字,就来自汉武帝构建的中国文明的基本底色。

但是,我们的国家也受到了挑战,受到"一带一路"上西亚的基督教、南亚的佛教挑战。那时的基督教传到西方去,西方、欧洲被基督教化了。但佛教传到中国时,没有把中国变成佛教国家,因为汉唐时代的中国文化已经根深叶茂。儒家文化大胆地吸纳了佛教的优点和长处,出现了"独尊儒术"以来的第二个伟大的变化——儒释道融合,即宋明理学的出现。宋明理学是将其他思想吸引过来,从其他思想中汲取长处。比如,王阳明的致良知,实际上脱胎于六祖慧能的明心见性,有禅宗的思想渊源。宋明理学就是新儒学,它能够学习其他思想的长处,消化到中华文化之中。

1500年以后,西方文化随着大航海时代的到来而不断扩张,将中国也卷入其中。那么,我们应该怎样应对西方文化和欧美文化的冲击?晚明盛清,我们拒绝西方文化;经过两个庚子(1840年鸦片战争、1900年庚子赔款),我们泄气了;"五四"新文化运动的口号是打倒孔家店,过激地否定自己的文化。改革开放40多年以来,西方文化仍然是我们必须面对的强势文化,是伴随着工业文明扩张而来的文化。西方的意识形态有几百年的优势,有自己的一套体系。那么,我们如何将这些内容吸纳进来?其实这才是我们正在面对的挑战,是我们要做的工作。我认为,构建"人类命运共同体",就是应对西方文化冲击的一种方法。

我认为，中国历史上的思想文化发展是一个过程，这个过程就像文化的长江。川藏高原的涓涓细流，是自然界长江的源头。长江的上游是重庆，重庆把多条水道汇聚成统一的一条河道，塑造出一江春水向东流的景象。夏商周三朝和春秋战国时期的百家争鸣，构成了中国文化的源头。汉武帝罢黜百家独尊儒术，是在整合诸子百家、构建中华文明底色。长江的中游是武汉，在这里长江引入了新的源头。汉唐时期儒释道的合流，构成中古时期的文化特色。长江的下游是南京，过了南京就汇入大海。就像中国文化发展到今天所面对的局面，我们要用中国特色社会主义理论融合和消化现代西方文明的挑战。一方面，要传承中国的传统文化；另一方面，要通过改革开放，吸纳融合现代西方文明。所谓汇入大海，就是指构建人类命运共同体。海纳百川，在人类命运共同体建设过程中，不同的文明能够无问西东，包容共享，各美其美，美人之美，美美与共，天下大同。中国古代的大同思想与人类命运共同体思想，一脉相承；人类命运共同体思想与中国特色社会主义理论相互诠释、互为表里。

除此之外，人类命运共同体必须构建共同的对话体系，如果互相讲不通的话，怎么共建人类命运共同体？如何把"人类命运共同体"思想落实到解决当今世界问题的实践中，首先要解决中国问题，从人类命运共同体的角度来说我们的话，做我们的事。

我们现在做的事，第一，不是简单延续我国历史文化的母版。第二，不是简单套用马克思主义经典作家设想的模板，在马克思主义著作中找中国发展的现成模式，那是找不到的。第三，也不是其他社会主义国家，包括苏联和东欧的再版。第四，也不是欧美现代化的翻版。我们要把美好蓝图变成美好现实，需要考虑哪些要素？除了社会主义基本原则之外，一是本国具体实际，二是历史文化传统，三是时代要求。

2019年4月，美国国务院高级官员表示，中国和美国的冲突是文明的冲突。这个说法与西方标榜的普世价值存在冲突。我们看到，自2020年以来，美国国务卿蓬佩奥等人侧重从意识形态方面攻击中国，重打冷战时期的意识形态牌，这样的做法当然是别有用心的。如果我们用人类命运共同体思想进行思考，他们就攻击不到我们。

第 二 部 分

高端对话与调查报告

2020清华国家形象论坛高端对话

主持人：

王　惠　清华大学国家形象传播研究中心副理事长、原北京市人民政府新闻发言人、2008北京奥运新闻发言人

对话嘉宾：

程曼丽　北京大学国家战略传播研究院院长
姜　飞　北京外国语大学国际新闻与传播学院院长
朱旭峰　清华大学公共管理学院副院长
杜　健　新华通讯社国际部对外传播室副主任
秦　川　腾讯集团公关总监

论坛观点一

王　惠：2020年的疫情一定使各位意识到，国家形象是我们应该思考的问题。过去我们常说，中国的国家形象需要传播，需要塑造。今年这场疫情给我们带来一"危"和一"机"。"危"是国家在疫情中受到了考验，公共卫生事件是全人类需要共同面对的；"机"是有机会让全世界看到中国的掌控力和民众精神。今天，我们在这里与大家对话交流。我有三个问题想与大家一起讨论。第一个问题是，如何看待在这次疫情中，不同国家所展现的不同的国家形象及其实际传播效果？

程曼丽：对于其他国家在疫情中的形象展现，我没有太多发言权，因为了解比较少。我想结合中国的情况谈一谈。我们看到，在这场全球性的新冠肺炎疫情中，中国先发先控的经历和经验，前所未有地被推向全世界，成为国际社会和国际舆论瞩目的焦点。因为这场疫情，包括美国在内的世界各国的媒体，每天都在报道中国的消息，美国总统特朗普在媒体简报会上几乎天天提到中国。这让全世界感觉到，在美国这个世界第一强国的眼中，似乎只有中国了，这在客观上让人不自觉地把美国和中国进行比较，把两个国家相提并论。这种情形是以前从来没有过的。

我特别注意到，2020年9月1日，武汉市两千多所中小学、幼儿园重新开学，返校学生人数近140万。在国内，武汉开学的消息只是全国中小学开学新闻中的一个局部。然而，在国外，武汉开学却被视为一个"惊人转变"，引来各国媒体的集中报道。美国《纽约时报》网站、英国sky news澳大利亚频道、法新社、西班牙埃菲社、新加坡亚洲新闻电台等媒体都对此作了报道。这些外媒大多提到，武汉是最早暴发新冠肺炎疫情的地方，离汉通道曾经关闭76天之久。武汉学生的全面复课，说明"中国目前已经基本上控制了病毒的传播"，"生活恢复了正常"，"中国应对疫情的经验和采取的措施让武汉成为目前世界上最安全的地方"。

还有一些西方学者开始从中国文化的深厚底蕴中去寻找中国抗疫成功的原因。他们认为，中国传统文化中的道德规范和社会责任意识，"集体先于个人"的理念，"己所不欲，勿施于人"的自我约束，以及中国人的顽强、韧性与应变能力等等，是"中国实践成功的秘诀"。

由此可见，这场突如其来的疫情，前所未有地把中国推向世界，给了世人一次全面了解中国和中国人，并重新审视中华文化的机会。外部世界对于中华文化的重新审视，也给了中国一次重新审视自我和深入反思的机会。在新的挑战面前，我们不仅需要深刻认识和深入挖掘中华优秀传统文化中蕴含的哲学思想、人文精神和道德理念，更需要对传统文化的内涵进行当代解读，通过今天的抗疫实践对它进行补充、拓展和完善。在总结实践经验的基础上形成创新性的思维和话语，把继承优秀传统又弘扬时代精神、立足本国又面向世界的当代中国形象，更好地传播出去。

姜　飞：从国际传播的视角，可以从以下三个方面看待此次的新冠肺炎疫情。第一，国家实力的展现——这次的疫情是我国工业体系、口罩生产能力等各方面的物资配套实力的展现。第二,国际传播能力的演习——自2009年国家提出建设国际传播能力以来,十多年的时间过去了。当重大事件发生时,我们的国际传播能力能不能有所展现?这次的疫情是国际传播能力的大演习。第三,国家体制和国家机制有效性的检验——刚刚发布的清华-爱德曼《信任度与新冠疫情》专题报告给了我一些启发。这份报告是针对不同的国家和地区,在新冠肺炎疫情背景下的多角度、多层面的报告,能够对各个国家的运作体制进行全面的考察。国家形象的改变不是一蹴而就的。但经过十多年的奋斗,这次疫情中的检验,反而成了一次大考。这次大考体现了全球范围内的其他国家对中国的认知。我认为,总体而言,世界对中国的认知有所提升。

朱旭峰:提到国家形象,首先还是要对概念做出界定。"国家"这个概念有两个层次:第一是在国家和人民的关系中讨论的"国家",第二是在国家与国家的关系中讨论的"国家"。正如刚才几位老师提到的,我们如果要谈疫情期间的国家形象,"自己足够漂亮"当然是形象好的基础。其次是主动营销和被动防御的问题。主动营销是包括该国的媒体、智库甚至普通公民对外进行的、有意识的形象塑造的问题。被动防御则是当遭受其他国家批评的时候,如何消除负面影响,维护国家形象不受损害的问题。中国在这两方面都是有提升空间的。

在主动营销方面,很重要的一点是要让外国人能够真正地理解我们的行为和话语。在这个过程中,任何一个概念的提出都需要仔细斟酌。不然可能会导致我们以为自己说明白了,但外国人实际上不明白的情况出现。对于有些概念,如何让外国人真正理解其中的含义,不仅要在用词上妥当,还要在语法习惯上符合国外的语境和约定俗成。这就需要我们对中英文都有深刻的了解和掌握。

在被动防御方面,这些年来,中国经常会被他国的一些政治精英和媒体扣上各种帽子,我们一直习惯于去防御,去反驳。除此之外,我们需要对国家的倡议、政策和行动进行清楚的阐述。在每一个宏大政策提出之前,决策者和专家智囊都需要进行预案研究,提前完成叙事、阐释和说明工作,也可以专门邀请熟悉西方历史文化和语言的专家来进行概念和定义的完善工作。

杜　健:我想从媒体角度与各位嘉宾分享对这一话题的一点思考。关于塑造国家形象的重要意义,"国际政治学之父"——汉斯·摩根索曾说,别人对我们的看法与我们的实际情形一样重要。正是我们在他人心中的形象，而不是我们本来的样子，决定了我们在社会中的身份和地位。

自新冠肺炎疫情暴发以来，中国国家形象的加分项主要体现在中国的抗疫行动上，比如联防联控，网格化管理，大规模、远距离的人员和物资调配，以及短时间内建成火神山、雷神山医院等，这些成就是西方媒体和受众无法想象的。中国强大的领导力、动员力和执行力让世界惊叹。因此，从媒体角度来看，中国道路和中国实践的成功是讲好中国故事、塑造好国家形象的重要基础。正如习近平总书记2014年10月在党的十八届四中全会第二次全体会议上的讲话中所说："客观地讲，国际舆论格局依然是西强我弱，但这个格局不是不可改变、不可扭转的，关键看我们如何做工作。我们国家发展成就那么大、发展势头那么好，我们国家在世界上做了那么多好事，这是做好国际舆论引导工作的最大本钱。我们有本事做好中国的事情，还没有本事讲好中国的故事？我们应该有这个信心！"

"我们有本事做好中国的事情"，自疫情暴发以来，这个观点被实践一次又一次地有力验证了，可以说是事实胜于雄辩。面对这场突如其来的大考，总书记亲自指挥、亲自部署，党中央坚强领导，全国人民同心协力。中国率先走出疫情阴影，率先实现复工复产，经济率先由负转正，取得疫情防控和经济社会发展的重大战略成果。中国是2020年全球唯一实现经济正增长的主要经济体，成为推动全球经济复苏的重要驱动力。第三届中国国际进口博览会在确保防疫安全的前提下如期举行，为国内外企业搭建了交流互鉴的平台，为受疫情冲击而持续低迷的全球经济带来一抹亮色。多家参展的外企纷纷表示"非常惊叹"，"真是来对了"。这充分体现了中国经济的韧性，也展现了中国对外开放的决心。

秦　川：我想从企业的层面，从互联网与科技的角度来谈一谈。我们能够看到，在产业链"共同抗疫"大潮之中，各国的认知虽然各不相同，但是在科技和互联网领域中，许多国家之间的差异被打破了，尤其是在中国与其他国家一起抗疫、战疫的过程中，我们的主动性、开放性以及责任担当得到了很好的呈现。大家都能感受到，在复工、复产期间，很多新的互联网应用技术发挥了非常重要的作用，包括AI机器人的远程诊疗，通过大数据和物联网技术实现的患者跟踪，以及社区治理等方面。其中包含了有很多来自不同国家、不同企业的能力和技术,在大局面前,企业都无私地贡献了自己的技术,包括许多中国企业的行为,都很值得称赞。很多互联网企业及其技术,比如,大疆的无人机、疫情前线的防治工作、中国的健康码、在线的远程教育、远程协同的工具等,在全球的几十个国家地区都发挥了重要的作用。我认为,这些行为本身就是国家形象非常好的输出,是事实胜于雄辩的输出。

"科技无国界"的理念在错综复杂的国际形势和政治博弈当中遭遇了很多挑战。但是,我认为,这个理念仍然是一个非常好的"承接器",它可以让我们在面对共同的问题时,虽然代表不同国家和立场,但是表达相似的观点和理念。在2020年全球战疫的过程中,腾讯做了不少尝试,同时也经受了很多考验。我们收到了近百封感谢信,冰岛总统给我们写了一封邮件,他表示,"有真正梦想的人是不会失败的"。我想,这是这个问题的很好的答案。

论坛观点二

王　惠:刚才各位的谈话中都隐含了一个词——"中国方案"。那么,我的第二个问题是,政府、企业、媒体和社会组织,在重大公共危机之中,应该如何帮助国际社会和本国战胜疫情?应该贡献什么样的中国方案和中国力量?

朱旭峰:我刚才也有提到,提升政府或国家形象,首先,其本身的行动和表现是最关键的。在抗疫期间,中国政府的执政能力,无疑是最核心的、最具决定性的提升形象的因素。无论是中央应急指挥部的决策,还是各地援助武汉、援助湖北,从信息发布,到资源调配,再到集中力量生产防疫物资等,其实都是对政府执政能力的巨大考验。中国在二、三月时采取"封城"措施,"封城"之后的水、电、煤、超市和快递等方面的运转,所有的补给物资一样都不少,也没有涨价。在这些方面,中国政府的表现可圈可点,这些都是国家形象的基础。反观国外,许多"封城"措施带来的是一片混乱。这不是国外民众想不想"封城"的问题,而是"能不能封得住"的问题。因为政府的执政能力有限,导致民众必须出来工作、必须出来买东西。所以,如果政府的执政表现很糟糕,无论在话语体系的构建方面付出怎样的努力,也很难树立正面的国家形象。

其次,政府对于科学和科学家的信赖是非常重要的。中国科学家在此次的新冠肺炎疫情中得到了最高的荣誉,反观美国,则是另一番景象。在疫情期间,如果不相信科学,只相信政治家,是没有办法解决疫情带来的难题的。

此外,基层政府的付出也非常重要。地方政府,特别是社区、街道等基层工作人员非常辛苦,虽然这方面的媒体报道可能比较有限。我们可以看到,每个小区、每个街道的管理方式都是创新的,并且这种创新是自主设计出的一套管理办法,最终实现了对社区的有效管理。他们也是中国非常强大的力量。

王　惠:我特别认同朱院长所说的内容,因为我也和一些地方的基层管理者有联系,他们从除夕到现在,基本没有休息过。他们变成了给社区送菜的人、送快递的人、量体温的人,很多故事和很多人物都令人感动。政府工作人员真是在做人民的公仆,在疫情期间,他们做得很好。刚才朱院长谈到,我们这方面的媒体报道不多。我想问一下新华社的同志,情况是这样吗?

杜　健:我们常说,讲故事要善于讲"大人物的小故事"和"小人物的大故事"。讲"小人物的大故事",实际上就是要把个人故事与国家故事有机地结合起来。因为小故事总是在大时代背景下发生的,平凡人物的命运离不开历史的变迁。从某种意义上来说,普通人的精神风貌和生活状态是国家形象的缩影,外国受众对中国的认识大多来源于他们对普通中国人的认识和理解。

好的故事贵在"真实"二字。自疫情暴发以来,从坚守一线的医护人员,到长途运送物资的货车司机,从日夜奋战的建筑工人,到逆行奔波的快递小哥,我们身边许许多多的普通人的故事都让人感动、落泪。美国学者沃尔特·费舍尔将叙事范式引入传播理论。他认为,一个"好的故事"必须具备两个基本特性:一是内容真实可信;二是传递的价值得到认同。也就是说,受众乐于倾听的好故事往往能够反映生活的本来面貌,从平凡中发现伟大,从质朴中发现崇高,生动地表达生活,全景地展现生活,这也决定着故事本身能否打动人。

王　惠:关于这点,研究国际传播的姜飞院长一定有很多感受。我们有时会觉得,我们的一些宣传或话语是不可信的。或者有时候,外国人会认为,我们说的内容和他们的想法相差太远,他们很难接受。面对这样的情况,我们应该怎么做呢?

姜　飞：我认为，主要的解决方式还是中国方案，而且还需要对中国方案进行精准传播。

昨天，学校组织学习十九届五中全会宣讲报告，我的感触特别深。北京市委书记蔡奇的报告中有一句话深深地触动了我。他表示，在下一步的"十四五"规划中，除了要考虑国家和社会发展之外，还要考虑个体的充分的自由发展。这一句触动我的原因是，《共产党宣言》中有一句类似的原话，表明了"每个个体充分发展，每个个体自由发展，是社会充分发展的前提"。因此，现在在"十四五"规划中提到的个体的自由发展和充分发展特别令我感动。我觉得，这次疫情中的中国方案，应该是一种"制度"的方案。它不单单是总结我们的好的做法，因为那些好的做法不需要传播。就像刚才北京市委宣传部徐和建部长所讲的那样，我们需要文明层面的传播。一旦涉及我们的制度优势，那么可能需要开启更长期的传播规划。

王　惠：您说的这些对于中国方案的构成是十分重要的。其实，中国现在也是处在一种制度之下。在这次的新冠肺炎疫情中，中国实现高效率的全面防控，与我们的制度优势有很大的关系。请问秦总，对于年轻一代而言，你们怎么看待中国方案进入世界时我们的表述？

秦　川：疫情给企业带来了很大的挑战，这确实是一场大考。现在很多企业都在谈社会责任，但是在这样极端的状态下，在来得这么快、蔓延这么广的社会事件之下，如何能够履行企业的社会责任呢？互联网公司有一个术语叫"压测"，表示在极端并发状态下是否能够承载压力。我觉得这次的疫情就是对中国企业的一场大型"压测"，政府和社会机构都是国家社会治理的有机组成部分。我大概总结了一下，如果要在疫情之中贡献中国方案的话，企业主要具有三方面的能力：资源能力、技术能力和连接服务能力。

说到资源能力，我的印象非常深刻。去年大年三十吃年夜饭时，我在饭桌上突然接到老板的电话，当时我的心里就咯噔一下。其实，那个时候正是武汉疫情的萌芽阶段，很快公司管理层就达成了一致决定，宣布腾讯要向武汉捐赠15亿人民币。这是非常基础的资源能力，是每家企业都可以完成的部分。但正如爱德曼公司的王哲老师所说的，企业更应该用自己独有的核心能力来为社会提供更好的解决方案。

其实在产品和服务方面,腾讯拥有一定的优势。比如,微信平台能够连接到国内约 10 亿用户。在疫情期间,新华社很多很好的报道都可以通过微信平台第一时间推送出去,让谣言在权威的平台中消亡。再比如,腾讯拥有强大的技术能力。在疫情期间,腾讯有 3 万员工是一直在线的,虽然我们可能不在一线,但是我们永远在线。从疫情初期到现在,我们的生活也在数字经济的时代发生了很大的改变,比如说健康码、乘车码、远程医疗等。清华大学也通过远程教育开展学习,通过远程办公协同工作。在这个过程中,无论是每个人的生活、生产方式,还是企业在这个过程中如何更好、更全面地认知自己所承担的社会责任,以及社会治理过程中是否有更好的数字化解决方案,这都是这次考试之后我们积累出的一些比较好的工作经验。

王　惠:疫情期间我们都被"大考"了,而且成绩都出来了,大家也都能看到。程老师您对这个问题,对中国方案的提出以及政府、媒体、企业的所作所为,怎么看?

程曼丽:这个问题提得非常好。刚才几位都对中国方案进行了细化解读,我想接着前面的企业话题谈谈自己的看法。我认为,在中国对外传播和国家形象建构的多元主体中,企业是一个非常重要的主体,而且是越来越重要的主体。企业和媒体不同,它没有技术介质居中,而是通过投资建厂、项目合作、劳务输出等方式直接进入所在国和所在地,与当地民众形成一种零距离、近距离的接触,加深着他们对于中国和中国人的印象。因此,如果企业自身做得好,比如,在完成业务指标的同时尽可能地为当地社会提供良好的公共产品和公共服务,企业信息平台又能有效运行,它的触角将会伸向传统媒体无法到达的地方,在塑造或矫正国家形象方面发挥更大的作用。国家形象不能只讲塑造,也要讲修复、矫正,企业在这方面是可以大有作为的。

令人感到遗憾的是,有些企业还没有认识到这一点。据我了解,不少中资企业都在当地开展公益、惠民活动,效果也不错。包括在这次的新冠肺炎疫情中,很多"走出去"的中资企业在协助中国精准对接受援国家和地区方面做了很多事情,起到纽带和桥梁的作用。有些企业还直接筹集资金和专用设备,第一时间投入到抗疫援助中去,获得了当地政府和民众的肯定。但总的感觉是,企业缺乏信息传播意识。这首先是因为企业的信息平台没有得到很好的开发,与当地媒体以及中国驻外媒体又没有建立起联动机制,在信息发布方面效果有限,需要加强建设。其次,企业工作人员,包括一部分企业负责人,不太了解应当怎样进行信息发布。就像前面说的,不少中资企业都在做公益,开展惠民活动,效果也很好,但是因为不了解信息传播的规律和要求,有时我们说出的话不但收不到预期效果,还会产生负面效应,这也是需要培训的。另外,还有一些企业也在搞公益,但是不愿意做得更多,也不愿意出头去做信息交流。这几方面的情况都应当引起重视,因为从整体上来说,这不是局部性的问题,而是关系到国家形象。

论坛观点三

王　惠:确实是,我们不能只埋头干活,每个人做的事、说的话在某种程度上都代表国家形象,怎样把中国形象传播出去,需要有一套我们自己的标准。现在的问题就是,我们只埋头干活,别人误解我们,我们也不说话,对我们存在质疑,我们也不说话,这恐怕是不行的。

习近平总书记说:"我们要秉持人类命运共同体理念,同国际社会携手应对日益严峻的全球性挑战。"新冠肺炎疫情的全球暴发与全球防控,促使人类命运被前所未有地关联在一起。唯有以平等、开放的心态,在世界范围形成互鉴、共赢的机制,才有可能克服上述议题带来的种种危机与风险。第三个问题:在疫情时代,如何更加深刻地理解人类命运共同体这一重要理念?

秦　川:腾讯的一个价值观是"科技向善",这句话很有意思。科技和向善,前者是一种能力,后者是一种选择。谈及人类命运共同体时,我觉得需要将这些有能力的人聚集在一起,共同解决问题。人也好、国家也好、企业也好,聚集在一起,大家建立信任感,通过求同存异达成一致的选择,这是人类命运共同体理念实现实质性进展的方向。其实,作为企业或是带有一定媒体属性的产品和工具,在这一过程中,可以为国家形象注入企业力量。在这个过程中,怎样更好地理解企业作为企业公民的角色,以更好地贡献自身的力量,是腾讯未来的方向。

杜　健:当前,中国的国际地位大幅提升,与世界的利益交织越来越紧密,世界迫切需要更加全面、深入地了解中国,对中国道路、中国模式、中国方案的关注度前所未有。从媒体角度来讲,对于人类命运共同体理念的宣传主要从两个层面着眼。一是宏观层面,疫情时代可以借助主场外交和领导人出访等重要契机向国外阐释这一理念。二是微观层面,要以讲故事的方式,讲好人类命运共同体的故事。无论从宏观层面还是微观层面,要让受众愿意听、听得懂、听得进人类命运共同体理念,需要我们深入研究中外思维习惯、话语表达、文化意识、价值观念的差异,寻求中外利益交汇点、话语共通点、情感共鸣点。

所谓利益交汇点,是指要了解对方的关切,把自己想说的与受众关切的结合起来,多问问自己"西方人从哪些角度关注这个理念",多一些换位思考。否则,只顾讲自己的理念,就算讲得再动听,即使能"入耳",也不能"入心"。所谓话语共通点,是指在全球化时代讲述中国理念,要主动与受众之间建立联系,对信息内容精心编码,对信息语境做出阐释,打造融通中外的新概念、新范畴、新表述。既要有鲜明的中国特色,又要与海外习惯的话语体系、表述方式相对接,易于为国际社会所理解和接受,从而有效打通文化理解和认知障碍。所谓情感共鸣点,是指各个国家在政治制度、文化背景和价值观念等方面存在差异,但在情感抒发和表达上,存在着超越国界和民族的相通之处。要通过细腻的情感将中国理念与海外受众的普遍心理诉求紧密联系起来,从而产生共振、引发共鸣。

朱旭峰:如果要把现在蔓延全球的新冠肺炎疫情和人类命运共同体相联系的话,我觉得首先需要有个前提。这就是针对这场疫情如何定义的问题。如果全世界普遍认为疫情是从中国出来的,反过来中国再去强调疫情的全球流行证明了全世界是人类命运共同体,这样从逻辑上来讲,是站不住脚的。因此,第一,我们先要把与疫情本身相关的事实阐明。首先要阐明,疫情不是最早从中国暴发的,而是最早在中国被发现的,病毒很有可能不是从中国发源的。那么,应该如何定义这次的疫情呢?我认为,首先,疫情是最早由中国的科学家发现的,这是中国对人类的贡献。如果没有中国科学家的发现,大家都还不知道这个病毒是什么。正是在中国科学家的努力之下,新冠病毒才在中国最早发现、识别、分离出来。我们要用科学事实去强调,病毒本身并不一定来自中国。包括从前几天在天津海鲜市场发现的冷链输入的新冠病毒,联想到作为所谓"疫情发源地"的武汉海鲜市场,种种证据表明,病毒很有可能是来自于海外的某个地方,通过冷链进口传到中国的海鲜市场,再传到人身上。当然,这只是一个推测,真实情况还需要科学家来论证。但是中国科学家发现病毒的贡献,应该成为新冠疫情定义和叙事中的重要部分。

第二,我们要向前看,这也呼应了刚才提及的讲好中国故事。讲好中国故事的过程中很重要的一点是,要充分理解外国的语言和文化,国家在这个方面强调了很多次。现在中国已经是世界第二大经济体,我们要做好自己,做得好就不怕人家批评。

第三,未来我们要做到讲好外国故事、讲好全球故事。中国故事在前 30 年都是由西方学者来讲的,所有的概念和所有的理论,包括公共管理学、政治学的很多理论,都是来自国外的。那么,我们对未来 30 年的希望是,我们的学者要用自己的概念框架,去讲好世界故事。希望能够出现一批中国学者,他们能够通晓不同国家的文化基础,去到外国调研,最后能够发表关于外国叙事的学术文章,讲述这个国家的故事,最终获得这个国家人民的认可。而这是我们未来需要练就的本领。

姜　飞:这个问题可以从两个方面来考虑。"人类命运共同体"的词根是"共同体","人类"是修饰"命运共同体"的,最后组成了"人类命运共同体"这个概念。一般意义上的共同体似乎比较容易建构,两人一起生意,或是在同一条船上,就构成了一个共同体。但是"命运共同体"有点像结婚的意思,在中国,如果我说我要跟你结成命运共同体,就不是一般意义上的生意伙伴了——不仅是在一条船上做生意,还要在一个锅里吃饭,大家都在同一个屋檐下生活,这背后的意义就比较复杂了。单纯地建立一个共同体不难,外商到我们这里投资,我们到他们那里投资,谁也离不开谁。但是等到环境变化、经济危机时,该撤资的还是会撤资,这种共同体其实是利益共同体,而不是命运共同体。要想在这次疫情中把命运共同体的概念传递出去,就需要考虑我们是否有效地解读、解释和传播了命运共同体概念。中文含义的"命"和"运",具有不同的内涵,到了英文中是否有对应的术语?中国文化谈命运的角度,但文化他者理解的角度是不同的。有意思的是,在全球范围内对人类命运共同体概念的传播,似乎形成了"鸡同鸭讲,鹅听了很高兴"的局面。鸡和鸭分别代表中国和西方国家的政界,那这个"鹅"指的是谁呢?第一方面,指的是西方的普通民众,他们不带着任何政治偏见地看待中方的概念,觉得命运共同体是解决大国博弈的很好的思路;第二方面,指的是学者,他们认同这个提法和方向,听了很高兴;第三方面,指的是除了中国和西方国家之外的第三世界国家,他们觉得中国的提法很好,很值得提倡,他们听了也很高兴。

程曼丽:我们都知道,2013年以来,习近平主席在多个国际场合和国际会议上提出,应当在世界上努力构建"人类命运共同体"的倡议。因为这个倡议超越种族、文化、国家和意识形态界限,着眼于国际社会和平、发展、合作大局,符合《联合国宪章》的精神,所以被写入了联合国决议。我认为构建"人类命运共同体"的意义在于:首先,它具有很强的现实针对性。在当今世界"贸易保护主义""政治孤立主义""逆全球化"现象不断抬头,各种挑战和风险日益增加的情况下,它的意义更加重大。其次,构建"人类命运共同体"具有科学的方法论支撑。它倡导求同存异、聚同化异,反对孤立、静止地看问题,突破了非此即彼、二元互斥的思维模式;它主张"合作共赢"、"共享发展",反对种族歧视观念下的傲慢与偏见,以及冷战视阈中的封锁与遏制,为思考人类发展问题提供了全新视角。

既然我们是在"人类命运共同体"的框架下进行对外传播和国家形象塑造的,就应当努力摆脱局限性,将思维和话语提升到一个更高的层面——国际化的层面。从目前的情况看,无论中国政府还是媒体都在进行这方面的努力。当然,问题也仍然存在,这直接导致我们在国际传播实践中的行为落差。

例如,在这次的新冠肺炎疫情中,尤其是疫情开始在全球蔓延的时候,有的媒体的调门过高,刻意强调疫情数字上的此消彼长。比如,有媒体在报道新冠肺炎疫情的全球数字时,做了"中国以外×××例,反超了!"的标题,这与负责任的大国形象不相符。社交媒体上的问题更突出一些。比如有些公众号很狭隘地说,"这是开卷考,都来抄中国作业!""××国家为什么不抄中国作业?""你们怎么抄作业也不会啊?"等等,充满了戏谑和嘲讽的味道。从中国的抗疫成效中获得爱国自豪感是无可非议的,但是走向极端就不可取了。在信息全球传播的当下,这种言论甚至有可能对国家的外交政策和外交努力造成负面影响。这也从根本上违背了"人类命运共同体"的原则。

王　惠：各位学者、专家、企业家和媒体管理者在对话中，对建构人类命运共同体和国家形象的未来提出了很多建设性意见。挑战是存在的，但正因为有挑战，所以要行动。我很认同刚刚几位专家说的，我们要行动起来。具体怎么行动呢？是要通过输送中国方案，与世界分享，我们不能自己一枝独秀。在新冠肺炎疫情暴发后，中国向世界输送了很多物资和口号，我们在支援世界。在这个过程中，尤其是在疫情时代，如何让世界理解我们所讲的人类命运共同体和我们国家形象，是需要不断细化的和推进的，而不只是谈一个口号、一个概念。我们要做一些事情，讲一些中国的故事，同时也要解释中国的愿望和行动，如果我们只做不说，或者只提出一个概念而不去解释，别人怎么会懂得我们呢？这就是我们今天的结束词，我们要行动，谢谢大家！

清华 – 爱德曼联合发布 2020 爱德曼信任度调查报告《信任度与新冠肺炎疫情》

一、导言

2020年11月10日,清华大学国家形象传播研究中心携手全球最大的公关公司——爱德曼国际公关公司(Edelman)联合发布了2020年度爱德曼信任度调查中国报告,暨《春季更新报告:信任度与新冠肺炎疫情》。从2014年成立以来,清华大学国家形象传播研究中心就与爱德曼公司建立了良好的合作研究伙伴关系。双方共同致力于信任度问题的深度调查研究,每年一度以爱德曼信任度调查报告的形式,高度提炼和呈现研究成果。《爱德曼信任度调查报告》衡量了民众对包括政府、企业、媒体和非政府组织在内的四种关键机构的信任程度。清华大学国家形象传播研究中心主任范红教授给予该项研究合作以高度的认可:"从国家形象、企业形象、政府形象来说,信任度是每个组织、每个单位、每个团体要创建的最高目标。国家层级高信任度的获得也是确立和开展全球发展战略的基石。"

2020年正值爱德曼信任度调查连续发布的第20年,新冠肺炎疫情肆虐背景下的国际社会普遍呈现出信任危机。爱德曼国际公关公司全球总裁兼首席执行官理查德·爱德曼先生(Richard Edelman)表示:"信任度对未来的成功至关重要。然而,当今世界经济普遍下行,社会不确定性不断增多,公众对政府、媒体、企业、非政府组织四类机构的信任度提出了更高的要求。这一趋势,也如实反映在今年的报告中,全球面临的不信任在持续,信任度失衡创造了新纪录。"在这样特殊的社会背景下,对于信任度的认知、了解和构建均亟待战略性的重新定义。对此，爱德曼打破历年常规，额外就疫情方向的信任度问题做了专题报道，形成了《春季更新报告：信任度与新冠肺炎疫情》。

二、调查工作介绍

此次《2020年爱德曼信任度调查报告春季更新》是对2020年1月发布的以"信任：能力与道德规范"为主题的《2020年爱德曼全球信任度调查报告》（2020 Edelman Trust Barometer Global Report）的补充和更新。本次调查于4月15日至4月23日进行，共有超过13200名受访者参与，他们分别来自加拿大、中国、法国、德国、印度、日本、墨西哥、沙特阿拉伯、韩国、英国和美国。此次春季报告的主题是政府、企业和其他领导者如何提升自身的可信度，以应对新型冠状病毒肺炎流行带来的危机。

报告特别就受访者群体做了结构性划分和解析。在逾1.3万名受访者中，爱德曼将其中符合年龄在25~64岁、大学以上学历、家庭收入在该市场的对应年龄层位于前25%水平，并且经常阅读并讨论时政和商业新闻的人群划定为有识公众，约占目标受访群体的19%。爱德曼认为将该群体同普通公众（约占81%）进行区分具有重要意义，因为前者是形成主流意见的最主要群体。报告后续也从有识公众和普通公众两类人群进行了层次化的解读。

三、调查成果总结

报告显示，在该项研究调查期间，中国在整体疫情控制方面的步伐和成果远远超过其他国家和地区，呈现出强有力的疫情防控、治理能力，直观反映为中国各类机构信任度的持续提高。爱德曼国际公关公司全球总裁兼首席执行官理查德·爱德曼先生赞许道："在此次抗击新冠肺炎疫情的挑战中，中国体现出了强大的领导力，以及政府、媒体、企业等之间的精诚合作，共同赢得了公众的信任。"但中国也面临着一些特有的挑战和机遇。报告呈现的主要观点如下：

（一）全球范围信任度空前上升，创历史新高

通过分析信任度指数从2020年1月到5月的变化，报告呈现出一个重要的信任度趋势：全球平均信任度指数显著提高，信任度指数达到中值的受信

任国家或地区的数量显著提升。具体而言,11个受调查的国家或地区的全球平均信任度指数上升6个百分点,达到61%,10个国家或地区信任指数上升,不受信任的国家或地区的数量由5个降至2个。其中,中国在始终保持信任度指数排名第一的同时,仍然从1月份的82%,以8个百分比的最高涨幅进一步提升到了90%。

与此同时,报告也呈现出全球范围内信任度持续失衡的隐忧。在以往20年中,基于爱德曼信任度调查报告的研究数据,有识公众对于政府、媒体、企业、非盈利机构这四类公共机构的信任程度均远远高于普通公众。在此次春季的专题报告中,全球11个受访国家或地区的信任度指数也普遍呈现出了这种特征。从平均值来看,有识公众的信任度比普通公众的信任度高出13个百分点,达到了71%。从整体上来看,受调查的11个国家或地区中,有8个的有识公众和普通公众信任度差值达到了两位数。但中国的数据却呈现出一个截然不同的独特状况。中国是11个受调查的国家或地区里面唯一一个普通公众信任度(90%)高过有识公众信任度的国家(87%)。这说明,在中国,经历了疫情的冲击,原本信任度不高的普通公众的信任度得到提升,甚至超越了有识公众原本较高的信任度。这种转变从侧面说明了我国抗疫成果深得民心,不仅获得了中国民众的普遍认可,更增强了中国民众对国家整体的信心。

报告更进一步分析了在过去8年中,中国受访者分别对政府、企业、媒体、非政府组织这四类公共组织的信任程度的变化。值得关注的是,经历疫情的冲击,中国受访者对中国的这四类公共机构的信任度均有所提高,并均创新高,指数均高于85%。其中,企业的信任度为91%,媒体的信任度为89%,非政府组织的信任度为86%。特别是在政府的信任度方面,中国受访者对中国政府的信任度上升了5个百分点,达到95%,位居世界第一。同时,民众对政府领导人的信任度也上升了13个百分点,达到61%。与企业首席执行官获得的58%的信任度相比,政府领导人获得的信任度更高。这说明,中国民众继续对其国家领导人和整体的领导层表现出很强的信心。

(二)疫情在全球范围蔓延带来更多的压力和负担

尽管全球范围内信任度指数呈现出良好的增长趋势,但疫情的冲击确实引发了部分担忧情绪。其中,员工和消费者安全在很多国家成为突出的问题。以企业在保护员工及消费者安全方面的调查问题为例,在全球11个受访的国家或地区中,受访者认同企业在这方面取得的成果的百分比不足50%,呈现出全球范围内的不信任状况。但中国的受访者却在这种信任缺失的总体趋势下呈现出较高的信任度(74%),这一数值高出第二名15个百分点,说明了中国受访者对中国企业积极承担社会责任的普遍认可。

虽然中国民众对中国社会整体表现出较高的信任度,但报告也指出,中国民众对经济复苏和就业前景等未来的发展仍然存在担忧。爱德曼中国企业传播与声誉管理业务董事总经理王哲总结道:"这种不确定性包括中美之间的博弈,也包括未来一些新的创新技术的不断到来。"报告的数据也证实了失业恐慌情绪在中国的持续性、普遍性的存在。

(三)政府成为信任度议题的焦点

在此次报告的信任度指标所关联的四类公共机构中,政府成为了最受民众信任的机构,在疫情的背景下,政府成为构建民众信任感的关键。在新型冠状病毒肺炎流行期间,全球范围内的政府信任度创下历史新高,达到65%。这一政府信任度显著提升的趋势也反映在亚太地区的大部分国家,11个受调查国家或地区中有6个对政府的信任度指数呈两位数的增长。中国政府的信任度上升5个百分点,达到95%,位居世界第一;印度政府的信任度上升6个百分点,达到87%;韩国政府的信任度上升16个百分点,达到67%。

对比媒体、企业、非政府组织,在应对疫情的过程中,中国受访者普遍认为,政府最能承担起领导各项应对措施的重任。根据数据显示,政府在各项抗击疫情的工作中都被赋予了最高期待,信任度均在65%以上。从控制疫情到发布信息,包括提供经济援助和保护公众、应对疫情方面,政府都是人们关注的主要焦点。

(四)媒体的抗疫宣传工作获得认可和期待

除了政府之外,在新冠肺炎疫情的影响下,媒体获得民众信任度的变化也呈现出一些值得关注的趋势。在疫情之后,中国受访者对信源的可信度上升至前所未有的高度,包括传统媒体、社交媒体、搜索引擎、自有媒体在内的各媒体渠道的信任度均实现两位数增长,提升至85%及以上。与此同时,不同媒体的信任度的数值差距进一步缩小,呈现出中国民众对疫情期间中国媒体报道工作的高度认可。其中,传统的媒体渠道,包括报纸、杂志、电视台等依然保持了最高的信任度（94%）。紧随其后的是搜索引擎，其信任度指数在过去五六年时间里处于持续上升状态，在5月的报告中超过社交媒体，以92%的数值排名第二。社交媒体、自有媒体也纷纷实现信任度指数的突破，体现了在当下多元化的媒介环境中，中国民众对非官方信息来源的包容度和认可度的提升。

此外，针对疫情信息的来源，中国受访者仍然普遍期待权威专家的声音。科学家、国家卫生系统官员以及医生等抗疫专业人士的信任度指数排名前三，明显高于其他类型，体现出中国受访者对医疗卫生行业专业度的高度认可。

同时，中国受访者普遍期待和要求媒体对于疫情资讯要持续进行公正可信的报道。69%的受访者认为，媒体的原创调查性报道能够有效地帮助人们了解疫情背后的完整信息以及其对经济、生活潜在的长期影响。69%的受访者相信，国内媒体在报道疫情相关的新闻和信息时，没有受政治和意识形态偏见的影响。

（五）疫情期间的表现是企业赢得信任的契机

企业在疫情期间的表现也普遍受到民众的高度关注，并且能够对国家的整体信任度指数产生影响。首先，首席执行官在疫情中尚未展现出足够的公共领导力。在11个受调查的国家或地区中，90%的受访者认为，企业的首席执行官应该带头应对疫情，而不是等待政府对他们的企业施加限制和要求。尤其是对于中国受访者来说，国内企业首席执行官在疫情之中的工作表现与他们的普遍期待还存在一定差距。仅有33%的中国受访者认为，首席执行官在疫情中表现出色、合乎要求，属于低信任度。这说明，企业领导在疫情中的表现并未获得中国民众的普遍认可，还有很多进步和完善的空间。

在疫情的冲击下，当地企业应优先响应本国的诉求是全球的普遍共识。调查报告的数据显示，60%受访者认为，企业应当首先回馈当地民众，然后再量力而为地帮助海外市场的受众。爱德曼中国企业传播与声誉管理业务董事总经理王哲表示，这项数据"对于企业来讲，尤其是对于在全球化背景下的不同国家的企业来讲"有着重要意义。中国受访者对这一理念的认同度最高，达到了86%。这意味着，在疫情的冲击下，中国企业应该坚守国家利益，重视内需发展。

此外，据数据显示，中国受访者普遍认为，企业能够以自身能力应对疫情带来的多项挑战，高度认可企业帮助员工以及商业伙伴共度时艰的能力，包括从内部坚持以人为本（68%），确保员工的人身安全（71%）、财务健康（71%），帮助其中小供应商快速恢复（68%），到外部保持供应（71%）和助力复工复产（71%）。这说明，虽然遭受到疫情的冲击，但中国民众仍然普遍对国内企业抱有信心。

调研结果显示，针对不同行业，包括银行、教育机构、餐饮业、制造业和科技行业等在内的与日常生活和经济发展密切相关的行业，信任度均有所增长，并达到了高信任度（均为93%）。其中，科技行业的信任度在过去几年的调研中始终保持全球最高值，成为中国受访者最受信任的行业。这从侧面说明了中国民众普遍对国内科技行业的发展前景看好，相信中国科技品牌的力量。

四、调查议题展望

基于《2020年爱德曼全球信任度调查报告》以及信任度报告在中国具体的数据，尤其是《春季更新报告：信任度与新冠肺炎疫情》带来的启示，爱德曼中国企业传播与声誉管理业务董事总经理王哲总结道，"我们可能要迈向新常态的新格局"。这种新常态包括以下几个重要维度：

（一）民众把健康和安全置于首位

在疫情的冲击下，全球11个受访的国家或地区的受访者普遍认为，相对于确保工作、重振经济，政府应当优先保障民众的健康和安全。以信任度的全球平均值来分析，赞同政府优先考虑工作和经济的受访者占比仅为33%，赞同政府优先考虑健康和安全的受访者占比达67%，相差一倍的差值体现出疫情肆虐的国际形势，加剧了民众对基础性需求、生命安全与健康的格外重视。然而，在全球受访者中，中国受访者却呈现出最平衡的观点，期望政府侧重健康和安全事务的受访者，仅比期望政府侧重复产复工建设的受访者高12个百分点。爱德曼中国企业传播与声誉管理业务董事总经理王哲对这组数据解析到，"疫情管控非常有力，我们比其他国家和地区更早地恢复了经济，所以我们在这两个方面能够达成相对的平衡，能够在安全和健康的保证前提之下迅速地恢复生产"。

（二）政府必须为未来建设一个更有韧性的体系

历经疫情，面向未来，中国的受访者普遍希望政府建立一个更加有韧性的体系。这种韧性包括对本土医疗用品供应的确保，对医疗健康服务支出的增加,对于入境人员进行健康筛查,以及通过限制措施确保本国国民的健康安全等。调查研究的数据显示,如果政府做到了以上这些方面,中国受访者对于政府的信任度将普遍提升 20 个百分点左右,实现全面的高信任度水平。

(三)民众面对疫情带来的改变保持乐观态度

爱德曼十分关心疫情当下受访者的心理状态。在全球 11 个受访的国家或地区的受访者中,大多能够以较为积极和正面的态度来看待疫情有可能带来的后果。64% 的受访者赞同,"尽管这次疫情非常可怕,但它将带来有价值的创新和改变,使我们的生活、工作和对待他人的方式变得更好",比赞同这次疫情不会带来任何好处的受访者高出 18 个百分点。在中国的受访者中,也有约 63% 的人认同疫情的改变具有正面意义。这说明中国在疫情控制方面的成效得到了民众的普遍认可。

(四)疫情时代成为考验企业的时刻

作为进入中国最早的全球公关公司之一,爱德曼深耕企业信任度的调查和解读领域 20 多年,致力于为全球性企业在中国的运营和发展战略提供支持和咨询服务。基于此次春季报告的数据,爱德曼认为,企业正在面对重大的考验,亟须从以下方面予以应对:一,采取切实行动,以保持长期的信任;二,企业和政府必须合作解决问题;三,企业必须履行其对各利益相关者的承诺;四,首席执行官必须展现出公共领导力;五,在疫情之后重塑信任。

回顾此次春季报告带来的多项启示,爱德曼中国企业传播与声誉管理业务董事总经理王哲强调:"疫情之后重塑信任,不仅仅是政府的事情,也不仅仅是企业的事情,需要我们每一位都在这个话题上进行更加深刻的思考"。

五、关于爱德曼及爱德曼信任度调查

(一)关于爱德曼

爱德曼是一家全球性整合传播公司,致力于通过强有力的伙伴关系,帮助企业和机构演进、推广和维护企业品牌及声誉。爱德曼在全球拥有 60 多家分支机构、6000 多名雇员。我们为客户提供专业的传播策略,协助他们以更大的信心发挥领导作用、保持经营稳定,以赢得利益相关方的信任。爱德曼获得的荣誉包括：戛纳国际创意节公关大奖，被《广告时代》杂志评选为 2019 一线知名公司，被全球权威公关行业咨询机构 The Holmes Report 评为"2018 年全球年度数字公司"。此外，爱德曼还 5 次被"Glassdoor"评选为"最佳雇主"。自 1952 年创办以来，爱德曼一直是一家独立的家族企业，旗下专业公司包括 Edelman Intelligence（研究）和 United Entertainment Group（娱乐、运动和生活方式）。登录 http：//www.edelman.com 获取更多信息。

（二）关于爱德曼信任度调查

2020 年爱德曼信任度调查报告是爱德曼公司连续第 20 年开展的关于信任及可信度的年度调查。本次调查由调研公司爱德曼智库（Edelman Intelligence）开展，于 2019 年 10 月 19 日至 11 月 18 日期间以 30 分钟在线调查形式进行。2020 年的爱德曼信任度调查报告的在线访问量超过 34000，其中包括来自全球 28 个国家和地区的 1150 名普通公众及 6200 名有识公众（中国和美国各有 500 名有识公众，其余 26 个受访国家或地区各有 200 名有识公众）。有识公众均需符合如下标准：年龄在 25~64 岁，大学教育背景，家庭收入在所在国及地区的所属年龄层位于前 25%，有每周频繁阅读或观看商业新闻的习惯，且每周通过新闻积极关注公共政策信息。更多详情请访问 https：//www.edelman.com/trust-barometer 获取。

第 三 部 分

人类命运共同体与国家形象

"人类命运共同体"与中国对外传播

程曼丽[①]

2013年以来,中国国家主席习近平在多个国际场合和国际会议上提出应在世界上努力构建"人类命运共同体"的倡议。

一、构建"人类命运共同体"的意义

(一)具有现实针对性

几百年来,世界各国在全球化浪潮的推动下不断突破疆界,寻求合作,日渐形成"你中有我,我中有你"的人类社会发展格局。然而,21世纪初金融危机带来的世界经济增速放缓,使全球化面临着前所未有的质疑与考验。有些人将全球问题归结于全球化,认为全球化是世界发展受阻的根源所在。于是,"贸易保护主义""政治孤立主义""逆全球化"现象不断抬头,人类社会共同发展的前景堪忧。

而中国提出的构建"人类命运共同体"的主张,是以应对人类面临的普遍性问题与挑战为宗旨的价值理念。它超越种族、文化、国家与意识形态界限,着眼于国际社会和平、发展、合作大局,符合《联合国宪章》所规定的成员国维护世界和平与安全的原则。因此,可以说,"构建人类命运共同体"既是一种理念、目标与愿景,又是一种价值观——人类社会共同的价值观。在当今世界面临深刻的变革与调整,各种挑战、风险日益增多的情况下,这一价值观的意义尤显重大。

---

① 程曼丽:北京大学国家战略传播研究院院长。

（二）具有科学的方法论支撑

从历史上看，西方国家的价值体（包括话语体系）是在西方文明中心论的基础上构建而成的，具有某种结构性或框架性的特征。它具体表现为一种二元对立的思维模式：非此即彼，非黑即白。这种对于客观事物的假定性论断和一成不变的言说，在早期的西方理论与实践中并不鲜见。比如，西方传统的人本主义关于人的话语就隐含着男性至上、女性低下的思想。这种二元互斥的思维模式也投射到国际关系和国际话语中来，"非我族类，其心必异"的意识形态偏见和话语编码即源于此。

而"构建人类命运共同体"，关注的是人类社会的共同利益和共同诉求。作为一种价值观，它具有科学的方法论支撑，倡导求同存异，共谋发展，反对孤立、静止地看问题，突破了非此即彼、二元对立的思维模式，为思考人类发展问题提供了全新的视角。从战略角度看，这也正是中国国际话语体系建设的突破口与立足点。

构建"人类命运共同体"的理念或思维框架，对于目前各国联合抗击新冠肺炎疫情同样重要。它有助于我们放下历史的包袱与分歧，共同面对疫情和人类未来，形成世界公共卫生领域携手合作的共同体。

二、疫情中的中国对外合作与传播

综观之下不难发现，在此次新冠肺炎疫情中，中国力求在"人类命运共同体"的理念框架下展开对外合作与传播。

（一）与国际社会分享信息联手抗疫

新冠肺炎疫情发生后，中国政府与世界卫生组织联系密切，及时向它通报疫情信息，分享病毒毒株的全基因组序列，为各国科研人员共同研制有效药物和疫苗、开发诊疗工具提供了有力的支持。2020年2月22日至23日，世界卫生组织与中方组成联合专家考察组，在北京、广东、四川、湖北进行了为期9天的实地考察。考察结束后，中国－世卫组织新冠肺炎疫情联合专家考察组外方组长、世卫组织总干事高级顾问布鲁斯·艾尔沃德充分肯定了中国应对疫情的做法，并表示"中国的方法被事实证明是成功的方法"。世卫组织总干事谭德赛多次表示："中国努力控制病毒源头,限制疫情传播,为世界其他地区防控工作争取到宝贵时间。"此外,疫情发生以来,习近平主席与几十个国家的领导人先后通话,与专程访华的一些国家元首举行会谈,介绍中国疫情防控进展情况,表明中国战胜疫情的信心和对全球公共卫生事业尽责的态度。中国还与欧盟、非盟、东盟、上合组织、加共体等建立了密切沟通机制,与国际社会进行技术层面的合作,包括及时提供疫情信息和防控诊疗技术,通过视频会、电话会等多种形式加强中外专家交流,分享经验与信息。

(二)向多国提供抗疫物资分享经验

新冠肺炎疫情发生后,世界上许多国家、国际组织以及民间团体从道义上和物质上给予中国支持和援助;而当中国自身疫情控制逐渐稳定、全球疫情形势逐渐严峻的危急时刻,面对来自多国的援助请求,中国也开始向疫情严重或医疗条件薄弱的国家提供帮助。据新华社2020年5月11日的报道,中国已经或正在向150多个国家和国际组织提供急需的医疗物资援助,并积极为各国在华进行商业采购提供便利;中国还向多个国家派遣抗疫医疗队。对于"一带一路"沿线国家,中国持续给予支持,由此形成了紧密的合作关系。这不仅为中国与沿线国家民间外交的发展奠定了坚实基础,也奠定了"一带一路"框架下公共卫生合作机制的基础。相信这一患难中形成的合作机制将会在公共卫生领域发挥更大的作用,并为世界范围内公共卫生领域的合作提供示范效应。这也使"人类命运共同体"的理念通过中国的切实努力和行动,在世界范围内得以传播。

无须讳言的是,在此次新冠肺炎疫情发展过程中,中国受到来自西方国家,尤其是美国的战略防范和舆论打击,对于我们的抗疫努力和外援行动、对于"人类命运共同体"理念的传播产生了一定的负面影响。例如,美国媒体发表了一些明显带有种族主义色彩和反华意向的言论,某些政府官员也多次表示,因为中方疫情信息不公开、不透明,贻误了美方的疫情防控。3月18日,美国时任总统特朗普在记者会上宣称,这是一场对抗"中国病毒"的战争。媒体发布的图片显示,特朗普把自己讲稿中"新冠病毒"的字样手写改为"中国病毒",试图向中国甩锅,让中国承担道义谴责。

这就提示我们,表面上看起来的"舆论",其实已经有了"战"的味道。既为舆论"战",交战中的任何一方都不愿束手就擒,坐以待毙;或是在缺席的情况下被放置在人类道德的审判席上。出于这一考虑,中方采取了针锋相对的反制措施,进行舆论回击。最终结果是,当地时间 3 月 24 日,特朗普在接受福克斯电视台采访时表示,他决定不再使用"中国病毒"这一说法。但是美国对中国的各种舆论攻击并没有停止。

三、中国对外传播应当重视的问题

第一,长期以来,我们对于美中关系始终抱有积极而理性的期待,中国的涉美话语也充分体现了这种期待,强调学习借鉴、合作共享、互利双赢。而当形势突然发生逆转,中国被竞争、扼制、敌对的舆论包围时,我们一下子就陷入被动状态,在应对策略和技巧上相形见绌。应当说,美中关系向好发展以及合作共赢一直是我们的预期目标和努力方向。2020 年 4 月 2 日,《外交学人》杂志刊发了 100 名中国学者联名《致美国社会各界的公开信》,呼吁全球合作;当地时间 4 月 3 日,90 多名美国知名学者和前政府高官联合发出公开信,呼吁美中共同应对新冠肺炎疫情带来的全球性危机,表达了双方学界和一些政界人士对于美中关系向好发展的热切期待。但是特朗普未必这么考虑问题。所以,在目前大国博弈的格局下,我们应当保持足够的警觉,对美国的涉华舆论作出更加科学的判断。事实上,美国对于中国的战略防范由来已久,它的涉华舆论不是在一夜之间转变的,而是有着清晰的发展过程和内在逻辑。对于中国来说,这方面的研判应当更加全面、更为精准,不能因大方向上的预期而忽略一些潜在因素,以至当潜在因素转化为现实因素时不得不匆促上阵,被动应对。

第二,美国是当今世界上唯一的超级大国,在经济、军事、科技方面处于国际领先地位,拥有很多同盟国和追随者,例如五眼联盟和七国集团等。这些国家和美国有着共同的价值体系并且利益关联,有着相近的对华政策,因而在国际舆论,尤其是涉华舆论方面,常常与美国高度契合,容易形成对中国的合围之势。此外,目前国际传播领域的信息流动仍然呈现出由中心向边缘扩散、由发达国家向发展中国家扩散的特点,反向流动的情形很少发生。美国利用这一先天优势,通过令其他国家二次传播、多次传播的方式,将自身信息连同价值观辐射至全球,影响着世界各国(媒体及受众)对于某个问题或某个国家的认知与判断。一些与中国关系友好的国家或处于中立状态的国家,其媒体报道同样充斥着对中国的负面评价,原因正是如此。虽然今天的中国已经发展成为世界第二大经济体,但是整体实力与美国相比还有不小的距离;虽然近年中国媒体的国际传播能力有所提升,舆论影响力逐渐扩大,但是在世界范围内"西强我弱"的格局没有发生根本性的改变,实现舆论突围仍然是中国面临的一项艰巨任务。这或许就是身居"世界第二"、正在由世界大国向世界强国迈进的中国,未来相当长一段时间里所面临的国际舆论环境。

第三,美国在此次疫情中对中国的舆论打击提示我们,从政治领域到安全领域,从经济发展到科技进步,新一轮的"中国威胁论"已卷土重来。就其性质而言,新一轮"中国威胁论"是世界格局、大国力量对比变化之下的产物,它所针对的不再是那个积贫积弱的中国,而是综合实力快速增长、国际影响力不断上升的中国,因而具有更强的威慑与打击力度。对于中国而言,要想突破这一话语桎梏,就要改变以西方为中心反观中国的视角,树立大国自信,掌握国际话语权。国际话语权是话语权在国际政治领域的具体体现,反映了一国在国际社会权力结构中的地位与影响。如果我们在这个权力结构中不掌握话语,甚至时常被"主流话语"置于各种道德"审判席"上,还谈什么地位和影响?需要指出的是,我们在进行舆论应对时,应当注意避免两种倾向:一是妄自尊大,二是妄自菲薄,二者都是缺乏自信的表现。我们既要坚持原则,敢于发声,向世界表明自己的态度,又要保持清醒的头脑,讲究战略战术,以大国心态从容应对,以包容、和平、理性赢得尊重。

以上是就中国对外传播面临的国际舆论环境生发的思考。

四、疫情中对外传播的再认识

(一)进行舆论应战的同时,要防止落入对方的"舆论陷阱"

舆论应战是必要的,它可以在一定程度上对冲美国的战略攻击,同步放大中国的声音和影响力。但是美国的舆论打击手段高明,经验老到,我们万不可落入其"舆论陷阱"中。具体来说,如果我们在病毒来源等问题上与美方对峙,出于历史、现实原因以及利益方面的考量,可能会有不少国家选择站在美国一边。但是如果以谁能救命(患者),救更多的人而论,中国无疑占有优势。正如著名学者福山最近在《大西洋月刊》发表文章指出的:疫情更加让人认清一个事实,就是在政治体制上,并没有绝对的优劣,只有在"国家能力"上,国与国之间才会分出高下。

因此,中国目前需要做的是,认真总结此次疫情中的各项救治措施,包括"封城"、隔离、大数据追踪人员流动、建设方舱医院、社区网格化管理等等,形成有效的抗疫经验与模式;并且不必过于强调"中国模式",而要突出它对于疫情防控的有效性和普遍意义,强调它能惠及更多的国家。总之,中国应以对人类社会的实际贡献表明自己的诚意与善意,最大限度地消除国际社会的误解、偏见与敌意。这不但有助于"人类命运共同体"理念的传播,也必将在世界范围内进一步提升中国的影响力。

(二)中国对外传播话语应当上升一个层面

既然中国是在"人类命运共同体"的框架下来做对外传播的,就要求我们的涉外话语尽可能摆脱局限性,提升到一个更高的层面——国际化层面。从目前的情况看,无论中国政府还是媒体都在进行这方面的努力。当然,问题仍然存在,这直接导致我们在国际传播实践中的行为落差。具体表现在:"构建人类命运共同体"的价值观要求我们在平等互利的基础上说话,说共同的话。然而,目前国内一些传播者的思想观念仍然停留在传统时代,表现出与大国气度、大国责任不相符的"小我"意识,和自说自话、自娱自乐的叙事特征。

在此次新冠肺炎疫情的报道中,绝大多数主流媒体秉持客观理性的态度,"度"的把握比较好,但是也有个别媒体调门过高,刻意强调疫情数字上的此消彼长。

鉴于此,中国的国际话语体系建设亟待上升一个层面:由战术层面上升到战略层面,在"构建人类命运共同体"价值观的引导下对话语资源进行组织建构,形成超越语言、言语范畴的,具有思想内涵的系统性的"陈述群"。

(三)话语和行动应密切配合

目前,中国正在力所能及地为其他国家提供抗疫物资和专家援助。但是有两点特别值得注意:一是我们外派的医疗专家团队的工作是一种跨国、跨文化的工作,需要对当地的历史、文化、宗教习俗有所了解,不能想当然地认为中国的经验与做法套用过去就有效。我们现有的一些医疗团队是由中国红十字会整体协调、从不同地区派出去的。他(她)们都是很好的传染病学专家、临床专家以及很好的护理人员,但是对于跨文化传播的规律与要求不甚了解,又来不及培训,于是出现了一些问题,比如指手画脚、发号施令引起对方的不满,结果留下了一些遗憾。二是我们在为其他国家提供医疗物资援助时,应当做好出口抗疫产品的质量把关工作,否则就会前功尽弃。这段时间随着中国对外援助的逐步展开,出现了一些之前没有充分预料到的问题:一些国家反映中国抗疫物资(如快速检测试剂盒、口罩等)质量不达标。对此外交部发言人的回应是:"正规渠道采购的物资没有质量问题。"但是有人可能会疑问:非正规渠道出口的物资不也是中国物资吗?这方面的质量把关有没有做好?平心而论,在有些事情上我们的确是被妖魔化了,但有些事情反映出来的是我们行为中的问题与不足,需要认真对待。总之,我们不仅要说得好,宣传好人类命运共同体的理念,也要践行到位,进一步细化各个环节的工作,把"说"与"做"、动机与效果更好地结合起来。

总之,在此次新冠肺炎疫情中,中国以自己的切实努力使"人类命运共同体"理念在世界范围内得以传播。在中国面临新的国际舆论环境以及各种挑战的当下,如何将"人类命运共同体"理念落实到政府官员、新闻媒体以至每个公民的观念与行动中,使之在国际社会得到广泛的认可与共识,我们还要继续努力。

"人类命运共同体"背景下中国主流媒体定位与机遇[①]

鲁佑文　刘思含　聂明辉[②]

习近平总书记在党的十九大报告中指出,要"坚持推动构建人类命运共同体。中国人民的梦想同各国人民的梦想息息相通,实现中国梦离不开和平的国际环境和稳定的国际秩序。必须统筹国内国际两个大局,始终不渝走和平发展道路、奉行互利共赢的开放战略,坚持正确义利观,树立共同、综合、合作、可持续的新安全观,谋求开放创新、包容互惠的发展前景,促进和而不同、兼收并蓄的文明交流,构筑尊崇自然、绿色发展的生态体系,始终做世界和平的建设者、全球发展的贡献者、国际秩序的维护者"[③]。

"人类命运共同体"理论这次出现在人们的视野中,足见中国共产党和中国政府对构建人类命运共同体的重视程度。在人类命运共同体背景下,中国主流媒体作为党和人民的喉舌,应如何面对自身的重新定位,又有哪些机遇和挑战?本文将围绕这两个主要问题展开讨论。

一、"人类命运共同体"理论的提出和理论基础

"共同体一词源于古希腊语 Koinonia,原意是指团体、同盟、关联等。在亚里士多德《政治学》语境中,城邦有共同体之意,城邦里的公民相互合作共同

[①] 本文主要内容已发表在《新闻爱好者》2020年第3期。
[②] 鲁佑文:湖南大学新闻传播与影视艺术学院副教授、硕士生导师;刘思含、聂明辉:湖南大学新闻传播与影视艺术学院硕士生。
[③] 习近平:《决胜全面建成小康社会夺取新时代中国特色社会主义伟大胜利》,载《人民日报》,2017-10-19。

生活,此时的共同体具有较强的人文色彩"①。中国提出来的"人类命运共同体"概念最早见于 2011 年《中国的和平发展》白皮书,其中指出,经济全球化成为影响国际关系的重要趋势。不同制度、不同类型、不同发展阶段的国家相互依存、利益交融,形成'你中有我,我中有你'的命运共同体。2012 年,中共第十八次全国代表大会报告正式倡导人类命运共同体意识,"人类命运共同体"概念得到中国党和政府的正式表述。随后,在习近平主席的几次重要对外出访中,"人类命运共同体"这个词语被反复提起。其中人们普遍认为,2013 年 3 月习近平主席在莫斯科国际关系学院发表的演讲中,对"人类命运共同体"的内涵作了详细描述,即"这个世界,各国相互联系、相互依存的程度空前加深,人类生活在同一个地球村里,生活在历史和现实交汇的同一个时空里,越来越成为你中有我、我中有你的命运共同体"②。中国倡导的"人类命运共同体"概念就是希望在追求本国利益时兼顾他国关切,在谋求本国发展中促进各国共同发展,建立更加平等均衡的新型全球发展伙伴关系。在倡导"人类命运共同体"意识的同时,2017 年 1 月习近平主席在联合国"共商共筑人类命运共同体"高级别会议上,也给出了人类命运共同体的中国方案。

事实上,"人类命运共同体"这个概念并不是凭空臆造,其背后有着深厚的理论基础。追根溯源,"人类命运共同体"概念脱胎于中华民族传统文化中"天下大同""仁"的思想以及马克思关于社会共同体的思想。

(一)中华民族传统文化"天下大同""仁"的思想

中华民族传统文化源远流长,儒家、道家以及墨家思想中都有人类命运共同体的思想内涵。如《礼记·礼运》中说:"大道之行也,天下为公,选贤与能,讲信修睦。故人不独亲其亲,不独子其子,使老有所终,壮有所用,幼有所长,矜、寡、孤、独、废疾者皆有所养,男有分,女有归。货恶其弃于地也,不必藏于己;力恶其不出于身也,不必为己。是故谋闭而不兴,盗窃乱贼而不作,故外户而不闭,是谓大同。"还有"先天下之忧而忧""达则兼济天下"等。儒家始终把全人类都当作关怀的对象。道家也有"乾道变化,各正性命,保合太和,乃利贞。首出庶物,万国咸宁"(《周易·乾卦·彖辞》)。这句话强调通过

---

① 苏苗苗:《人类命运共同体思想与中国优秀传统文化的关联》,载《市场周刊(理论研究)》,2017(08),133~134 页。
② 习近平:《顺应时代前进潮流促进世界和平发展》,载《人民日报》,2013-03-24。

调和矛盾和冲突达到"太和",实现国泰民安。墨家则有"天下无大小国,皆天之邑也"(《墨子·法仪》)。可见中华民族传统文化中对全世界共同发展,进而实现天下太平的愿望一直都存在。

(二) 马克思主义社会共同体思想

"人类命运共同体"概念也是对马克思有关社会共同体思想的继承和发展。"马克思将自由人联合体作为人类社会'真正的共同体',在这种社会关系中,社会关系不再是作为支配与被支配的关系,而是置于共同体成员的共同控制之下。在这一关系下,不再有尖锐的阶级对立,成员性质发生了根本变化"。[①] 马克思认为社会共同体发展过程中要经历"抽象共同体、虚拟共同体",最终才会走向"真正共同体"。从目前人类社会发展来看,国与国、种族与种族之间依然是相对独立的存在,虽然出现了欧共体,但是整个世界从本质上说依然孤立分散。而"人类命运共同体"概念的提出,实质上是继承和发展了马克思主义社会共同体思想,是科学社会主义发展的最新成果。

二、"人类命运共同体"理论的现实依据与中国实践

"人类命运共同体"理论的提出也有现实因素的考虑。首先,构建人类命运共同体是中国发展的内在要求。中国经济的飞速发展离不开世界,中国历史上"闭关锁国"的政策证明了关起国门搞建设是逆时代之举。新时代的中国在经济建设上需要与各国往来,促进商品的自由流通,将更多的"中国制造"推销出去,把更多的外资"引进来"。同时,中国文化发展也需要更好地与世界各国其他文化交流,促进各自的发展,为人类文明繁荣贡献出自己的力量。中国的政治文明也需要借鉴人类政治历史上的得与失,为更好地建设社会主义中国政治文明提供参考依据。中国发展需要世界,而"人类命运共同体"概念的提出,不仅可以推动"一带一路"的顺利进行,而且可以让各国共同参与到人类命运共同体建设中来。

其次,这也是"全球化治理"时代背景下的必然选择。今天的世界早已

[①] 曲洪波、金梦兰:《"人类命运共同体"思想的传统文化因素解析》,《山东省社会主义学院学报》,2017 (04),27~35 页。

变成了麦克卢汉预言下的"地球村",互联网更是进一步突破时空障碍,将每一个个体变为原子化存在。然而这也带来了网络犯罪、恐怖主义活动越发猖獗等问题。显然,这些问题仅靠一国之力不可能解决,而是要实施"全球化治理"。此前中国曾提出"网络空间命运共同体",即"网络空间是人类共同的活动空间,网络空间的前途命运应由世界各国共同掌握。各国应该加强沟通、扩大共识、深化合作,共同构建网络空间命运共同体"[1]。意思就是各国应暂时放下分歧,携手共同加入到网络全球化治理之中。同样,"人类命运共同体"的提出,也是期望用人类命运紧密相连的理念来实现全球化治理。

最后,是生态有机体发展的必然选择。生态文明建设是全球性议题,特别是在当前人类面临全球气候变暖、资源枯竭、臭氧层耗竭、海平面上升等生态问题,生态环境问题的解决刻不容缓。而"从人类命运共同体属于生态有机体的整体利益出发,把人类发展与生态系统紧密结合起来。在保护生态系统的前提下推进人类发展,在人类发展的基础上建设生态系统,实现人类与生态的协调发展"[2]。

中国不仅是"人类命运共同体"的提出者和倡导者,同时也用实践证明了中国在构建人类命运共同体上作出的努力。作为一个人口大国,中国通过改革开放推动经济发展,在过去的5年中使6000万贫困人口稳定脱贫,贫困发生率由10.2%下降到4%以下,促进了中国社会的和谐发展,也为发展中国家摆脱贫困提供了可供借鉴的成功经验。中国是拥有较强军事防御力量的国家,但从未侵略他国,而是积极参与联合国维和行动。在朝鲜核问题、伊朗核问题上更是发挥了不小的作用。

三、"人类命运共同体"背景下对中国主流媒体的新期待

在"人类命运共同体"背景下中国媒体的任务可谓任重而道远,特别是中国的主流媒体。处于互联网时代的中国主流媒体,既要牢牢掌握国内话语权,又要提升在海外的"议程设置"能力。具体来说,目前中国主流媒体需要进行重新定位,此外还面临着新时代的挑战与机遇并存的情况。

---

[1] 习近平:《在第二届世界互联网大会开幕式上的讲话》,载《中国信息安全》,2016(01),24~27页。
[2] 刘勇:《论中国特色社会主义生态文明的认识维度》,载《湖北社会科学》,2016(01),20~24页。

（一）"人类命运共同体"背景下中国主流媒体的定位

中国主流媒体具有一般新闻媒体难以相比的权威地位和特殊影响,有较强的公信力和影响力。此前,中国的主流媒体也曾开辟了一些国际节目,如中央电视台国际频道（CCTV-4）的《今日亚洲》《华人世界》《中国文艺》等,其主要受众瞄准的大部分是海外华人华侨,在传播的内容上也主要是对中国文化的输出,这与中国主流媒体的传统定位有很大关系。在新时代,中国主流媒体的定位应是"内外兼修",对内继续保持其主流地位,对外发出中国"新声音",促进世界人民对中国倡议主张的认同。"中国传媒必须积极有效地为新世界主义的国际传播提供全方位、多渠道、全媒体服务,使其尽快为世界各国政府和大众理解与接受,成为全球共识与行动[①]"。

（二）"人类命运共同体"背景下中国主流媒体的新机遇新挑战

中国主流媒体在"人类命运共同体"背景下能够获得有利于自身发展的新机遇。这主要体现在以下几个方面：首先,中国跻身世界第二大经济体,大大改善、提升了中国的国家形象和国际话语权。国家实力的增强、国家形象的提升,自然也给传媒业形象塑造与提升创造了极好的机遇。在过去几年间,西方媒体正面引用中国媒体的信息和资料的数量呈上升态势即是明证。其次,中国政府及有关管理部门对新闻传播的理念与政策作出了重大调整,为媒体"强身健体"、科学发展创造了一个史无前例的好环境。从2008年《政府信息公开条例》实施、明确规定及时发布信息是"常态"开始,中国政府还在县级以上政府和中央、省级各管理部门全面推行新闻发言人制度,并规定新闻发言人不得欺骗传媒,也不得用"无可奉告"搪塞记者。2009年1月,习近平同志在中央党校春季学期开学典礼上的讲话,要求各级领导干部提高同媒体打交道的能力,尊重新闻舆论和传播规律,正确引导社会舆论；要与媒体保持密切联系,自觉接受舆论监督。

在"人类命运共同体"背景下,对中国主流媒体来说,也充满了新挑战。首先是传播观念的重新调整,"如果一味强调发出'中国声音',而忽略了'中国声音'中的公共性,忽略了'人类命运共同体'当中其他成员的利益诉求,

---

① 邵培仁、沈珺：《新世界主义语境下国际传播新视维》,《新疆师范大学学报（哲学社会科学版）》,2018（02）,1~9页。

我们的声音可能就成了'独唱'而不是'合唱',仅仅靠'独唱'无法构建'人类命运共同体'"①。其次就是如何讲好"中国故事"。中国经济的发展速度令世界瞩目,近些年"中国威胁论""中国称霸论"甚嚣尘上,对"人类命运共同体"的构建容易造成负面影响。因此,如何讲好"中国故事",让世界人民了解中国,是中国主流媒体面临的又一大挑战。

四、中国主流媒体在重塑传媒世界新秩序中的责任与担当

在"一带一路"国际合作不断深入的进程中,作为"丝绸之路经济带"和"21世纪海上丝绸之路"首倡国,中国主流媒体有必要在促进亚欧非经济合作、与各国的发展战略对接和文化交流,特别是在推进中国扩大和深化对外开放进程中发挥其独特的媒体形象塑造和预警功能,并在中国日益崛起过程中为协调中国与外部世界关系、处理中西文化摩擦发挥其解释功能。

一是正确塑造、维护中国的国家形象和传媒形象。国家形象是国家软实力的体现,传媒形象也是国家形象的重要组成部分。因此,中国主流媒体应客观、公正、实事求是地报道真实的"中国故事",注重新闻话语的专业追求与表达,摒弃"宣传调""宣传腔",传播中国一贯奉行的命运与共、合作共赢的多边贸易体制,努力消除"中国威胁论";传播中国在减少碳排放、履行2015年在巴黎气候大会达成的《巴黎协定》方面所取得的积极成果,努力树立起负责任、与全人类休戚与共的中国大国形象;对于那些不符合国际传播潮流的报道,一定要改正;对于那些容易在跨文化传播中引发误读之处也应当注意避免"授人以柄";应讲究报道艺术,善于运用事实来表达中国主流媒体的观点和立场。如在2019年香港反修改《逃犯条例》事件中,主流媒体就很好地通过事实表达了中国政府维护"一国两制"和香港稳定繁荣的坚定立场。

综上所述,中国主流媒体要有全球视野和战略眼光,敢于并善于发出"中国声音",积极争夺国际传播话语权。在报道国际新闻时,则要勇于与西方主流媒体同台竞争,不仅要敢于开"第一腔",迅速及时地作出反应,而且要"以我为主"做出深度解读。比如在2019年开始的中美贸易战中,主流媒体利用

---

① 白贵、曹磊:《对外传播的新使命:"一带一路"与"构建人类命运共同体"》,载《新闻战线》,2017(9),36~38页。

独家新闻资源,对中美贸易战根源、本质与危害做出全面、深入分析与报道,让全世界认识和了解"美国第一""美国再次伟大"的单边主义和贸易保护主义本质。

二是要为"一带一路"国际合作及推动绿色和可持续发展等提供智力支持、决策参考和风险预警。建设"丝绸之路经济带"和"21世纪海上丝绸之路"是中国提出的重大倡议,并得到国际社会的广泛关注与响应,是促进亚欧非共同发展、实现共同繁荣的合作共赢之路,是增进理解信任、加强全方位交流的和平友谊之路。主流媒体应秉持"监测环境""协调社会""传承文化"等大众传媒的社会功能,在"一带一路"国际合作这个国际大战略框架下,为中国与亚欧非各国的发展战略、经济合作和文化交流对接,特别是在推进中国扩大和深化对外开放进程中发挥其独特的传媒作用与功能。

各级主流媒体应当充分发挥其"监测环境"的功能与优势,为国家、各地方、各企业主体的投资提供沿线国家的重要资讯和政策预警信息,为其进行适时、合理、科学决策提供重要的资讯与舆情参考,以优化投资,并预防、减少甚至化解投资风险。各级主流媒体在加快推进"一带一路"建设进程中,可以积极、广泛和深入地传播中国优秀的传统文化及各具特色的地域文化,为沿线国家更好地认识、了解中国文化,加深中欧非各国之间的文化交流互鉴,起到沟通、桥梁连接作用。各省主流媒体可充分传播所在省份的比较优势和区位优势,以促进各省份实行更加积极主动的开放战略,与相邻国家加强互动合作。比如中国的西北地区,可发挥新疆独特的区位优势和向西开放的重要窗口作用,深化与中亚、南亚、西亚等国家的交流与合作,形成丝绸之路经济带上重要的交通枢纽、商贸物流和文化科教中心,打造丝绸之路经济带核心区。

三是在中国崛起过程中要为中国发展对外关系做好协调和解释工作。中国作为正在崛起中的大国,在不断拓展与深化对外关系的过程中,与外部世界特别是传统主流大国的矛盾和利益冲突必然不断增加。主流媒体在配合报道国家或政府的对外重大战略决策和行动计划时,可充分发挥好媒体释疑解惑、消除疑虑和缓解焦虑的社会功能,在对外关系与利益调整上做好润滑与纽带连接,使其尽可能趋利避害,避免四面出击,树敌太多——在处理对外摩擦上既坚持总体原则,又讲究斗争策略。比如,在"一带一路"国际合作、落实巴黎气候协定和中美贸易冲突过程中,主流媒体应表现出能为国家做出协调与解释的大智慧大谋略的国际传播水准,为国家争取战略主动、战略调整和灵活变通,赢得国际社会多数国家和地区的尊重。在发挥传媒的解释功能时,主流媒体要恪守客观性、平衡性。中国在崛起的过程中与外部世界有摩擦是不可避免的,主流媒体应从历史、文化传统与价值观角度做些深度思考与解释,以获得外部世界对中国崛起的理解、同情与支持,缓解或逐渐消除中国"威胁论"。

四是在"一带一路"框架下,加强与沿线国家媒体间的互动,提升中国主流媒体的国际合作传播能力与水平。截至 2019 年 4 月,共有 86 个国家的 182 家媒体确认加入"一带一路"新闻合作联盟,25 个国家的 40 家主流媒体应邀成为联盟理事会理事单位。"一带一路"不仅是中国热门的词汇,更是中国在"人类命运共同体"思想引领下加快"走出去"步伐、增强与沿线国家"五通"(政策沟通、设施联通、贸易畅通、资金融通、民心相通)、寻求合作与共同发展的行动路线图。在这一国家发展战略下,中国主流媒体可加强与沿线国家的媒体在人员交流、开展活动、内容交换、产业运营等方面的合作与交流。互派人员进行交流与培训,掌握对方国家语言文化和国情,熟悉对方媒体编辑方针与原则,知晓对方媒体生存与发展环境,了解对方媒体市场与经营状况,这样可以为本国主流媒体培养精通对方国媒体实务与媒体运营的国际合作传播人才。

中国主流媒体还可以与沿线国家的各类慈善组织、公益性组织等机构合作举办公益性活动,帮助当地弱势群体、关注儿童成长,提升中国主流媒体在沿线国家中的良好口碑与树立负责任的媒体形象,释放和彰显中国和平、友好和善意,消减中国"威胁论",为下一步与沿线国家在媒体实务层面的合作筑牢形象基础。中国主流媒体可与沿线国家的媒体进行媒体内容交换与输出,互相进入、落地各自国家的主流媒体,以各具特色的媒体内容影响各自国家的人民,形成民意相通、文化相通、商品流通、资金融通的媒体良性外交格局。

中国主流媒体与沿线国家媒体的合资性产业运营近几年已纷纷展开,走向了媒体间的深度合作。比如,2014 年,国家广电总局启动"丝绸之路影视桥工程""丝绸之路国际电影节""中国影视剧本土化语言译配""丝绸之路国家大型媒体品牌活动""丝绸之路影视精品创作"和"沿边境省区广播影视走出去"等 17 个项目立项,为中国广电媒体与沿线国家的广电媒体合作提供了众多契机。2016年中国国际电视总公司成立"丝路电视国际合作共同体",共同体成员已达到41个国家、68家媒体机构,中国优秀电视节目被译制成近20种语言在"一带一路"沿线国家播出。2014年,云南广播电视台旗下的云视传媒集团与缅甸影视管理局合拍电视连续剧《舞乐传奇》;广西电视台与柬埔寨国家电视台、老挝国家电视台共建了"中国剧场"。

"人类命运共同体"是中国在新时代提出的符合各国发展要求的概念,其核心就在于强调"你中有我、我中有你"的现实环境。英国媒介社会学家查拉比(JeanK.Chalaby),曾将19世纪以来的国际传播进程分为三个阶段:第一阶段是以技术为驱动的国际化传播,第二阶段是以资本为驱动的全球化传播,第三阶段是以人本主义为驱动的跨国主义(世界主义)传播。本研究发现,在传播实践中,技术、资本和人本主义在不同阶段产生过不同的作用,而且在各个阶段均发挥过并正继续发挥着突出的作用,犹如口语传播不但在人类传播的第一阶段产生并发挥作用,而且迄今仍然在发挥重要作用一样。与此同时,认知理念、媒介技术和信息传播的进步,已经而且正在并将继续成为基于新世界主义的话语体系之构建路径。

有鉴于此,本研究尝试立足已有相关成果,将技术、资本和人本主义同认知理念、媒介技术和信息传播等概念融会贯通,初步搭建整体互动论这一新世界主义媒介理论的基本框架,并阐释其研究的基本特色作为塑造、推动中国国家形象的主力军,应运用多种手段,展开立体式传播战略,在增强中国的国际影响力的同时,正确理解"人类命运共同体"的内涵,在不损害其他国家利益的前提下,尊重其他国家的利益诉求,携手共进,共同发展,为共同建设"人类命运共同体"发挥应有的作用。

(本文系国家社科基金项目"微博民间舆论场发育、构建与风险规避研究"的阶段性研究成果,项目批准号:16BXW095)

参考文献

[1] 中华人民共和国国务院新闻办公室:《中国的和平发展》,北京,人民出版社,2011。

[2] 经济日报:《"一带一路"新闻合作搭建新平台,各国主流媒体负责人纷纷点赞》,载

《经济日报》，2019-04-23。

[3] 钟新、王岚昕：《"一带一路"背景下国际合作传播新模式》，载《新闻战线》，2017(9)。

[4] 车南林、蔡尚伟：《"一带一路"上的中国广播电视媒体合作历程》，载人民网，2017-08-09。

[5] 光明日报：《"一带一路"上的媒体合作与深度融合——第54届亚洲—太平洋广播联盟大会暨第十四届四川电视节综述》，载《光明日报》，2017-11-08。

人类命运共同体的理论境界与中国道路的实践选择[①]

袁祖社　张媛[②]

进入21世纪以来,全球范围内人类面临着世界多极化、经济全球化、社会信息化、文化多样化的新的生存与实践情境,政治经济问题多发,环境问题日益严重,全球化受阻。面对"百年未有之大变局",中国政府、中国社会始终坚持人类公共利益和共同福祉至上的原则,努力直面当今人类的诸多生存困境,坚定"四个自信",积极倡导人类共同价值,率先提出并不遗余力地推进"人类命运共同体"的伟大构想,有力地回答了"世界怎么了""我们怎么办"的时代之问。

2012年党的十八大报告中首次提出了"倡导人类命运共同体意识",从2013年至2017年,习近平主席在国际、国内重要场合多次倡导:构建以合作共赢为核心的新型国际关系,打造人类命运共同体,建设一个持久和平、普遍安全、共同繁荣、开放包容、清洁美丽的世界。"构建人类命运共同体,实现共赢共享"的中国方案,就是应对世界问题的最佳答案。

一、政治制度境界:中国道路开辟了迈向"真正的共同体"的新路径

中国道路指的是中国特色社会主义道路,这是一条在中国共产党领导下,经过长期的革命和建设实践,将马克思主义理论与中国现代化实际情况相结合

[①] 本文主要内容已发表在《西安财经大学学报》2020年第1期。
[②] 袁祖社:陕西师范大学哲学与政府管理学院院长,教授,博士生导师;张媛:陕西师范大学哲学与政府管理学院博士生。

形成的中国特色社会主义的发展之路。党的十八大指出,中国道路是在中国共产党领导下,立足基本国情,以经济建设为中心,坚持四项基本原则,坚持改革开放,解放和发展社会生产力,建设社会主义市场经济、社会主义民主政治、社会主义先进文化、社会主义和谐社会、社会主义生态文明,促进人的全面发展,逐步实现全体人民共同富裕,建设富强民主文明和谐美丽的社会主义现代化强国。这充分展现了中国共产党坚定不移地坚持马克思主义理论和中国特色社会主义道路,中国社会始终坚持不懈地向着社会主义和共产主义社会努力迈进,表达了中国共产党以人民为中心、以人的自由和社会的全面发展为理想目标。在这个意义上,以人的自由而全面的发展为底蕴、以人的解放为价值旨归、以个体与共同体的和谐为目标的"真正的共同体"成为中国特色社会主义道路的发展方向。

随着改革开放的不断深入,中国综合国力的显著提升,面对复杂多变的国际社会环境和西方国家的竞争压力,对"中国该怎么办?"这个问题的回应,中国共产党坚守中国特色社会主义道路,以和平发展为目标,提出构建人类命运共同体,秉持共商共建共享的全球治理观应对全球挑战、促进世界共同发展。

(一)优良的制度理性:经典作家关于未来社会发展道路探索的启示

19世纪资本主义工业化的迅猛发展"把所有的资本都变为工业资本","消灭了各国以往自然形成的闭关自守的状态。它使自然科学从属于资本,并使分工丧失了自己自然形成的性质的最后一点假象……它还把所有自然形成的关系变成货币的关系"[①]。基于私有制和资本逻辑主导一切的方式,资本主义创造出了空前巨大的物质生产力,但这种物质繁荣的背后,是资本家对工人无产者的劳动力和剩余价值血淋淋的无偿攫取。马克思通过对分工、私有制的分析区分了"虚幻共同体"与"真正的共同体",他指出"正是由于特殊利益和共同利益之间的这种矛盾,共同利益才采取国家这种与实际的单个利益和全体利益相脱离的独立形式,同时采取虚幻的共同体的形式"[②]。"从前各个人联合而成的虚假的共同体,总是相对于各人而独立的;由于这种共同体是一个阶级反对另一个阶级的联合,因此对于被统治的阶级来说,它不仅是完全虚

---

① [德]马克思、恩格斯:《马克思恩格斯选集》第1卷,194页,北京,人民出版社,2012。
② [德]马克思、恩格斯:《马克思恩格斯选集》第1卷,164页,北京,人民出版社,2012。

幻的共同体,而且是新的桎梏。"①这种"虚幻共同体"的实质是弱肉强食的资本主义国家,参与"共同体"的个人都是阶级的成员,"共同利益"是将个人利益伪装在共同利益之下的,隶属统治阶层的资产阶级利益。这实际上不仅完全与社会全体成员的共同利益背道而驰,而且反倒成了资产阶级压迫无产阶级的工具,使无产阶级越来越丧失人性与自由。

在批判"虚幻共同体"的基础上,马克思提出了"真正的共同体","在真正的共同体的条件下,各个人在自己的联合中并通过这种联合获得自己的自由"②。在真正的共同体中,生产资料公有制取代私有制,人们从资本的奴役下解脱出来,共同占有生产资料,成为社会生产的主人,共同劳动,共同享有,各尽所能,各取所需。马克思在《共产党宣言》中是这样总结归纳真正共同体的:"代替那存在着阶级和阶级对立的资产阶级旧社会的,将是这样一个联合体,在那里,每个人的自由发展是一切人的自由发展的条件。"③"自由人的联合体"即马克思所憧憬的"真正的共同体",其实现方式是建立无产阶级专政的共产主义社会。然而面对当今社会复杂的历史政治环境,如何在由近代西方文明开辟的全球化和世界历史当中,实现共产主义社会的理想,特别是在现实实践和革命道路中,从"虚幻的共同体"迈向"真正的共同体",这就需要构建连接两个"共同体"的过渡性中介,即"人类命运共同体"。

中国共产党在中国特色社会主义道路实践的基础上,提出构建"人类命运共同体",这是从"虚幻共同体"迈向"自由人联合体"历史征程中,具有重大现实和理论意义的过渡性"共同体"新样态。"人类命运共同体"思想是对马克思"真正共同体"思想的理论继承与现实发展。中国共产党人以唯物史观作为"人类命运共同体"的理论渊源,认清了在革命实践与社会发展的过程中,要发展生产力、改善社会关系,进而才能通过现实的社会实践活动实现人的自由全面发展。"人类命运共同体"思想是对马克思"共同体"理论的当代创新与丰富发展,体现在中国特色社会主义建设和中国道路的实践过程中,中国共产党对马克思主义理论始终如一的执着和坚守,把"共同体"作为中国社会实践形式的目标,并结合中国社会发展状况,形成了中国特色社会主义制度体系、治理体系和文化价值体系,向着社会公正、平等自由、安全共享、

---

① [德]马克思、恩格斯:《马克思恩格斯选集》第1卷,199页,北京,人民出版社,2012。
② [德]马克思、恩格斯:《马克思恩格斯选集》第1卷,199页,北京,人民出版社,2012。
③ [德]马克思、恩格斯:《马克思恩格斯选集》第1卷,422页,北京,人民出版社,2012。

开放、包容的"共同体"价值理想迈进。同时"人类命运共同体"思想还发展了马克思"共同体"思想关于全球意识、国际交往的世界观和方法论,在国际外交上,把整个世界作为对象,以人类社会的总体性来看待人类与世界的关系、社会与世界的图景,在解决世界面临的共同困境上,主张从人类情怀、大国责任、全球合作等层面,打造全球性共治共享、互利共赢的发展模式。

(二)先进的政治价值观:以人民为中心思想的确立

"真正的共同体"的核心价值目标是人的全面自由发展。"人类命运共同体"的价值关切和终极价值目标,不仅是人的发展,还包括全体人类的发展、共产主义的建构和"自由人的联合体"的实现。人的自由解放与全面发展的终极价值目标,是关于人类未来发展的方向性指引。因此"人类命运共同体"的价值目标,不仅与"真正的共同体"的价值目标具有高度的理念契合,而且通过中国共产党一系列的制度安排和中国道路的实践过程,构建起了寻求实现这一价值目标的现实路径。中国共产党坚守中国道路,以中国特色社会主义理论体系作为马克思主义的当代理论形态,坚信通过解放和发展生产力、正确处理个体与共同体的关系,全面建设社会主义社会,就能够向着更高层次理想的共产主义社会迈进、实现人的自由全面发展。

在资本全球化扩张背景下形成的当今世界格局,以私有制和西方价值观为主导,物质主义、消费主义不断侵袭着个人的价值观念取向,使人成为拜物的人、享乐的人以及追名逐利的人。这看似丰富多彩的物质财富的增长,却成了人自身发展的枷锁和束缚,人既成为了生产物质财富的"奴隶",也成为了消费物质财富的"工具"。对财富无节制的挥霍激发了人对物质占有的贪婪,过度的占有与过度的消费最终只能换来精神的空虚和意义的虚无,消磨了人的自主性、禁锢了人的创造性和自由意识。正如马克思所说:"在资产阶级社会里,资本具有独立性和个性,而活着的个人却没有独立性和个性。"[①] 与西方世界陷入"人的丧失"境界完全不同,进入新时期以来,坚信通过中国道路实现人的自由与解放的终极价值目标始终没有变,一代又一代的中国共产党人付出的艰辛努力,为"人类命运共同体"价值目标的实现奠定了坚实的基础。1992年初,邓小平就在"南方谈话"中指出:"社会主义的本质,是解放生产

---

① [德]马克思、恩格斯:《马克思恩格斯选集》第1卷,415页,北京,人民出版社,2012。

力,发展生产力,消灭剥削,消除两极分化,最终达到共同富裕。"①2000 年江泽民在广东视察时提出了"三个代表"思想:中国共产党要始终代表中国先进生产力的发展要求、中国先进文化的前进方向和中国最广大人民的根本利益。2007 年胡锦涛总书记在中国共产党第十七次全国代表大会上提出:"科学发展观,第一要义是发展,核心是以人为本,基本要求是全面协调可持续,根本方法是统筹兼顾。"②党的十八大以来,习近平总书记强调:"坚持以人民为中心的发展思想,把增进人民福祉、促进人的全面发展作为发展的出发点和落脚点,发展人民民主,维护社会公平正义,保障人民平等参与、平等发展权利,充分调动人民积极性、主动性、创造性。"③

中国共产党在构建中国特色社会主义理论体系过程中,将马克思主义的基本原理和价值目标与中国建设的实际相结合,始终关心人民群众、关怀民生发展,关注人的发展,为中国特色社会主义道路的发展开拓出新的境界。

(三)卓越的治国理政智慧:中国社会稳步前行的有力保障

一是始终坚持共产党的领导。

"真正的共同体"的实现需要通过无产阶级领导的共产主义运动来实现,中国道路始终坚持中国共产党的领导。马克思在《共产党宣言》中写道:"使无产阶级形成为阶级,推翻资产阶级的统治,由无产阶级夺取政权。"④在《1848 年至 1850 年的法兰西阶级斗争》中,马克思明确提出了"工人阶级专政"的口号。中国的革命历史和现代化建设,也充分体现了作为无产阶级政党的中国共产党的执政地位,是历史的选择更是人民的选择,坚持党的领导是中国政治能够稳步前行的根本核心。党的十九大报告指出:"坚持党对一切工作的领导。党政军民学,东西南北中,党是领导一切的。必须增强政治意识、大局意识、核心意识、看齐意识,自觉维护党中央权威和集中统一领导。"⑤当下,中国共产党的领导在中国道路和中国发展过程中,已经更加的成熟且坚强有力。

---

① 邓小平:《邓小平文选》第 3 卷,373 页,北京,人民出版社,1993。
② 胡锦涛:《高举中国特色社会主义伟大旗帜为夺取全面建设小康社会新胜利而奋斗——中国共产党第十七次全国代表大会上的报告》,载《人民日报》,2007-10-25。
③ 新华社:《中共中央关于制定国民经济和社会发展第十三个五年规划的建议》,载《新华网》,2015-11-03。
④ [德]马克思、恩格斯:《马克思恩格斯选集》第 1 卷,41 页,北京,人民出版社,2012。
⑤ 习近平:《决胜全面建成小康社会夺取新时代中国特色社会主义伟大胜利——在中国共产党第十九次全国代表大会上的报告》,载《人民日报》,2017-10-28。

一方面,由于中国共产党始终代表人民的利益,才获得了最广大人民群众的信任和支持,取得了稳固的领导权。"中国共产党人的初心和使命,就是为中国人民谋幸福,为中华民族谋复兴。这个初心和使命是激励中国共产党人不断前进的根本动力。全党同志一定要永远与人民同呼吸、共命运、心连心,永远把人民对美好生活的向往作为奋斗目标,以永不懈怠的精神状态和一往无前的奋斗姿态,继续朝着实现中华民族伟大复兴的宏伟目标奋勇前进。"① 另一方面,体现在中国共产党能够根据新时代社会建设和发展的总体要求,自觉加强党的自身建设,保持党的优良作风,在党的指导思想上,以马克思主义为指导,结合中国自身建设的实际情况进行丰富创新,坚持党要管党、从严治党,提高党的执政能力,使中国共产党始终是中国特色社会主义的领导核心。

二是解决民生问题,促进社会发展。

"真正的共同体"的实现是建立在生产力高度发展的基础之上的。中国社会的发展举措、中国道路的推进过程,始终以生产力的发展为物质基础。这种生产力发展的目的,是以无产阶级为代表的人民群众的利益的实现,并为其提供生活的保障,进而为共同体社会中每一个成员的自我实现提供坚实的发展基础与现实可能。社会发展的基础是个体自我实现的前提,人类的解放也是每个人的解放,对这一思想的继承与发展,使马克思在《共产党宣言》中阐释无产阶级取得政权的历史使命的同时,也指出了无产阶级在经济发展方面的重要任务:"无产阶级将利用自己的政治统治,一步一步地夺取资产阶级的全部资本,把一切生产工具集中在国家即组织成为统治阶级的无产阶级手里,并且尽可能快地增加生产力的总量。"② 改革开放以来,中国共产党始终站在人民的立场上,坚持科学发展,提升生产力,着力解决社会矛盾问题和民生发展问题,通过中国特色社会主义制度的自我完善,为中国政治、经济、社会的全面发展与进步提供制度保障。当前,中国社会正处在转型和变革的关键时期,各种矛盾并存,社会问题多发,中国特色社会主义道路在遵循共产党执政规律、社会主义建设规律和人类社会发展规律的基础上,正视社会矛盾,积极面对社会问题,始终将人民的根本利益作为出发点,在社会治理上以保障和改善民生为着力点,在就业、教育、医疗等领域推进资源均等化和公共服务共享化,切实

---

① 习近平:《决胜全面建成小康社会夺取新时代中国特色社会主义伟大胜利——在中国共产党第十九次全国代表大会上的报告》,载《人民日报》,2017-10-28。
② [德] 马克思、恩格斯:《马克思恩格斯选集》第1卷,421页,北京,人民出版社,2012。

解决人民群众最关心、最直接的切身利益的实现问题。

三是"命运共同体"的全球认同与实践

"真正的共同体"的实现仍需要一个过渡的过程,作为对"真正的共同体"理念的继承与创新发展的"人类命运共同体",已经逐步通过"中国声音"向世界表达,从 2013 年习近平主席向世界第一次提出"命运共同体"这个概念,至 2015 年习近平主席在各种外交场合多次提到"命运共同体",并先后创造性提出了"中非命运共同体""中国—东盟命运共同体""亚太命运共同体""中拉命运共同体"等具体理念,表达了在和平发展、合作共赢成为时代主题和潮流的当今,构建"命运共同体"对于世界发展与国际社会合作的重要作用。2017 年 2 月联合国社会发展委员会第 55 届会议协商一致通过"非洲发展新伙伴关系的社会层面"决议,"构建人类命运共同体"理念首次被写入联合国决议中。2017 年 11 月在第 72 届联大负责裁军和国际安全事务第一委员会会议中,中国关于"构建人类命运共同体"的理念,被写入了"防止外空军备竞赛进一步切实措施"和"不首先在外空放置武器"两份安全决议。从外交呼吁、合作理念,到被写入联合国决议、联合国安理会决议、联合国人权理事会决议,"人类命运共同体"已经获得了国际社会的广泛认同与积极响应,并日益成为构建国际话语体系与国际合作方式的重要组成部分,彰显出中国在处理国际关系、解决全球问题上的中国智慧和中国方案。

二、发展理念境界:中国道路是走出"现代性困境"的新方案

人类社会走向现代化的过程,是由西方开始和主导并在全球走向扩张的,因此现代化的内涵概念和基本价值,归根结底还是西方式的理论和话语体系。西方现代经济、政治和文化制度对近现代社会的构建产生了巨大的作用,为人类文明做出了重要贡献,也让西方社会领先于整个世界文明。西方现代化所"创造"的经济飞速发展,得益于科学上的新发明与技术上的革新应用,正如马克思所说:"资产阶级在它的不到一百年的阶级统治中所创造的生产力,比过去一切世代创造的全部生产力还要多、还要大。"[1] 西方现代化的显著成效,很容易产生"西方现代化方案"的普遍全球化是实现各国、各民族现代化发

---

[1] [德] 马克思、恩格斯《马克思恩格斯选集》第 1 卷,405 页,北京,人民出版社,2012。

展必由之路的糟糕幻想。因为这一方面仅仅来自于西方现代化理论研究者全然以西方经验为中心的分析,另一方面说明了他们根本无视非西方国家在迈向现代化道路上所做出的不同努力,一心只想把他们的经验强加于世界各国,其本质是资本扩张和霸权主义意识形态,西方现代化的成功是建立在对大多数贫困国家资源的占有之上。"西方人既未能耐心全面地重估其现代性的悖论性质及其隐含的可能的危险,也未能充分地考查、研究和总结非西方国家的现代性,就武断地宣称其普遍真理性和有效性。"[①]西方现代化成功的优势心理,让他们只把目光凝聚在经验上而忽视了其中存在的悖论,生产资料的私有制与生产社会化之间的矛盾愈发激化,以至于西方社会近来在处理社会矛盾上开始显现出它的制度局限性、道德精神欠缺性与价值理念的危险性。

(一)"现代性困境"

自 19 世纪中期以来,由西方现代化引起的现代性危机开始显现,发展与进步的神话逐渐被现实的冲突所击碎,迷信于将现代理性知识绝对化、将科学理性工具化和功利化,造成了技术滥用与过度开发,使自然环境遭到了不可逆转的破坏;醉心于追逐资本利益的增殖,导致了物质主义和消费主义价值观取向下人与人之间的冷漠、疏远,只剩下纯粹的金钱关系。20 世纪至今,西方社会整日被诸如犯罪、暴力、毒品、种族歧视等社会问题困扰不休,社会冲突愈演愈烈。这些矛盾和冲突不仅暴露出西方社会制度中存在的赤裸裸的权力与暴力,而且体现出"西方中心主义"在面对全球化下的"多中心主义"适应不良。可以说,面对破坏自然、剥夺人的自由与禁锢人性的社会现实,西方社会再也不能以"现代性"的"进步"为其制定和正在贯彻的不合理社会制度,进行正当性与合理性辩护了。

由于西方现代化进程在制度构建、社会发展策略与人的生存态度上应对矛盾能力的局限性,对现代性而言冲突和矛盾如影随形。如果按贝尔的区分"把整个社会分解成经济技术体系,政治与文化"[②],那么在每个区分出的领域都存在着现代性的矛盾。在技术领域,过度夸大科学技术与工具理性的作用,直接体现的是技术对人和人性的奴役,正如韦伯指出,资本主义现代性的基本悖论是:"技术系统的现代性同人的解放的现代性的悖论。技术现代性(工

---

① 高宣扬:《马克思与现代性的悖论》,载《马克思主义与现实》,2013(1),9~17 页。
② [美]丹尼尔·贝尔:《资本主义文化矛盾》,赵一凡、蒲隆、任晓晋译,56 页,北京,三联书店,1989。

具理性）成为一个自主的非人格化的领域,并编织成一个稳靠的铁笼,不断地侵蚀人的自由。"① 在政治经济领域,马克思通过对商品二重性的分析,揭示了商品经济与资本主义下物的异化和人的异化。他通过《资本论》进一步对资本的增殖、追逐私利的个人主义与资本主义压迫性的社会体制进行了深刻剖析,直接指出了资本主义的必然衰亡,以共产主义作为资本主义现代性的矛盾对立面。同样在法兰克福学派看来:"随着支配自然的力量一步步增长,制度支配人的权力也在一步步增长,这种荒谬的处境彻底揭示出理性社会中的合理性已经不合时宜。"② 在文化领域,现代性遭到的反击最为猛烈,从卢梭"人是生而自由的,却无时无处不被世俗的枷锁禁锢"的著名论断开始,直指现代性的工业技术、科技理性与"不合理的"社会制度,不仅破坏着自然而且剥夺着人生来的自由,现代社会的罪恶和败坏源自于人自身。在启蒙与浪漫主义看来,现代性的文化危机实质就是人的心态与精神状态的问题。理性的压抑与技术的标准化和机械化,使人变成了机器,变成了马尔库塞所说的"单向度的人",于是诗人拜伦用激情和狂喜的剧烈情绪,开辟了现代人审美式的生存方式,波德莱尔和福柯则倡导以"恶之花"和"现代英雄"的桀骜不驯,冲破技术现代性奴役。总之,现代化直接引起现代性问题,现代性的冲突由对科技和工具理性的批判开始,逐渐走向对社会发展理据和社会关系之深刻弊端的全面反思,并且时刻追问着人的生存状况、生活境况和精神状态。

当下不同国家、不同民族面对的现代性问题,已经不能够被视作为全球化下对西方现代性普遍扩张刺激下的被动反应,由于各国自身现代化发展的历时性、过程性与各具特点性,现代性问题呈现出多样性、冲击性与复杂性的特点。但是资本主义及其生产方式造成的世界体系的不公正、不平等,以及西方在解决现代性问题上已经逐渐显现出自顾不暇的消极与力不从心的匮乏,使世界的现代化进程亟须探寻新的道路。

（二）中国道路是现代化发展的新方案

现代化是一个过程,它是自然科学革命以来人类社会由农业文明迈入工业文明的过程,涵盖了生产组织方式、经济发展方式、社会生活方式、价值观与精

---

① 汪民安:《现代性》,206 页,江苏,南京大学出版社,2020。
② [德]霍克海默、[德]阿道尔诺:《启蒙辩证法》,渠敬东、曹卫东译,36 页,上海,上海人民出版社,2003。

神态度的系列变化。"现代性"不仅是时间或者历史的概念,而且还是能够将时间变化与空间延展都囊括进去的流动性概念,是一个关注价值与合理性问题的哲学范畴,它以制度变迁、文明演进的高度审视和批判现代结果,从生存方式、生活价值与思想观念上反思"现代"的时代精神与意义。"从因果关系上说,'现代化'属原因,而'现代性'则是其结果,是科学技术、经济生产、社会转型等这些现代化过程的推动,才产生了作为现代社会的'属性'的现代性"[①]。

西方的现代化理论与现代性问题,基本上都是依据西方发展经验,以西方价值观与理念来探讨全球化与现代化的进程与未来,他们往往并没有考虑或者重视非西方国家的现代化发展状况。问题在于,世界各国的现代化进程虽然一定程度上都受到了西方现代化的影响,但是在发展过程中并没有也不可能按部就班地全盘照搬西方方案,而是根据各国不同的社会状况各具发展特点。西方社会的现代化只是在时间上先于其他国家,只能说它可以代表人类社会现代化的开端,并不能代表现代化只有这一种模式,因此即使可以依照西方的经验模式制定一些指标,来作为判断一个国家是否实现了现代化的标准或依据,但却无法依据这种定量的方式来衡量一个国家的现代性状况。对一个国家现代性状况的分析,必须从时间和空间、微观和宏观角度、从历史过程与经验理论的分析视野,进行全球的、跨国性和多学科、多文化的研究与评价。

从近代史来看,中国的现代化进程由于历史的原因进展十分曲折与缓慢,特别是在近代的 100 年,由于受到西方资本扩张性侵略的影响,近代中国不仅没有从自身的经验思想与社会实践的过程中探索出适合于本国的现代化进路,而且被西方的政治制度、军事、社会文化的"现代"与"先进"的幻境所"控制",使中国传统政治制度与社会文化遭到了猛烈的批判与否弃,造成了中国与西方、传统与现代的二元对立。以至于"中国为什么没能走上资本主义道路以及中国如何走上资本主义道路",成了近代仁人志士心中始终解不开的迷思。但不论思想领域上的"中体西用""全盘西化",还是政治上的洋务运动,乃至新文化运动和五四运动,都是始终站在"使资本主义因素如何在中国发生"的思维角度。实际上,这种"资本主义萌芽"的思维方式本身就是将现代化的西方逻辑强行套用在中国社会的典型表现,现代化方案的标准并不是西方标准,西方的民主制等有其存在的优越性,但不意味着世界各国都要完全

---

① 陈嘉明:《现代性与后现代性十五讲》,36 页,北京:北京大学出版社,2006。

复制或成为西方社会。现代性充满着的冲突与悖论,表明了西方的现代化方案,始终无法解决现代化自身所隐藏的危险性以及发展实践的不确定性。

对比近代史的 100 年,中国实行改革开放后,现代化发展持续加速,社会出现了翻天覆地的变化,取得了举世瞩目的巨大发展成就。习近平总书记指出:"方向决定道路,道路决定命运。中国特色社会主义不是从天上掉下来的,是党和人民历尽千辛万苦、付出巨大代价取得的根本成就。"[①] 正是由于根据实际情况,结合自身发展的独有经验、社会状况、民族文化和生活方式,运用历史与传统文化智慧,中国才走出了适合国家、社会、民族的新型现代化道路。一代代领导人坚持马克思主义理论与实践结合,坚持以人民为中心,依靠组织和整合全体社会力量,集中中国传统智慧,形成了建设中国特色社会主义现代化的磅礴力量。党的十九大报告指出:"中国特色社会主义道路、理论、制度、文化不断发展,拓展了发展中国家走向现代化的途径,给世界上那些既希望加快发展又希望保持自身独立性的国家和民族提供了全新选择,为解决人类问题贡献了中国智慧和中国方案。"[②] 中国道路以中国特色社会主义为核心,重新审视了西方现代化经验模式,不但击碎了"中国现代化必须走上资本主义道路"的西方幻想,避免陷入西方"现代性"的困境,而且凸显了非西方民族国家现代化历程的独特意义,打破了西方现代化发展模式的唯一性,为世界其他发展中国家和民族提供了有意义的参考,激励着世界各国从自身的国情出发,探索适合于自己的发展道路。

现代化并不一定意味着采用全盘西方化的体制和价值观,非西方国家完全能够依据自己的社会、文化与实践实现现代化,同时面对西方现代化下造成的现代性困境与发展障碍,非西方文化反而相对更具有解决问题的优势,从世界的整体现代化发展趋势来看,现代化加强了文化与文明的多样,相对减少了国际话语体系中的西方化和西方力量。中国道路的实质,体现了中国作为发展中国家立足自身经验进行现代化的道路探索,强调了要结合本民族的历史、经验、社会现实与文化传统,通过积累与渐进式发展实现自身的现代化。中国道路的世界意义还在于,作为一种新型的现代化道路,它对其他发展中国家寻求经济增长、社会现代化、改善人民生活水平,以及应对全球化的挑战等,提供

---

① 习近平:《在庆祝中国共产党成立 95 周年大会上的讲话》,载《人民日报》,2016-07-02。
② 习近平:《决胜全面建成小康社会夺取新时代中国特色社会主义伟大胜利——在中国共产党第十九次全国代表大会上的报告》,载《人民日报》,2017-10-28。

了可行的战略参考和新的发展选择。

（三）中国道路的新"现代性"意义

中国特色社会主义道路的全面探索与实践成功，展现出一种对世界更有益的新的现代化发展道路，说明了只有适合社会实际情况和人民发展需求的道路，才是最适合本民族的发展道路。习近平总书记指出："解决好民族性问题，就有更强能力去解决世界性问题；把中国实践总结好，就有更强能力为解决世界性问题提供思路和办法。"[1] 中国在解决"现代性"问题上，一方面以西方经验为借鉴，另一方面充分考虑本国的现实情况，形成政治、经济、文化、科技、生态等多领域的互动关系，以中国特色社会主义治理体系加强和创新新时代社会治理，建构起组织、制度、运行、评价与保障相互制约、相互推动的良性社会网络。

其一，在政府与社会关系上，围绕公共权力体系深化改革，以"强政府大社会"为思路，实现从"政府本位"向"社会本位"转变，突出人民的主体地位，推进中国特色社会主义民主政治建设；

其二，准确把握社会主要矛盾变化，破解发展不平衡问题。中国特色社会主义的与时俱进，就在于能够把握现实，认清严峻、复杂的发展形势。针对变化了的新的社会经济形势，党的十九大明确指出，"中国特色社会主义进入新时代，我国社会主要矛盾已经转化为人民日益增长的美好生活需要和不平衡不充分的发展之间的矛盾"。对社会矛盾的准确判断和正确认识，是解决民生问题的重中之重，通过创新制度、完善政策安排，满足人民对物质生活和精神生活的更高的要求，破解发展不平衡不充分的问题、合理解决各种社会关系，实现人民对美好生活的向往。

其三，围绕经济社会全面、持续的高质量发展目标，当今中国政府、中国社会有力地矫正了以往发展观念和发展实践中的失误，审时度势地提出并全面贯彻"创新、协调、绿色、开放、共享"的新发展理念，中国的现代化发展道路有了新的理论、指针和方向。

其四，"人民对美好生活的向往，就是我们的奋斗目标"。党的十八大以来，

---

[1] 习近平：《加快构建中国特色哲学社会科学——在哲学社会科学工作座谈会上的讲话》，载《人民日报》，2016-05-19。

中国道路始终围绕民生问题实施了一系列保障和改善民生的举措,让改革成果全民共享互惠,整体提升了中国社会群众的幸福感、安全感和获得感。

在社会现代化发展的过程中,中国道路形成了合理的经济、科技、道德、文化多领域的互动关系,在面对"现代性"的悖论与困境的时候,以新的发展态度解决人与自然与社会的关系、妥当处理物质生活与精神生活的关系,不断提升人的生存境界,追求健康、合理的生活方式。在这个意义上,可以说,中国正在进行的现代化,正在实质性地超越西方现代化经验,贡献着解决现代性问题的更加有效的新出路。罗尔夫·贝特霍尔德在《我们的时代》周报上指出:"中国的发展给人们指出了一条摆脱全球资本统治的破坏性进程的出路,也使人们产生了一种对社会主义前景的希望。"[1] 乔舒亚·库珀在他的《北京共识》调研报告中认为,"中国正在开辟一条通往发展的新道路,这条道路是建立在创新、积累非对称性力量、实现以人为本的发展和注重个人权利和责任的平衡基础之上"[2]。中国的发展模式并不是只适合于中国的,而且对其他发展中国家也有着一定的参考和借鉴意义,有助于在经济增长的同时改善和提高人民的生活水平。

三、文化价值境界:"共同价值"是化解文明冲突、构建国际秩序的新视角

中国在国际场合多次倡导和平发展、合作共赢,致力于创造人的自由发展的国际国内环境,积极主动参与全球化发展,倡导"人类命运共同体"构建,展现出了作为大国的国际责任和价值担当,体现出中国为解决全球治理问题提供的"中国智慧"和"中国方案"。习近平主席指出:"当今世界,各国相互依存、休戚与共,我们要继承和弘扬联合国宪章宗旨和原则,构建以合作共赢为核心的新型国际关系,打造人类命运共同体。"[3] 他站在倡导构建"人类命运共同体"的立场上,提出"和平、发展、公平、正义、民主、自由,是全人类的

---

[1] [德] 罗尔夫·贝特霍尔德:《中国 2003 年——迈向社会主义道路》,载《我们的时代》,2003-04-25。
[2] [美] 乔舒亚·库珀:《北京共识》,载《金融时报》,2004-05-07。
[3] 习近平:《携手构建合作共赢新伙伴,同心打造人类命运共同体——在美国纽约联合国总部举行的第 70 届联合国大会的讲话》,载《人民日报》,2015-09-29。

共同价值"。"共同价值"是从全人类的共同利益出发的新型价值理念,蕴含了共建、共治、共享的包容性及公共性特质,致力于建立平等互利、包容互惠,各国协同发展的新型国际关系。

(一)"共同价值"将新人类文明形态的创建作为出发点

西方资本主义世界以"普世价值"作为资本逻辑扩张的虚伪外衣,进行文化霸权和意识形态对抗,不仅造成了当今世界的物质主义、拜金主义、消费主义等不健康价值观,而且在一定意义上加剧了世界文明的对立和国际环境的不稳定。亨廷顿认为:"普世文明的概念是西方文明的独特产物。20世纪末,普世文明的概念有助于为西方对其他社会的文化统治和那些社会模仿西方的实践和体制的需要作辩护。普世主义是西方对付非西方社会的意识形态。"[1] 他提出的"文明冲突论"就是基于全球化时代,非西方文明对西方文明挑战下造成的一系列世界政治格局变动与秩序重建。"普世价值"是西方文明的思想内核,其根植于西方自由主义的理念,是在"抽象的人"的假设之上,提出的一套超越国家、民族和阶级的论断,其所倡导的"自由、民主、公平、正义"观念的实质,是生产资料私有制下维护资本主义统治与政治利益的工具,西方社会将这些虚假的价值观念向全世界推广,企图以西方为中心将全世界资本主义化,其目的是在掩盖资本主义的个人利益至上性与资产阶级功利主义本质。在当代西方,所谓的"普世价值"对非西方来说就是文化霸权主义,如今这一价值理念不仅受到普遍怀疑,而且已经被全世界彻底看清了其作为阶级统治和资本主义国家利益至上的虚伪实质,遭到非西方民族国家的强烈反对。

"共同价值"以马克思的"类"哲学为思想理论基础,从历史发展阶段、生产方式与社会关系的深度和广度,全面地理解人的本质,以现实的人和人的关系为出发点与立足点,将全人类根本利益的实现和人的全面发展作为最高价值目标。马克思在《1844经济学哲学手稿》中提到人是类的存在物,这里的"类"是人通过能动的生产形成的区别于动物的本质,这一共性即是人的社会性,人由这些生产和生活的共性凝结出"类"的共同体。"价值论意义上

---

[1] [美]塞缪尔·亨廷顿:《文明的冲突与世界秩序的重建》,周琪、刘绯、张立平等译,45页,北京,新华出版社,2010。

的共性就是指共同利益、共同需求和直接交往,而在存在着阶级对立和雇佣劳动的资本主义社会,就全社会而言,是不存在这样的共同体的。"① 马克思提出了代替资本主义"虚幻共同体"的"自由人的联合体",因此作为向"自由人的联合体"过渡阶段的"人类命运共同体",主张以"共同价值"批判资本主义价值观,打破了"普世价值"的思想局限与阶级性,从个体与他人的需求中寻求具有共性的需求,进而在社会交往中产生"你中有我,我中有你,既利己又利他的共同利益",在共同需求与共同利益中达成价值共识,这种价值取向更符合人类道德、社会发展与文明演进的深度需求,也为实现更高层次的"共同体"创造了价值条件。

(二)"共同价值"蕴含着新的先进的价值观念特质

"共同价值"思想具有包容性、开放性和共建共治共享的新型价值特质,使"人类命运共同体"在价值层面上实现了利益共同体、责任共同体与生命共同体的统一,旨在给发展中国家创造国际发展机遇,为搭建平等对话合作共赢的发展平台提供价值支撑,开辟人类迈向文明发展的新途径。中国作为世界的一部分,作为一个负责任的大国,自改革开放以来一直以开放包容的态度面向世界,主动融入国际社会、积极参与国际事务,与西方国家对话、与后发现代化国家友好合作。在和平发展的中国道路基础上,倡导构建"人类命运共同体"与"共同价值",既基于国家自身发展对国际环境的需要,又致力于为全人类的共同发展做出更大贡献。

其一,"共同价值"蕴含着尊重世界各国的历史传统和民族文化,包容不同国家在发展模式和道路选择上的差异,"在追求本国利益时兼顾他国合理关切,在谋求自身发展中促进各国共同发展,不断扩大共同利益汇合点"②。

其二,"共同价值"关切的是全人类的共同利益,坚持在平等公正对话的基础上以求同存异协商共建,期待在面对全球性治理问题上,世界各国能够以协同发展的方式打破制度与思想的壁垒,突破各自国家私利的行为习惯,通力合作,实现全球共治。

其三,"共同价值"以和平发展为主题,积极推动世界各国建设互惠互利

---

① 侯惠勤:《"普世价值"的理论误区和实践陷阱》,载《马克思主义研究》,2008(9),20~25页。
② 习近平:《共同创造亚洲和世界的美好未来——在博鳌亚洲论坛 2013 年年会上的主旨演讲》,载《人民日报》,2013-04-08。

的开放型经济,促进世界繁荣和文明进步,"把全球共享的机制做实,打造平衡普惠的发展模式,让世界各国人民共享经济全球化发展成果"①,向着建设美好世界的共同愿景而不断努力。

(三)"共同价值"展现的是中国智慧与国际担当

随着全球化的深入发展,在国际竞争加剧、经济格局变幻、全球公共问题多发的情况下,中国逐步意识到了只有主动参与全球治理、积极促进国际政治经济秩序重构、提升国际话语权与影响力,才能有效解决发展中国家的生存与发展问题。当下中国越来越主动承担起国际政治秩序的改革者、经济贸易自由化的践行者、新型国际话语体系的建构者等多重国际角色。

第一,通过提出及践行"人类命运共同体"和"共同价值",重构国家间的合作与沟通模式,倡导国际环境的和平文明与公平正义,体现出中国的大国责任、天下情怀与国际担当。譬如,2013年"一带一路"倡议的提出与实施就是"人类命运共同体"思想的具体实践,中国通过"一带一路"构建起了全方位、多层次、立体化、开放性的国际合作大平台,在经济贸易、能源开发、资源建设、文化旅游等方面开展广泛合作,提升了"人类命运共同体"互联、互通、互动的水平。"一带一路"致力于实现国家间的资源整合与优势互补,不仅助推发展中国家实现工业化、提高基础设施水平,而且为世界提供了具有公共性价值的资源产品,起到了改善民生、促进经济社会迈向高质量发展的重要作用,推动着"人类命运共同体"国际合作能力和治理能力的提升。"一带一路"近年来的卓越成效,增强了世界对构建"人类命运共同体"的信心,同时充分证明了构建"人类命运共同体"是未来世界各国共同发展的可行且正确的道路,中国作为倡议者与践行者不但具有坚定的信念、勇于担当的历史使命感,而且具备高效的践行能力。

第二,"人类命运共同体"和"共同价值"思想展现了中华文明的深厚底蕴,是中国"和""合"文化的传承与创新,为化解"文明冲突"贡献了中国智慧。其一,"和"即"以和为贵"的价值观念,包含和谐、和睦、和平的意蕴,中国向世界承诺"始终做世界的和平建设者,永不称霸、永不扩张",中国文化从来都没有霸权主义和干涉他国内政的内在基因,中国道路始终主张文明

---

① 李拯:《开放共享,让发展成果惠及更多国家(评论员观察)》,载《人民日报》,2019-11-14。

交流，平等合作，构建"人类命运共同体"就是中国坚持睦邻友好，与人为善的中华文明与中国智慧的体现。国际社会有上百个国家、上千个民族、包含多种多样的世界文明，国与国之间既有竞争又有合作，既有冲突又有交流，因此"人类命运共同体"倡导以多元互补、和平对话的方式解决冲突与矛盾，以中国"和"文化为底蕴构建"和而不同，美美与共"的新型国际关系，助推世界和平。其二，"合"是对立与统一的理想状态，即"合作共通"，蕴含着包容仁爱、和谐共生的价值观，中国向世界许诺"始终做国际秩序的维护者，坚持走合作发展的道路，维护国际秩序与体系，继续同广大发展中国家站在一起"。中国文化以仁、德立本，以"天下为公"为己任，构建"人类命运共同体"就是通过倡导合作共赢的发展模式，实现价值共通与文明对话，包含个人、社会、国家以及世界公共性等多层次的价值融通与利益共建共享，既要思考个体与共同体社会的关系，追问谋求本国利益发展的同时兼顾他国的正当利益，还要在全球公共性问题上权责共担、协同治理，"人类命运共同体"以中国"合"文化为底蕴，重新思考人类共同利益，促进世界文明交流，为实现全球问题之有效的公共治理，提供了全新的视角。

参考文献

[1] 邓小平：《邓小平文选》第3卷，北京，人民出版社，1993。

[2] [法]让-雅克·卢梭：《社会契约论》，陈阳译，杭州，浙江文艺出版社，2016。

[3] 人民日报：《"构建人类命运共同体"理念再次写入联合国决议》，载《人民日报》，2017-11-03。

[4] 新华社：《"构建人类命运共同体"首次写入联合国决议》，载《新华网》，2017-02-12。

"人类命运共同体"视阈下的对外传播[①]

师曾志[②]

当人类满怀信心又充满困惑地站在 21 世纪第三个十年的路口,亲历着数字技术快速发展带来的全球化"地球村",见证着想象共同体宏大叙事的纷纷消散,国与国、地区与地区间合作伴随着误解,交流充斥着偏见,人们急切地想要了解他者而又忧思重重。此景凸显了我国长期以来奉行的规范国际关系与交流合作中强调的"互相尊重主权和领土完整、互不侵犯、互不干涉内政、平等互利、和平共处"五项原则全要素动态调适与平衡的意义。这五项原则的动态调适与平衡,在具体而微的交流与对话中得以交锋、冲突与实现,这也正是习近平总书记在提出"人类命运共同体"的时代背景。

人类命运共同体的实现在当下变得愈发迫切与紧要,社会团结正在传媒学者麦克卢汉提出的"重新部落化"中不断绵延伸展,交流对话中的矛盾与冲突直指人心,语言承载着传播主体的"姿态",媒介叙事中的微小叙事成为交流与对话的基础,在对双方差异化的相互尊重中,感觉、情感、认知等传播在关系解构与重构中的价值与意义越发显现,对外传播在矛盾冲突中加深的是交流的广度与深度,更需要在更复杂、更难以理解的场景中增进相互的包容与理解。

构建人类命运共同体,需要将利益共同体、责任共同体、价值共同体等要素纳入全生命周期的实现过程

在古希腊,"命运"一词被认为是一种主宰一切的神秘力量,这种力量既

---

① 本文主要内容已发表在《人民论坛》2020 年第 18 期。
② 师曾志:北京大学新闻与传播学院教授、博士生导师。北京大学新闻与传播学院博士研究生仁增卓玛对此文亦有贡献。

外在于现实世界但也决定了现实世界。对于这神秘力量的探讨,始终贯穿着古典哲学的几乎全部经典作品。从柏拉图的"守护神"到柏格森、怀特海德强调的"生命意向性""创造的冲动"等,都指向"命运"这一琢磨不定的神秘存在。叔本华在其《论命运》中也提到,我们需要运用寓言和比喻的方法,去理解最深刻、最隐秘的真理。人类把许多偶然性的事情都归于"命运",正是在先哲思想的引领下,事物发展的偶然性在命运的时空绵延中,有了生命生生不息的必然性理据。

中国古代哲学中关于"命运"的讨论,大多是通过"天人合一"表达出来的。北宋吕蒙正曾在《命运赋》里指出,"人道我贵,非我之能也,此乃时也、运也、命也"。命运在中国哲学中既指先天所赋的本性,又指人生各阶段的穷通变化,"命"是与生俱来,但"运"则是随着时空转换而有所不同。

"共同体"一词与"命运"一样,同样古老,而对"共同体"的追求与向往也深深地镌刻在人类历史发展的每一阶段中。亚里士多德认为,人们对善的共同追求使人们获得了相应的利益,而国家本身是一个具有道德性的共同体,是"必要之善"。斐迪南·滕尼斯在《共同体与社会》一书中,将共同体从社会的概念中分离出来,用以表示建立在自然情感一致基础上,紧密联系、具有排他性的社会联系或共同生活方式。在他看来,"共同体"主要是以血缘、感情和伦理团结为纽带自然生长起来的。齐格蒙特·鲍曼也总结了共同体的特点。他认为,首先,共同体是一个"温馨"的地方,它就像是一个家,在它的下面,可以遮风避雨;它又像是一个壁炉,在严寒的日子里靠近它,可以暖和我们的手。其次,在共同体中,我们能够互相依靠对方。但"共同体"并不是一种我们可以获得和享受的世界,而是一种我们热切希望的、期待重新拥有的世界。从以上对命运和共同体的阐述中,我们知道命运共同体不是空洞的口号,而是人类始终在追求着的温馨之所。

2019年11月,习近平总书记在上海长宁区虹桥街道古北市民中心考察社区治理和服务情况时强调,"我们走的是一条中国特色社会主义政治发展道路,人民民主是一种全过程的民主"。"全过程"意味着多维度、全要素同时动态推进与生成,而不偏向单一维度、单一要素。这要求我们在构建命运共同体时,需要涵盖利益共同体、责任共同体、价值共同体等全生命周期的实现过程。在全过程"命运共同体"的构建中,不同国家、地区会以自身的历史、语言、文化、形象、形式、形态等呈现出来,在交流对话中应以行动的达成取代空洞的口号,以凝聚的人心抵抗无处不在的风险,以全过程抵达共在与共生的人类命运共同体。

以"人心与共识"对抗"时—空"分离中的脱域风险,不断提升自我认知与行动能力

随着数字化技术推动的全球化进程不断向前推进,人与人之间、群体与群体之间联系和交往的纽带突破了传统的血缘和地域,多样化的联结使得"地球村"日益成为现实。面对此景,人类似乎又可以再次出发,探寻构建人类命运共同体的新道路。安东尼·吉登斯提出"脱域的共同体"的概念,他认为,现代性特点是远距离发生的事件和行为不断影响人们的生活。也就是所谓的脱域的过程,即从生活形式中"抽出"内容,通过时空的重组,重构原来的情境。当前,在技术与媒介的双重作用下,"时—空"愈加分离,长久以来所形成的社会生活与组织模式都产生了剧烈的变革,不知不觉中解构与重构着人们的观念、思维,并由此带来社会关系以及组织、法律制度的变迁。

吉登斯将"时—空"分离作为现代性发展的动力机制之一,其关怀依然是社会生活是如何被组织起来的。时间与空间的分离,导致在场与不在场边界的消失,从传播学角度而言,传播系统由倾向封闭走向多元开放,传者与受者的角色也可转化与互换。随着数字化技术的发展,"时—空"分离中的脱域愈来愈与解域、结域和再解域连接在一起,具体场域在新媒介赋权下,处于不断脱域、结域与解域的系统结构中,最为重要的是打破传统的权力结构,直接或间接挑战着象征标志与专家系统,信任越来越建构在人心之上。

建构在"人心与共识"上的信任成为风险社会的安全阀。信任的达成,更多需要个体间不断地沟通与对话,在每一次交往实践中,实现有效传播。传统社会占主导地位的是外部风险,但随着后工业社会的到来,"人化的风险"成为占据主导地位的风险,人为的不确定性带来一系列的风险、危险和副作用,需要人们建立起"双向合作风险治理模式"。一方面,在政府、企业、媒体、社区和非营利组织之间,构建共同合作治理风险的网络联系和信任关系,建立起资源、信息交流与互补的内部平台;另一方面,风险的全球化也呼吁各国政府突破国界,构筑共同治理风险的国际网络和国际间的信任机制,共同应对未来可能发生的全球性风险。

风险预示着一个尚未发生、需要避免的未来。人的力量在风险社会中日益凸显,个体成为应对风险社会的安全性策略之一。中国的国家形象和中国企业在外发展的舆论环境,是由每一个中国公民在外的形象、语言和行动共同组成,也是在具体沟通交流中不断生成的。这既提醒中国在外公民要尊重和理解当地的文化、传统和身份认同,主动沟通交流,在了解与理解中实现有机团结;也提醒在外的以企业为主的不同的组织,在重视资本、资源、人力等看得见的要素同时,关注贫富差距、利益分配、宗教文化等看不见因素的影响,重视当地民众的参与感和满足感,降低沟通风险,为中国在外发展提供良好的民间环境,将信任的达成真正落实到"人心与共识"上。共同抵抗风险,筑牢团结的基石,从脱域走向结域,以开放的心态应对各种变化,在理解和接受各种结域的同时,不断提升自我的认知与行动能力。

数字时代构建人类命运共同体,既应分享共同的利益,也要尊重不同的文明

鲁迅先生在《这也是生活》中写道:"无穷的远方,无数的人们,都和我有关。"在电子媒介把全人类重新卷入到地球村的当下,这一表述成为我们眼前的现实。这不仅仅是因为媒介高度发达,使得我们犹如身临其境地见证着世界每一个角落的欣喜与苦难、希冀与恐惧,更因为此时此刻,我们比起先人更能深切地体会到,构建人类命运共同体不仅仅是对未来的期许,更是当下责无旁贷的义务。

数字化技术使得时空边界被无限拓展,无穷的远方、无数的人经由媒介可以共处同一场域,实现互相交流、彼此沟通;曾经被地理隔绝的人们,借助技术可以彼此倾听、互相倾诉。然而,传播技术的高度发展并未自然地带出这幅全人类和谐交往的图景,我们看到的媒介景观是:每个人都在自说自话、不同利益群体各自为营,不同国家各自为政,民粹主义、单边主义、保护主义、宗教极端主义正在席卷全球,众生喧哗中我们似乎远离了构建人类命运共同体的目标。

在技术拓展时空的当下需要重审目标、重思行动。在麦克卢汉看来,随着口语媒介、文字和电子技术的不断发展演进,人的感知能力经历了"完整—分裂—重新完整"的阶段,与此相对应的是人类社会也经历了"部落化—非部落化—重新部落化"的变化。在电子媒介的影响下,人们重新回到了部落化的感官同步时代,个体的能动性被不断释放出来,人们的知觉、感觉、信任和情感等作用强势回归。由此共同命运之上的有机团结,既要求公开和透明,也要求基于情感和理解的认同方式的转变。

当下的全球化是一个多方利益博弈的过程,以往固定的渠道和模式被打破,多元主体加入其中,不确定性和不稳定性成为常态,这要求不同主体要有足够的耐心与定力,要有不断平衡和校准的能力,做到审时度势,择机而动。我们要在提出问题的基础上解决问题,在动态平衡和适应中把握战略发展的时空关系,进行制度创新,为构建人类命运共同体提供现实的基础。

共同体的团结是在互动中得以实现的。所谓社会互动是由传播和行为构成的。传播可以被视为一种行动的方式:通过传播,人们可以交换信息,也可以通过各种形式的相互影响,改变相互之间的关系。如何使彼此之间相互影响产生效能正是对外传播的核心任务。对外传播要落到实际,需要在动态生成中相互尊重和理解,既强调主体与对象的亲密有距,也能潜于对象的情感心理,观察和领悟对外传播中的微小差异与隔阂,牢记真正的命运共同体,既分享共同的利益,也尊重不同的文明。

人类命运共同体视阈下,对外传播是同异共生的,这意味着尊重与包容差异成为对外传播的主要特征

人们越来越认识到,经济的全球化并不能代替或者磨灭掉种族、宗教和文化的全球化。倒不如说,正是由于多样化的文明才可能孕育出全球化的繁荣。任何一个共同体的存在和发展都有其内在的联系和逻辑,不存在优劣好坏的绝对标准。宗教、族裔、语言、传统等文化特性仍是连接人类的重要纽带,强烈的民族认同和共同依存的意识,使得不同族群存在着内在凝聚力,其精神遗产无论外部世界如何变迁、技术如何发达都依然发挥着无处不在的作用。

多样化需要使对外传播回到具体事件与日常生活。"全球性的思维和地方性的行动"这一20世纪60年代被提出的革命性口号,在当下仍然值得不断重申,它是对当前人类联系交往日益密切却更彰显出自我选择的多元性和复杂性这一境况的最好概括。差异性和复杂性正是全球化的底层逻辑,不同的价值观念和风俗习惯并没有随着全球化而消失,反而呈现出多样化的形态和繁荣,为世界经济发展注入了新的活力。由此,对外传播应该在每一个具体的细节、案例、故事当中呈现出多样化的发展与繁荣,突出不同主体的共同利益。承担共同"命运"首要解决的一定是共同生存的问题。自利则生、利他则久。

当前,贸易保护主义兴起,全球产业转移的背景下,需要通过利益共享推动中国与其他国家、地区的合作。

"重新部落化"正是社会分化的具体呈现,这是因为互联网的全球性传播不仅仅塑造了全球化,还推动了更大程度上的个体化和社会分化。对外传播意味着将我们的倡议、看法、观点、意图传达给不断圈层化的"部落",这时必然会遭遇与中国国情不同的当地法律、制度、风俗、文化等的抵抗。这不仅是政治制度和经济水平等权力的博弈,更是不同语言、情感、信仰的交锋,其间隐藏着更多的交流风险和不确定性,也更加凸显出基于尊重和认同基础上的理解和共享的重要性,在传播中摒弃宏大叙事,经由具体而微的沟通交流,展现共商、共建与共享的理念。

"人类命运共同体"视阈下的对外传播,要在尊重的基础上达成彼此的认同,致力于促成不同国家与民族之间的团结协作

在全球经济整体下行的当下,中国能为世界发展提供的不仅是市场与产品,更是五千年中华文明孕育的现实发展的智慧。此种智慧强调包容与开放思想,强调不同社会主体在交往合作时中悬置自我,摆脱自我中心主义和独断论的束缚,将不同的情感、意志、信念等都纳入到对彼此的感知和了解中,在构建全过程命运共同体中注重利益共享、责任共担,在具体现实中指向对事物本质的直觉把握,在尊重的基础上达成彼此的认同,不断满足各国人民对美好生活的向往。

传播技术的极大发展,未能自然地为我们带来一幅全人类"袒露心扉、畅所欲言、沟通无界"的美好图景,反而使各族群、民族、国家间的种种差异放大,随之而来的是偏狭、排挤、刻板印象的加剧。面对此种景象,每一个对外传播的主体都需重新审视与反思对外传播实践,追问尊重差异多元的对外传播如何具体实现。

当前,针对"一带一路"沿线国家与非洲的传播是我国对外传播工作重点之一。中国以何种姿态与这些国家展开对话、交往、合作考验着我们的智慧。正在日益崛起的中国在对外传播中塑造何种形象,事关在构建人类命运共同体的过程中,我们扮演何种角色。我们曾经批评西方世界的"话语霸权",反对"西方中心主义",不满以西方标准裁剪中国现实。那么当下,当中国作为话语的主导方,应把共同的利益追求视为我们处理好此种关系的有力突破点,

在不损害自身利益前提下,充分为他者的利益实现搭建平台,在携手合作中实现对外传播的目的,不重蹈西方覆辙。

"重新部落化"中,人们的感觉、知觉、情感等被唤醒,凸显出个体与自我的重要性,也彰显出日常生活和普通事件的重要性。经验的分享,需要基于讲故事人与听故事人之间的共鸣与共情。经济已日渐繁荣的我们,需要对所谓贫穷、落后国家和地区的生活状态与行为方式进行反思。任何一篇报道、影像背后都站着鲜活的个体,他们彼此拥有不同的生命经历与体验,会编织成各具特色的情感、理性和智慧。对外传播效果的最终达成,需要突破曾经的宏大叙事和信息叙事,转向故事叙事和生命叙事,在微小叙事中挖掘新闻背后他者的生命智慧,挖掘普通事件的重要意义。从这一角度出发,媒介叙事不仅要重视个体的行动与改变,还要注意到感觉、情感以及情绪的重要作用,在实时和动态过程中审时度势,抓住时机;在注重传播效果的同时,也看重传播过程,在认知与行动中,共同促成不同国家与民族之间的团结协作。

由此,构建全过程人类命运共同体为视阈的对外传播,其目的不是将我们逐渐变成了"一致",而是在参差多样中实现不同族群、国家、地区间的多样发展,恰如习近平主席在 2018 年上合组织峰会上提出的,提倡创新、协调、绿色、开放、共享的发展观,践行共同、综合、合作、可持续的安全观,秉持开放、通融、互利、共赢的合作观,树立平等、互鉴、对话、包容的文明观,坚持共商、共建、共享的全球治理观,这应该是关于构建全过程"人类命运共同体"我们能期待与实现的最好图景。

参考文献

[1] [德]阿·叔本华:《叔本华思想随笔》,韦启昌译,上海,上海人民出版社,2005。

[2] [英]安东尼·吉登斯:《第三条道路:社会民主主义的复兴》,郑戈译,北京,北京大学出版社,2000。

[3] [英]齐格蒙特·鲍曼:《共同体》,欧阳景根译,南京,江苏人民出版社,2003。

[4] [美]乔尔·科特金:《全球族:新全球经济中的种族、宗教与文化认同》,王旭等译,北京,社会科学文献出版社,2010。

[5] [丹麦]施蒂格·夏瓦:《文化与社会的媒介化》,刘君、李鑫译,上海,复旦大学出版社,2018。

第四部分

疫情与国家形象

重大公共危机事件中的城市形象塑造与传播策略
——以武汉为例[①]

范红　黄丽丽[②]

自新冠肺炎疫情在全球蔓延以来,作为"新中国成立以来发生的传播速度最快、感染范围最广、防控难度最大的一次重大突发公共卫生事件",武汉战"疫"备受关注——从"封城"到"解封",武汉多次登上社交平台热搜榜。以武汉"解封"为例,该消息被美、英、韩、新加坡等多国媒体报道,"解封"当天"中国武汉"成为韩国最大搜索网站 NAVER 上排名第八的热搜词。

城市形象是"人们对城市的主观印象,是通过大众传媒、个人经历、人际传播、记忆以及环境等共同作用而形成的"[③],重大公共危机事件是城市形象重塑的重要契机。本文基于新冠肺炎疫情中武汉在城市形象方面的作为和努力,探讨重大公共危机事件中的城市形象重塑与传播。

一、重大公共危机事件与城市形象重塑

重大公共危机事件是指"与社会和公众有重大直接或间接利害关系的

---

① 本文主要内容已发表在《对外传播》2020 年 9 月刊。
② 范红:清华大学新闻与传播学院教授、博士生导师,清华大学国家形象传播研究中心主任,清华大学城市品牌研究中心主任,清华大学公共关系与战略传播研究所所长;黄丽丽:清华大学新闻与传播学院博士后。
③ [美]刘易斯·福芒德:《城市发展史:起源、演变和前景》,宋俊岭、倪文彦译,75 页,北京,中国建筑工业出版社,2005。

大规模突发事件"①，自然灾害、事故灾难、公共卫生事件、社会安全事件等均属于此类事件。重大公共危机事件对城市形象兼具破坏与建设二重性。以武汉为例，作为新冠肺炎疫情暴发地，疫情对武汉城市形象破坏性的一面表现为在疫情暴发初期，武汉相关部门既没有及时发出警示信号，更未能提供应对措施，加之早期新闻发布会效果不甚理想，以及疫情早期被称为"武汉肺炎"，这些都使武汉城市形象遭遇污名化、声誉受损等无形损害。建设性的一面表现在新冠肺炎疫情使武汉获得了广泛的国际关注，如果疫情处置得当，这将成为其丰富城市品牌内涵、重塑良好城市形象、提升知名度与美誉度的契机。

目前城市形象塑造实践中存在重危机处置、忽视形象修复的问题，将突发公共卫生事件、重大公共危机事件与城市形象联系起来的研究较少，探讨重大公共危机与城市形象修复、城市品牌重塑的研究更少。笔者认为，城市在处置重大公共危机处理时，应同步启动城市形象修复管理，充分利用重大事件带来的关注度，从危机中寻找正面和积极的因素，以降低危机对城市形象的损害，重塑城市品牌。

二、重大公共危机事件与城市形象多维重塑

政府、企业、市民、媒体、城市景观、历史文化等是常态下塑造城市形象的主要维度。重大公共危机事件中，政府形象、市民形象、舆论形象是修复危机中受损的城市与利益相关者之间的情感纽带，是丰富城市品牌内涵、重塑城市形象的关键维度。

（一）以重大公共危机事件为重塑契机，丰富城市品牌内涵

危机事件的平息不是危机处置的终点，在危机处置中后期还应对城市形象进行恢复管理。政府应有意识地利用危机带来的巨大关注度重塑城市品牌，通过传播展示政府及相关部门在危机中积极作为、敢于担当、勇担社会责任的行动，修复城市形象，并为城市形象注入新内容。2019年武汉城市宣传片中的定位是"山水之城""大学之城""幸福之城""艺术之城""互联之城"，

---

① 明安香：《重大危机事件传播的主要特征与应对研究》，载《新闻爱好者》，2012（22），1~5页。

经过新冠肺炎疫情的洗礼,武汉城市形象可增加"英雄之城""感恩之城"等新维度。

2020年3月17日,首批42支国家援鄂医疗队撤离武汉。同天,武汉市文化和旅游局官方微信公号发布32张感恩海报,海报以武汉长江大桥、武汉大学、武汉火车站、黄鹤楼、热干面等武汉特色元素或标志性地名、景点为背景,将武汉与医疗队所在省市的地域特色融合在一起,如以"热干面谢谢炸酱面!"向北京医疗队表示感谢;以熊猫为背景,用"春俏和胖妞谢谢四川老乡啦!"感谢四川医疗队。这组"旅游广告"刷爆了朋友圈,不但让武汉人的"感恩"变得真实、具体、动人,还立体地展示了武汉"感恩之城"的形象。

(二)通过危机处置,展现担当负责智慧的政府形象

重大公共危机发生时,政府部门应通过持续召开新闻发布会及时、权威、清晰地发布危机信息,最大程度地回应公众关切,凝聚社会共识,展示果敢、担当、负责及智慧的政府形象,巩固和维系良好的城市形象。新冠肺炎疫情暴发初期,由于疫情突如其来,全社会被不安全感所裹挟,故而对疫情信息极为渴望,疫情应急新闻发布会备受关注。然而由于准备不足,早期新闻发布会的质量与效果欠佳,引发了舆论广泛的批评、质疑甚至谩骂,武汉乃至湖北省的区域形象面临负面与污名化挑战。《抗击新冠肺炎疫情的中国行动》白皮书显示,自2019年12月31日起,武汉开始依法发布疫情信息,并逐步增加信息发布频次。截至2020年5月31日,湖北省共举行103场新闻发布会,及时回应了国内外对疫情形势与防控、医疗救治、科研攻关等热点关切。

加强新闻发言人培训、提升应急处置能力是重大公共危机中维系、巩固乃至重塑良好的城市形象的重要途径。危机新闻发布工作要尽力做到事实准确、数字精确、表达客观、细节严谨,才可能经受住公众检视。危机中除了政府部门的官方表达,还应将表达的权力、机会、资源适度交给参与危机处置的不同群体,他们身上承载着城市形象与城市精神。多元表达主体意味着表达更真实、更丰富、更生动,更可理解与接纳,从而赢得更多的信任,塑造良好的形象。例如国务院新闻办疫情发布会把医生、护士、公安民警、社区工作者、快递小哥等普通人请到直播现场,请他们讲述各自在抗疫中的努力,这些来自抗疫一线真实可信的故事与表达传递出了中央政府、湖北地方政府与武汉市政府不畏艰难、打赢疫情阻击战的信念和精神。

（三）通过展示危机中的民众表现，传递城市形象

城市因人而存在，因人而生动。市民是城市最鲜活的元素。重大公共危机事件中，市民面临危机时表现出来的精神面貌、素质和行为直接影响着外界对城市的评价与印象，故而传播城市形象时应重点展示危机之下不同人群的形象。在抗击新冠肺炎疫情中，武汉的医护人员、公安民警、社区工作者、志愿者等不同行业、不同人群展示出了强烈的职业精神，普通市民展示出了面对疫情不绝望、不颓废、奋力抵抗危机的坚韧和牺牲精神，武汉"英雄之城"的城市形象因此而清晰、生动、立体。《抗击新冠肺炎疫情的中国行动》白皮书中指出，"武汉人民识大体、顾大局，不畏艰险、顽强不屈；主动投身疫情防控斗争，作出了重大贡献"。

三、重大公共危机事件中的城市形象传播策略

（一）通过主题传播活动设计传播城市形象

主题传播活动设计包括口号、标志、歌曲等，人们通过加入极具仪式感的主题传播活动获得在场感与参与感，体会城市精神。武汉"封城"期间，《人民日报》发布图片微博："武汉加油，有困难我们一起扛"，央视以"武汉加油"为题进行抗疫报道，网民转发"武汉加油"微博或在朋友圈发布"武汉加油"内容为武汉打气。这句口号庄重凝练、朗朗上口，不断被媒体引用和公众转发，且在除夕、春节、元宵节等重要时间节点以灯光秀的形式多次出现在武汉标志性建筑物上，共同传递着武汉坚韧的城市精神和必将解封重启的信心和未来可期的城市活力。

（二）利用宣传片在危机不同阶段重塑与传播城市形象

危机暴发初期，公众心理异常敏感，社会情绪较为动荡，因此要传递战胜困难的信心；危机恢复管理阶段，则应传递对重建和恢复的信心。针对危机不同阶段的舆论氛围与社会情绪，湖北广电分别于2月3日（"封城"11天后）、3月17日（首批医疗队撤离）和4月7日（武汉解封前夕）发布了《武汉莫慌，我们等你》《阳台里的武汉》和《武汉色彩》三部宣传片，恰当回应了2月"封

城"之初的恐慌和对爱与希望的呼唤,在3月抗疫拐点到来之际展示了普通武汉人的坚持和乐观,4月抗疫大捷、城市即将重启前表达了感恩外部支持与城市恢复的信心。三部宣传片的创作与调性均契合了彼时的公众情绪与社会大环境,同时将武汉城市特色符码融入其中,应时而动地维护了武汉的城市形象。

(三)发挥意见领袖对城市形象的代言作用

城市形象是人们对城市的主观印象,属于"观点"的范畴,传播学研究发现,观点需要通过能够影响公众的人,即意见领袖的二次、多次扩散才有可能到达目标受众。在抗击新冠肺炎疫情中,武汉"英雄之城"的形象、武汉人在抗疫中的牺牲和奉献精神得到了防疫专家的集体背书。钟南山在接受央视采访时表示"武汉是一个英雄城市";李兰娟在回应湖北人到外地受到过度防控时表示"武汉检测核酸已经做到了全覆盖,所以武汉人是健康的;武汉已经基本回归到正常,武汉是安全的;这是对武汉人民抗疫作出巨大贡献最好的感谢和最大的支持";中国-世界卫生组织新冠肺炎联合专家考察组外方组长、世界卫生组织总干事高级顾问布鲁斯·艾尔沃德认为"我们要认识到武汉人民所做的贡献,世界欠你们的;希望有机会代表世界再一次感谢武汉人民"。

(四)通过建设性公关活动与特定群体沟通,提升城市形象

重大公共危机恢复管理阶段,城市管理者可以通过发起公关活动抚慰和关怀特定群体,为自身形象注入新的要素,使原有的城市形象得到修复,甚至收获新的支持者。武汉"感恩之城"的形象通过寄送纪念品和精心设计的纪念品变得立体与具体。首批援鄂医疗队撤离武汉后,武汉市委市政府旋即向援汉医疗队员和驻扎武汉的媒体记者寄送了抗疫纪念品。纪念品上印有每名援汉医疗队员(或媒体人员)的姓名和"武汉人民感谢您",纪念品的专用外包装盒上印有"献给新时代最可爱的人"和"武汉人民感谢您"。武汉长江大桥、黄鹤楼、琴台等武汉地标性建筑元素出现在了礼品中。诸多医疗队员收到纪念品后在社交媒体上进行了展示,引来了大量网友点赞评论。

(五)善用新媒体传播城市形象

传统媒体和新媒体都是城市形象的重要传播渠道。传统媒体尤其是党报党刊与电视台等主流媒体,在城市形象传播中扮演着"宣传者""引导者"的

角色,而以用户为中心、互动性强的新媒体则承担着将城市形象生活化、落地化的任务。在新冠肺炎疫情中,主流媒体通过对政府部门抗疫行为的报道,以及医务工作者、志愿者、建筑工人、快递员、市民等人群在抗疫中的表现,塑造了武汉人识大体、顾大局、勇于牺牲、敢于担当的英雄主义形象,自媒体采取个体视角,灵活地运用短视频、手绘漫画、在线直播等视听手段,真实地展示了疫情中武汉人的生活、行动、情感,获得了社会公众的情感共鸣,武汉城市形象也因个体叙事变得生动饱满。

(六)加强城市品牌的国际传播

新冠肺炎疫情使武汉成为国际焦点城市,其全球知名度迅速提升,但随疫情而来的知名度并不意味着城市声誉的提升,而是严重的污名化与刻板印象。感恩海报、"解封"灯光秀、城市形象宣传片等武汉修复城市形象的活动,或并未获得国际媒体的关注,或虽引发了关注但对其城市形象修复并无裨益,如海外社交平台上对武汉"解封"充斥着负面情绪与评论。全球化时代,重大公共危机发生后,城市形象修复与重建除了重视国内公众,还应放眼全球,关注国际受众,增强全球营销意识,加强城市品牌的国际传播。如2008年汶川地震后,成都通过熊猫代言等方式面向全球展开了形象修复与营销活动,将城市形象危机转变为提升城市形象的行动,恢复了外界对成都的安全感与信心,提升了成都全球的美誉度与影响力。

城市遭遇重大公共危机时,除了积极地对危机进行处置与应对,还要有目标、分阶段、有策略地进行城市形象修复与城市品牌重塑,重建本地居民的自豪感与自信心,修复并维系利益相关者对城市的积极想象,从而为城市建立积极的品牌价值,提升本地区国际国内影响力,增强本地区对投资、旅游和人才的吸引力。中国城市形象宣传片海外传播影响力指数报告(2020)显示,在城市形象宣传片海外传播影响力方面,武汉在31个城市中排名第三,仅次于深圳和杭州,这与其抓住新冠肺炎疫情危机有意识地进行城市形象塑造与传播密不可分。

特朗普的"罪感洗脱"逻辑与"被诋毁的中国形象"
——用伯克罪感-救赎循环理论来看特朗普疫情期间的话术

范红　孙丰艺[①]

国家形象的塑造与传播是国家发展战略的重要组成部分。良好的国家形象是国家"软实力"的核心组成部分,是提升国家国际竞争力的推动力。2019 年末、2020 年初以来蔓延全球的新冠肺炎疫情,对于世界各国来说不仅是一场公共卫生危机,也是一场舆论场上的国家形象危机。世界各国的国家形象在不同媒体的新闻报道中、在各种公共卫生机构的数据和报告中、在世界各国政要专家的发言谈话中,以及人们能够获取到的各种真假资讯消息中被更新、核验、锤炼、甚至重塑。作为最早发现新冠肺炎疫情的国家,我国的国家形象在这场公共卫生危机引发的舆论风波中更遭受着攻击与诋毁,一些西方媒体针对我国的疫情形势及防控给我国打上了"中国经济崩溃论""中国制度缺陷论""中国阴谋论"等标签,一些西方国家的政客更是罔顾事实,从自己利益的角度出发,在公众面前的发言中随意给中国的国家形象定性,其中尤其以美国特朗普政府为代表。

自 2020 年 2 月 29 日以来,美国时任总统特朗普就美国新冠肺炎疫情召开了多次新闻发布会并在会上回答记者相关提问;截止到 5 月 31 日,这样的新闻发布会已有 72 场。特朗普在这些发布会上的发言除了报告美国疫情情

[①] 范红,清华大学国家形象传播研究中心主任,清华大学新闻与传播学院教授,博士生导师;孙丰艺,清华大学新闻与传播学院硕士研究生。

况、阐述美国政府应对措施之外,也涉及美国疫情的追责问题。面对社会的质疑和媒体记者的追问,特朗普的相关发言呈现出一定的修辞策略(话术),力图通过修辞帮助自己和美国政府洗脱对此次公共卫生危机应承担的责任。本文以修辞学家肯尼斯·伯克(Kenneth Burke)的罪感–救赎循环(guilt-redemption cycle)理论为研究框架,探讨特朗普在美国政府新冠肺炎疫情专场新闻发布会中,是怎样通过该修辞逻辑来诋毁中国,为自己和美国政府洗脱罪名的。

被建构的中国抗疫形象

国家形象是公众对一个国家的综合评判和总体印象。国家形象分为两部分:本国国民对本国的认知以及其他国家的国民对该国的认知,即一个国家的国内形象和国际形象。一国的国际形象源于该国的实际工作与成就,同时还与国际舆论密切相关。

国家形象是能够被定义和建构的。良好国家形象的形成与塑造不是一蹴而就和一劳永逸的,其维护和发展需要国家等主体不断与民众就不同事件的处理和理解进行互动。任何一个危机的暴发和任何一个事件的应对不当,都可能使国家长期以来精心呵护的良好形象毁于一旦。新冠肺炎疫情的全球蔓延对于许多国家来说是国家形象的一次大考,其中,最先在武汉发现新冠病毒的中国首当其冲。

在目前针对由我国抗疫表现形塑的中国抗疫形象的研究中,我国学者以新闻报道、影视纪录片等为研究对象,得到了我国在各种传播媒介中被建构的中国抗疫形象。比如,高金萍、许涌斌通过对西方六国主流媒体对中国抗疫报道的舆情进行分析,发现西方主流舆论对中国抗疫形象的呈现呈"肯定—否定—肯定—否定"的迂回之态。其中,对中国抗疫形象的负面报道主要包括:①以"民主""人权"为名否定中国政府应对疫情的举措;②借李文亮医生病逝事件抨击中国国家体制和社会治理;③刻意强调各国"恐华"行为,将疫情政治化;④将世界疫情的蔓延转嫁于中国政府;⑤认为中国的人道主义援助旨在牟取盟友。这些偏向性甚至意识形态性明显的新闻报道,严重影响了世界各国人民对中国的态度,损害了中国的国家形象。许建华认为,2020年我国从中央媒体到地方各级媒体,以及各视频网站密集推出的巨量、各类抗疫纪录片,是对我国全民抗击新冠肺炎疫情战斗的真实记录,展示了中国担当、中国力量、中国精神,是中国形象最全面、最真实、最深刻的一次井喷式呈现。总的来说,这些研究对于不同媒介形式中我国的国家形象进行了比较完整的总结和回顾,但对于公众人物演讲这一建构我国抗疫形象的另一重要媒介却缺乏关注。本文即希望补足这一空缺,用西方的修辞逻辑来研究西方政客的演讲,找到我国的抗疫形象在公众人物演讲中是怎样被建构的。

罪感 – 救赎循环理论

传播学的兴起是以演讲和话语为研究主体的修辞学的复兴为基础的。新修辞学认为,修辞不仅蕴藏于人类一切传播活动中,而且还组织和规范人类思想和行为的各个方面。作为 20 世纪美国新修辞学的开创者与奠基人,肯尼斯·伯克的修辞学思想对传播学的发展具有重要理论贡献。戏剧主义是伯克的主要修辞理论之一,其以普遍意义上的人作为研究对象,是一种认识与分析人类行为动机的有效方法,戏剧主义也被伯克称为研究人类关系的哲学。

戏剧主义中的罪感 – 救赎循环(guilt-redemption cycle)理论源于西方罪感文化。伯克定义的这种罪感涵盖紧张、焦虑、难堪、羞耻、厌恶等人类情绪中的各种负面情感,这种罪恶感是所有象征性行为的动机。在伯克看来,人们无论达到怎样的地位、取得怎样的成就,都会因为自己没能做得更好而感到强烈不安。因此,伯克确信消除罪感是人生戏剧最基本的情节,一切公共演说的终极动机都是为了净化(purify)我们这种持续存在的、无所不包的罪感。

伯克的罪感 – 救赎循环包括了从感觉到罪恶感到尝试减少罪恶感的整个过程,该过程有固定的模式:等级或等级制度、否定、牺牲(包括寻找"替罪羊"或自责)、救赎。

等级或等级制度(Order or hierarchy):社会是一个戏剧化过程,而在这个过程中,等级制度通过权力关系形成社会结构。等级或等级制度因为人们语言使用能力的不同产生区别,每个人都会因为他们在等级制度中的地位而感到内疚。比如,我们如果高高在上,会感到我们的权力来自无权者的牺牲,这就导致了我们的罪恶感。

否定(The negative):当人们意识到自己在社会等级中的地位并试图拒绝它时,否定(the negative)就产生了。法律是由"否定"构成的,而对法律说'不'的可能性,是罪恶感产生的源头。伯克创造了"完美地腐朽"(rotten with perfection)这个短语,意即象征符号让我们拥有对完美的想象,当我们的现实情况与想象中的完美境况有出入时，罪恶感由此而生。

等级或等级制度和否定导致了罪感的产生，罪感的产生是伯克罪感－救赎循环的第一阶段。

牺牲（Victimage）：人们洗脱自己罪恶感的方式主要有两种：一种是归罪于己，进行自省（mortification）；另一种是归罪于人，寻找"替罪羊"（scapegoating）。归罪于己这种方式需要人们不断忏悔和自我牺牲来获得救赎。这一过程需要一种极端形式的自我控制，需要人们出于教义上的原因，有意识、有纪律地扼杀所有动机；需要人们"系统地对混乱（disorder）说不，顺从地对秩序（order）说是"[1]。与之相反，归罪于人这种方式通过责备或牺牲某个"替罪羊"来获得救赎，从而将罪责从自己身上转移到"替罪羊"身上。

伯克在他的著作中频繁提及"替罪羊"现象。伯克认为，寻找"替罪羊"的策略揭示了在多种文化中，以不同方式实施的这种祭祀仪式（sacrificial rituals）演变为主要话术（discursive devices）的过程，这种话术可以起到净化社区、建立社区团结和挽回面子（以及转嫁对危机应付责任）等作用。

牺牲是伯克罪感－救赎循环的第二阶段。任何尝试净化（purification）的最终目的都是救赎（redemption），也就是伯克罪感－救赎循环的第三阶段。

救赎（redemption）：救赎指在罪恶感被暂时洗脱后，不洁的过去被抛弃，等级重新恢复。救赎可以导致两种后果，一种是超越（transcendence），即暂时的混乱成为过去式，既定的新秩序已不再能感受到；另一种结果会导致抑制罪恶之源（the suppression of the source of guilt）。需要注意的是，救赎只是罪恶净化之后的一个暂时状态。由于罪恶是人性的内在部分，因此伯克的罪感－救赎循环是一个不断重复的过程，个人和既定秩序都有毁灭和重生的可能性。

研究方法

2020 年 2 月到 5 月的四个月时间里，特朗普针对美国新冠肺炎疫情举行了多次新闻发布会。本文对白宫网站上"新闻"（News）一栏中"发言"（Remark）部分的内容进行筛选，选取了自 2 月 29 日第一次关于美国新冠肺

---

[1] Burke K. Permanence and Change: An Anatomy of Purpose [M]. 3 ed.. University of California Press, 1984, 190.

炎疫情发布会以来到 5 月 31 日间涉及"卫生保健"（healthcare）话题的全部内容，得到语篇 73 份。这些语篇中特朗普的发言（包括讲话与答记者问等）为本文研究对象。

本文将以伯克的"罪感－救赎循环"理论为分析框架，尝试用该理论中罪感产生、罪感洗脱和获得救赎三个阶段来分析特朗普这四个月的发言中使用的话术。本文着重关注的是第二阶段罪感洗脱，主要探讨在美国严峻的疫情形势面前，特朗普是使用怎样的话术和被西方人接受的修辞逻辑来嫁祸于中国，诋毁中国国家形象，进而为自己和美国政府开脱罪名、树立美名的。

罪感产生：全球疫情最严重的国家

自美东时间 1 月 21 日美国境内出现第一例新冠肺炎确诊病例至 3 月 19 号美国累计确诊病例数过万，"1"到"1 万"用了将近两个月的时间；3 月 27 日美国累计确诊病例数达到 10 万，从"1 万"到"10 万"用了 8 天时间；4 月 28 日美国新冠肺炎累计确诊病例超过 100 万例，从"10 万"到"100 万"也仅仅用了一个月的时间……与快速增长的病例数形成对照的是，美国政府明显迟缓的应对速度与过分急切的重新开放经济步伐：直到 3 月 13 日美国境内确诊病例超过 1300 例时，美国总统特朗普才在白宫宣布"国家紧急状态"以减缓新冠病毒疫情的蔓延，3 天后白宫才发布社交隔离指南。从 5 月初开始，美国多州即重新开放经济活动。

美国内部不少声音认为，美国政府应该对美国疫情的蔓延承担一定责任。哥伦比亚大学梅尔曼公共卫生学院的一份有关防控干预时间对新冠肺炎疫情在美国传播的影响的研究显示，如果美国能提前一周开始实施保持社交距离的规定，将有 3.6 万人幸免于难；如果提前两周，美国因新冠病毒去世的人数会减少 83%。前任奥巴马总统高级演讲稿撰写人利特（David Litt）也发文认为，特朗普政府过慢实施社交隔离规定而过快重启经济活动，这种应对不当应对美国疫情承担一定责任。在 2 月到 5 月间关于美国疫情的新闻发布会中，特朗普也屡屡被问到对于美国疫情的责任问题：

Q: Joe Biden actually just attacked you in a tweet... He said, "Donald Trump is not responsible for the coronavirus, but he is responsible for failing to prepare our nation to respond to it." How do you respond to that, sir?

问题：乔·拜登实际上在一条推文中攻击了您……他说："唐纳德·特朗

普对新冠病毒不负责任,但应对未能使我们的国家应对好它负责。"先生,您对此有何反应?(4月5日在白宫每日新冠肺炎疫情通报会上记者提问)

Q: ... if I'm reading the numbers correctly, the United States now has surpassed China as the country with the highest number of virus cases. Does this surprise you at all? Is it following a predictable trajectory?

问题:如果我没有看错的话,美国现在已经超过中国成为世界上病毒感染病例最多的国家。这是否让你感到惊讶?这种趋势是否遵循了可预测的轨迹?(3月26日在白宫每日新冠肺炎疫情通报会上记者提问)

根据伯克的罪感–救赎循环理论,一个人的罪感由"等级或等级制度"(Order or hierarchy)以及"否定"(The negative)两方面的原因产生。按照伯克等级制度的划分,特朗普作为美国总统,在美国社会中处于较高地位,居其位、谋其政、尽其责,特朗普及美国政府承担着保护美国和美国民众利益的责任;而此次美国新冠肺炎危机证明了特朗普及美国政府未能很好地履行其责任,这是对法律的"否定"。在法律规定的责任与"否定"责任的矛盾中,罪感产生。

罪感洗脱:作为"替罪羊"的中国,被诋毁的中国抗疫形象

在美国疫情的前期,特朗普大体对中国持有比较友好的观点,肯定了中国为抗疫做出的诸多努力,也认为中美关系将会向好的方向发展。比如在3月及之前的新闻发布会中,特朗普多次提到"我们和中国的关系非常好"("our relationship with China is very good",2月29日),称赞中国对于抗疫"做出了很大进步"("made a lot of progress",2月29日),表示"我们会和中国一起努力"("We're working together with China",3月7日),认为病毒的蔓延"不是任何人的错"("It's nobody's fault",3月14日)。

然而随着美国新冠病毒感染人数和死亡人数的增加,面对疫情的严峻与社会舆论的压力,特朗普改变了前期对中国的积极评价与合作态度,反而力图将美国疫情日渐严峻的原因归罪于中国。可以说,在面对疫情的罪感产生时,特朗普没有选择"归罪于己"这种需要自省、苦修(mortification)的方式来洗脱罪名,而是选择了"归罪于人"——寻找"替罪羊"(scapegoating)的方式来转嫁危机、洗脱罪责、寻求救赎。

美国学者Billings通过对伯克的"替罪羊"概念总结认为,在尝试洗脱

罪责时,最理想的状态是能够找到一个完整的"替罪羊",满足人们开脱各方面罪责的整体要求,比如《圣经》中受到希特勒仇视的犹太人等。找到这样一只完整的"替罪羊"要好过寻找一群"替罪羊"满足不同方面开脱罪责的需求。"对('替罪羊')完整性的这种需求与对人类完美无休止的追求相呼应,体现在对完美受害者或完美治愈的渴望中"(This need for completeness resonates with the endless pursuit of human perfection, which is embodied in the desire for a perfect victim or perfect cure.)而中国就是特朗普找到的这样一只"完美"的"替罪羊"。

本研究通过对特朗普在新冠肺炎疫情新闻发布会上的发言进行分析,认为特朗普在相关发布会的修辞中主要是通过病毒命名说、病毒发源地说、中国负责说、中国赔偿说、中国与世卫组织这五个方面的话术,对中国的国家形象进行了诋毁,将中国界定为美国疫情暴发乃至世界疫情恶化的"替罪羊",让中国代替特朗普和美国政府承担罪责。

(一)病毒命名说

2月11日世卫组织在日内瓦召开发布会中,宣布将新型冠状病毒正式命名为COVID-19,这一标准名称被世界各国普遍采用。世卫组织总干事谭德塞表示,选择这一名称,是为了避免将此病毒与地域、动物或个人所关联,消除歧视。然而在3月22日及之前的新闻发布会中,特朗普多次将新型冠状病毒称为"中国病毒"(Chinese Virus)"武汉病毒"(Wuhan Virus)。甚至有媒体报道,特朗普3月19日在白宫新闻发布会上的讲稿中的"新冠病毒"被特意划掉,手写改为了"中国病毒"。特朗普的这些做法引起了较大争议,比如在3月18日的白宫每日新冠疫情通报会上,有记者质疑:

Q: Why do you keep calling this the "Chinese virus"? There are reports of dozens of incidents of bias against Chinese Americans in this country. Your own aide, Secretary Azar, says he does not use this term. He says, "Ethnicity does not cause the virus." Why do you keep using this? A lot of — people say it's racist.

问题:为什么您一直称"中国病毒"?有报道关于美国发生了数十起针对华裔美国人偏见事件的报道。您自己的助手阿扎尔部长也说他不使用这个词,说:"民族不会导致这种病毒。"那您为什么继续使用它?很多人说这是种族歧视。

THE PRESIDENT: It's not racist at all. No. Not at all. It comes from China. That's why. It comes from China. I want to be accurate. I have great love for all of the people from our country. But, as you know, China tried to say at one point—maybe they stopped now—that it was caused by American soldiers. That can't happen. It's not going to happen—not as long as I'm President. It comes from China.

总统：这根本不是种族歧视。不。这种病毒来自中国。这就是我这么称呼它的原因。它来自中国。我想要准确一点……我爱所有的国民。但是，正如你所知道的，中国曾经试图说——也许他们现在停止了——这种病毒是美国士兵造成的。这是不可能的。这也不会发生——只要我还是总统就不会发生。这种病毒来自中国。（3月18日特朗普在白宫每日新冠肺炎疫情通报会上答记者问）

通过这种将新冠病毒命名为"中国病毒""武汉病毒"等，特朗普刻意将新冠病毒和中国的国家形象联系起来，将中国在潜移默化中塑造为制造新冠疫情的罪人。然而特朗普的这一"病毒命名说"由于带有种族主义和歧视色彩而受到了国内国外的广泛批评，在舆论压力下，特朗普不得不在3月24日的讲话中宣称，自己不会再使用"中国病毒"来指代新冠病毒。总的来说，特朗普企图通过"病毒命名说"来归罪于中国的做法是失败的。

（二）病毒发源地说

特朗普将中国塑造为美国疫情"替罪羊"的第二招是"病毒发源地说"。特朗普在新闻发布会中重复强调"新冠病毒来自中国"（"It comes from China", "this all started in China"），将中国定义为新冠病毒的发源地，进而要求中国对新冠病毒的蔓延负责。

Q: Have you seen anything at this point that gives you a high degree of confidence that the Wuhan Institute of Virology was the origin of this virus?

问题：您是否得到过任何让您相信武汉病毒研究所是新冠病毒发源地的信息呢？

THE PRESIDENT: Yes, I have. Yes, I have. And I think that the World Health Organization should…

总统：是的，我有，我有。而且我认为世界卫生组织应该……（5月1日

特朗普在白宫每日新冠肺炎疫情通报会上答记者问）

特朗普在新闻发布会中用模棱两可的话语暗示新冠病毒来源于中国,但却没有事实证据来证明这种观点;同时特朗普在修辞中将新冠病毒发现地和病毒发源地刻意混淆,在话语中重复强调中国和新冠病毒的相关性。通过这种含混不清或者转移话题的话术,特朗普在发言中将中国的国家形象与新冠病毒发源地的形象联系起来,以此转移公众关注的焦点、转嫁自己及美国政府应对美国疫情恶化承担的责任;中国的国家形象在此过程中被扭曲、误解、指责,成为美国政府防疫失范的"替罪羊"。

(三)中国负责说

除了利用"病毒发源说"来追责中国之外,特朗普还在新闻发布会的发言中,多次表达自己对中国疫情防控、疫情信息公开等方面工作的不满,将中国定罪为病毒在世界范围内蔓延的"替罪羊"。

...This is really the worst attack we've ever had. This is worse than Pearl Harbor. This is worse than the World Trade Center. There's never been an attack like this. And it should have never happened. It could have been stopped at the source. It could have been stopped in China. It should have been stopped right at the source, and it wasn't.

……这真是我们遇到过的最严重的袭击。这比珍珠港事件还糟糕,这比世贸中心遭袭还糟糕。从来没有过这样的袭击。这事本不应该发生的。它本来可以在源头被阻止。它本可以在中国被阻止。它本应该在源头被阻止,但它没有。(5月6日特朗普在签署全国护士纪念日宣言时的讲话)

Q: Will they be held responsible? Will you—will you take steps to hold China ...

问题:他们将承担责任吗?你会——你会采取步骤来对中国……

THE PRESIDENT: Yeah. China should be held responsible for what they've done. They have hurt the world very, very badly. They've hurt themselves also. But they've hurt the world very, very badly. Yeah, they should be held responsible. Okay?

总统:是的。中国应该对他们的所作所为负责。他们严重地伤害了世界。他们也伤害了自己。但他们已经非常、非常严重地伤害了世界。是的,他们应

该承担责任。(5月18日特朗普在与餐厅高管和行业领袖的圆桌会议上答记者问)

在这些发言中,特朗普没有谈及美国政府防止疫情蔓延上的过失,而是多次表达对中国疫情管控的不满;在谈到追责问题时,也避而不谈美国方面应承担的责任,而是一味强调"他们应对此负责"。特朗普的该种修辞策略使舆论将"中国的国家形象"与"应对新冠疫情的全球蔓延负责"联系起来,给舆论以偏见和误导,是对于中国的国家形象进一步诋毁抹黑。究其原因来看,特朗普这样做既有使中国代替自己承受指责之考虑,也意在为之后寻求赔偿等现实利益找借口。

(四)中国赔偿说

在屡屡强调"中国负责说"之后,特朗普政府又提出就新冠肺炎疫情造成的损失要向中国索赔,要求中国为美国疫情甚至世界疫情买单。特朗普这种"中国赔偿说"的部分目的也是进一步固化"中国有罪论"的说辞,固化中国的"替罪羊"形象。

Q:... Germany sent a bill to China for 130 billion... euros for the damages caused by the coronavirus. Would your administration look at doing the same?

问题:……德国向中国开出了1300亿欧元的账单,作为新冠病毒造成的损失的赔偿。你的政府会不会考虑做同样的事情呢?

THE PRESIDENT: Well, we can do something much easier than that. We have ways of doing things a lot easier than that. But Germany is looking at things and we're looking at things. And we're talking about a lot more money than Germany is talking about... We haven't determined the final amount yet...It's very substantial. If you take a look at the world ... I mean, this is worldwide damage. This is damage to the U.S., but this is damage to the world.

总统:我们可以做一些更简单的事情。我们有办法把事情做得更简单。但德国和我们看到的是同样的事情。我们谈的钱比德国谈的要多得多……我们还没有决定最终的金额……这是非常实质性的。如果你看看世界……我的意思是,这是全球性的破坏。这是对美国的损害,但也这是对世界的破坏。(4月27日特朗普在白宫每日新冠肺炎疫情通报会上答记者问)

特朗普的类似发言,刻意忽略了中国在疫情危机中受到的损失和为帮助世界各国共同抗击疫情作出的贡献,把特朗普政府和美国刻画为新冠病毒的受害者。这种话术在刻画中国"替罪羊"形象的同时,也企图从中国获得经济赔偿和物质利益,企图从中国的"替罪羊"角色中获得实实在在的好处。这是对中国疫情期间国家形象的进一步诋毁和抹黑。

(五)中国与世卫组织

除了拿中国本身做文章之外,特朗普还在其发言中多次攻击中国与世卫组织之间的关系,认为世卫组织没有发挥好自己的职能,没有公平公正对待各个国家,反而"以中国为中心"("China-centric",4月10日)、对中国有倾向性,甚至说"世卫组织就像中国的公关机构"("the World Health Organization should be ashamed of themselves, because they're like the public relations agency for China...",5月1日)。出于这些借口,特朗普在世卫组织帮助各国抗击疫情的关键时期,宣布暂停向世卫组织缴纳会费,并威胁要重新考虑是否留在该组织内。

在特朗普的这些说辞中,中国和世界卫生组织一起被建构为美国和世界疫情蔓延的"替罪羊",中国抗疫过程中被诋毁的国家形象在其发言中被进一步固化。在美国抗疫的焦灼时期,特朗普使用这些话术既可以推卸抗疫责任,逃避因抗疫不力产生的罪感;也可以转移国内民众的关注,将罪感的来源转移到世卫组织和中国头上。

总的来说,通过这五种方式,特朗普利用修辞建构了一个"特朗普新冠肺炎疫情新闻发布会发言中的中国国家形象",把中国刻画成了美国疫情蔓延甚至世界疫情暴发的"替罪羊"。虽然特朗普在相关发言中也尝试塑造世卫组织、移民等其他的"替罪羊"形象,但中国是其修辞中塑造得最完整、持续时间最长、功能最"完善"的一只"替罪羊",也是美国"甩锅"的主要对象。需要注意的是,由于特朗普本人身份的特殊性和权威性,其相关发言和表态对于世界舆论场的走向具有重要影响,其在新闻发布会这种公共场合中对中国国家形象的诋毁,严重损害了世界抗疫艰难期中国在世界舆论场中的国际形象。

就特朗普政府而言,中国这只"替罪羊"可以满足美国政府多方面的需求:一方面,特朗普及美国政府既可以借助中国"替罪羊"减轻自己承受的罪责,转移国内民众的关注,缓解自身面临的舆论压力;另一方面,特朗普和美国政府还试图从中国"替罪羊"身上获得物质赔偿、取得经济利益。因此,如果中国不进行强有力的反驳,这样的"替罪羊"修辞陷阱会继续下去。

"替罪羊"的反击:可信度之战

面对这样的修辞陷阱"替罪羊"有强大的反击之力,"替罪羊"进行反击最重要凭借就是可信度(credibility)。可信度向来是修辞学强调的重要内容。亚里士多德提出的三种劝服手段 ethos、pathos、logos 中,ethos 就有"可信度"的内涵,指演说者本人的品格或素质所产生的说服力。演说家若能通过自己的讲演使听众认为他是一个值得信赖的人,他便是在利用个人品格取得说服的成功。美国学者 Billings 在应用伯克的罪感-救赎循环理论时提出,可信度是修辞的重要组成部分,它会在正式的交流发生之前就塑造听众的感知。在某些情况下,可信度会成为一种隐喻性的武器。而在"替罪羊"之战中,可信度是决定胜负的关键——谁拥有更高的可信度,谁就拥有最强大的武器,谁就可以在交流的战争中获得击败敌人的修辞优势。而当一个人出于洗脱自身罪责的目的把别人当作"替罪羊"时,这往往会给其自身的信誉带来质疑。

从这种角度上来看,针对特朗普的话术,中国要想避免掉入"替罪羊"的修辞陷阱,最好的武器也是可信度。因此,在这场疫情舆论战中,对于中国的国际传播,笔者有三方面的建议:第一是中国要在国际舆论场上持续不断地发出自己的声音,面对类似"替罪羊"的说辞要持续反驳、持续澄清,只有源源不断地传达真实的声音才会被听到和重视;第二,中国在这场疫情舆论战中要坚持以事实为依据,要真实、全面、综合地展示中国的抗疫成果、中国为抗疫付出的努力、中国对世界抗疫作出的贡献等,用真实的抗疫表现展示真实的国家形象,提高自己的可信度;第三是中国在国际传播中要突出强调"人类命运共同体"概念,面对这样一场全人类的共同灾难,只有让国际社会共同认识到全人类是一个整体,世界各国才能互帮互助、团结协作、共渡难关。

结论

在本次新冠肺炎疫情危机的应对中,国际舆论场的跌宕起伏,让我们看到了加强危机传播和国际传播能力建设的重要性。我国要想加强自主对外传播能力,要想在国际舆论场上准确、及时、有效地传递中国声音,一方面需要了解国际受众的思维逻辑,另一方面也需要了解外国传播主体的传播方法。修辞学无疑是我们了解西方社会的传播学传统绕不开的领域。

本文尝试用伯克新修辞学思想下的"罪感－救赎"循环理论,来揭示特朗普针对美国疫情发言背后的逻辑和策略。本研究有诸多不足之处,但仍希望可以抛砖引玉,使我国的传播学者更多了解以逻辑学传统为代表的西方传播学背后的思维模式。目前我国对于新修辞学的研究较少,且仅限于文学和教育学领域;而在西方,修辞学则被广泛应用于传播学的危机传播研究、公共关系研究等领域。当然,伯克的新修辞学理论由于具有其基督教背景和西方修辞学传统而在中国的语境中缺乏适应性,然而通过本研究可以看到,了解新修辞学等理论传统,可以帮助我们更好理解西方传播现象背后的逻辑和策略,为我国在国际舆论场上可能遇到的困难提供应对方案,进而帮助我们更加有效地开展国际传播。

肯尼斯·伯克的罪感－救赎循环理论对于中国来说十分陌生,就像中国学界对于肯尼斯·伯克也普遍比较陌生一样。这正反映了中国跨文化传播的一些问题:比如对于西方传播学的研究过于粗浅,很少去研究背后的宗教因素、历史传统和思维方式。这启示我们在未来促进中西方文明对话、促进中西方传播学交融方面,中国学者还有很长的道路要走。

另一方面,新冠肺炎疫情带给我们的反思确实恒久的:在对全人类构成威胁的灾难来临之时,应该用什么样的传播方式来团结所有人共克时艰而不是各自为营?又应该怎样传播来消除国与国之间、人与人之间的不信任而不是增加对立与仇恨?"人类命运共同体"或许可以给这些问题提供一个解答。新冠疫情的暴发使国家主义、民族主义、民粹主义愈加突出,却也使世界意识到,完全孤立隔绝是不可能做到的。病毒会传播,但疫苗也会传递,只有国际社会共同团结起来,相信全人类的命运息息相关,齐心协力、同仇敌忾,才能一起战胜像病毒这种人类共同的敌人。

参考文献

[1] [美]埃姆·格里芬:《初识传播学:在信息社会正确认知自我、他人及世界》,北京,北京联合出版公司,2015.

[2] 范红:《国家形象的多维塑造与传播策略》,载《清华大学学报(哲学社会科学版)》,2013(28)。

[3] 范红、胡钰：《论国家形象建设的概念、要素与维度》，载《人民论坛·学术前沿》，2016（4）。

[4] 高金萍、许涌斌：《彼岸的声音：西方六国主流媒体新冠肺炎舆情分析》，载《新闻与写作》，2020（5）。

[5] 侯耀文：《"后真相"语境下中国抗疫的话语维护》，载《中国矿业大学学报（社会科学版）》，2020（22）。

[6] 花生屯：《世界观｜美国如果提早一周采取社交隔离措施会怎么样》，载《中国日报中文网》，2020-05-22。

[7] 鞠玉梅：《肯尼斯·伯克新修辞学理论述评：关于修辞的定义》，载《四川外语学院学报》，2005（1）。

[8] 向勇、朱粲：《海外主流媒体对中国新冠疫情报道中的中国国家形象与文化影响》，载《文化月刊》，2020（4）。

[9] 许建华：《抗疫纪录片：传播中国形象的创新实践》，载《当代电视》，2021（2）。

[10] 中央广电总台央视新闻客户端：《世卫组织将新型冠状病毒正式命名为COVID-19》，载 CRI online，2020-02-12。

[11] Billings M J. The Dramatistic Implications of Burke's Guilt Redemption Cycle in the Donald Sterling Communication Crisis. Canadian journal of gastroenterology = Journal canadien de gastroenterology, 2015.

[12] Burke K. Permanence and Change: An Anatomy of Purpose. California: University of California Press, 1984.

[13] Ehninger D. Contemporary rhetoric: a reader's coursebook, 1973.

[14] LITT D. The Coronavirus Crisis in the U.S. Is a Failure of Democracy. TIME, 2020-05-24.

[15] West R L, Turner L H, Zhao G. Introducing communication theory: Analysis and application. New York, McGraw-Hill, 2010.

世界主义视域下的平台化思维：
疫情时代的公共外交理念转型

史安斌　童桐[①]

此次暴发的新冠肺炎疫情必将成为载入史册的一次全球性危机事件，也是人类社会发生"百年未有之大变局"的重要表征。新冠肺炎疫情在全球发展的戏剧性和不确定性让零和思维支配了部分国家的外交政策选择，信任和包容成了国际社会的稀缺资源。如何化危机为契机，向世界讲好中国抗疫故事，继续夯实和推广人类命运共同体理念，成为公共外交和国际传播工作的一项重要命题。公共外交作为国家主体向国际社会解释政策、提升信任的重要手段，对于增强各国之间的理解和信任、加强国际合作具有重要意义。

疫情时代，国际社会所面临的全球性风险愈发严峻，反思并总结这一非常时期具有一定启示意义。愈发频繁的全球性危机需要各国通过公共外交来促进国际合作机制的建立。虽然当下逆全球化思潮盛行，但人类整体性发展趋势不断增强，国际合作的空间与手段不断拓展，公共外交事实上成为了全球治理水平的一个重要衡量指标。从理论层面来看，基于激进民族主义（radical nationalism）思维和二元化视角的理论框架，让我们深陷西方主导的议题框架和话语体系，从"被动回应"到"随风起舞"甚至于有滑向"隔空对骂"的风险。在实践层面，以外宣媒体、孔子学院等为代表的传统公共外交主体，在对外传播中所遭遇了系统性打压和机构化壁垒，这就使得学界呼吁多年的公共外交角色和定位的转变成为亟待解决的问题。

[①] 史安斌：清华大学新闻与传播学院副院长、教授；童桐：清华大学新闻与传播学院博士研究生。

一、全球风险社会与公共外交实践的困局

在当下的国际政治经济情势之下,以国家和政府为主体所进行的传统外交受到的阻碍越来越多。当前各国间战略互信缺失,是西方社会整体走向衰落与全球风险加剧等因素所带来的必然后果。2016年以来世界进入"后西方、后秩序、后真相"时代,中国所面临的国际舆论环境急剧恶化。在西方国家系统性打压的策略下,我国对外传播相关资源的调配出现了功能性的失灵。2020年,美国国务院先是将我国四家外宣媒体列入"外国使团",其后白宫又宣布对我驻外记者进行签证方面的限制。推特和优兔(YouTube)等社交平台,对我外宣媒体旗下的机构或个人账号标注为"政府所属";2021年初,英国也曾一度宣称将吊销CGTN在英国境内的广播许可。这一系列打压行为为我国开展公共外交实践蒙上一层阴影。

新冠肺炎疫情是全球风险社会的代表性案例,纵观疫情期间的西方社会传播生态,在主流媒体与互联网的议程博弈下,政治极化与假新闻主导了舆论空间的表达逻辑。近年来西方国家媒体极化之势有目共睹,"抗疫"和"抗议"更是加剧了媒体偏向,进一步透支了公众对官方信源的信任,这一点在以美国为代表的社会分裂更加严重的国家尤其明显。新冠肺炎疫情期间,虽然全球各国的新闻消费普遍增长,对传统主流媒体的信任度显著提升,但在以美国为代表的公众的新闻消费增长率及信任度则相对较低。在这种极化的政治和生态当中,即使是相对中立的媒体也会遭到不同政治派别的批评与抵制。而在互联网空间内,新冠肺炎疫情加重了社交媒体网民的不确定心理。在贝克所描述的风险社会之中,极端化言论最能赋予人安全感。于是,在"后真相"的情绪化言论主导下,假新闻和党派攻讦正成为社交媒体空间内主基调。在此背景下,外宣媒体的"对冲式"话语和睚眦必报的"口水战",则引发更为激烈的舆论反弹和外部打压,公共外交亟须从理念架构和实践方式上进行深层次调整。

二、平台化思维与对外传播的理念转型

新冠肺炎疫情的暴发使得人类社会进一步融入"平台化社会"。所谓"平台"(platform)是在网络化生存中起到枢纽作用的基础设施,被称为是公共传播的集散地。平台化社会中,技术运用同质化、文化表达多样化、信息传播

全球化以及社交群聚的本土化等特征，共同主导了新闻传播的理论与实践，深刻影响着国际传播和公共外交的表达逻辑。

社交平台的普及也为数字公共外交的兴起提供了技术基础。媒体通过对于实时数据的应用，可以对受众媒体偏好进行及时反馈，实现定制化传播，增强内容分发和传播的效果。更为重要的是，社交平台在国际传播中所起到的语境整合的作用日益凸显。"得平台者得天下"成为数字化时代国际传播和公共外交的新法则。在近期的中美技术战中，抖音海外版（TikTok）之所以成为新的焦点，正是由于其动摇了美国互联网公司对于社交平台的垄断地位。

但与机构媒体遭遇封杀后"人去楼空""人亡政息"的境遇不同，平台媒体具有更加强大的再生能力和调适机能。虽然在白宫的强力施压下，TikTok 的海外运营从其母公司剥离出来已成定局，但其算法结构、内容生产模式等文化基因无法根除。两者的交流语境仍然存在融合空间。而对于字节跳动公司而言，其品牌再生能力和语境整合的潜力仍然存在。从这个意义上看，平台化思维是更适于疫情时代的传播理念。

虽然受到了来自于白宫和五角大楼的无端指控和脸书等竞争对手将商业操作政治化的压力，TikTok 所采用的深度本土化和"淡色中国"策略，在一定程度上化解了其所面临的挑战。疫情期间，发展势头良好的抖音增速更为迅猛。根据数据显示，TikTok 成为 2020 年全球下载量最大的应用程序，且 2021 年将跃入每月 10 亿活跃用户俱乐部的行列。在奈飞、优兔等老牌媒体平台流量纷纷下跌的现状下，TikTok 流量逆势增长。TikTok 在疫情期间获得巨大成功的原因主要有二：首先，TikTok 的用户使用逻辑和场景契合于疫情下的"自我隔离"与"社交距离"（social distancing）两大主题，其便捷的创作和分享功能融合了 UGC（用户生成内容）以及 PGC（专业用户生成内容）两大内容创作及分享逻辑，催生了诸如 #distance dance 标签等一系列数字迷因。其次，疫情期间，面对在社交平台上泛滥成灾的各类阴谋论和后真相，TikTok 在一定程度上成为年轻人化解媒体恐惧的避风港。

三、世界主义视角下的中国方案

长期以来，在国际舆论场上，中国方案被置于在大国角力、东西方文化对立、意识形态之争的二元论视角下，被西方媒体以"有色眼镜"加以审视。由于我国在开展对外传播工作当中长期秉持不争论的策略,把中国方案和中国发展道路的解释权让位于西方,陷入了"有理说不出"的失语状态。在此背景下,公共外交应当以世界主义为核心的包容性发展视角,为应对全球危机提供中国方案,贡献中国智慧,向世界展示我国负责任的大国形象。

既往学者对公共外交的讨论往往以和平时期的文化外交范式为主,缺乏对平台媒体时代公共外交等前沿领域的讨论。从机构化到平台化的思维转换意味着对外传播指导思想的调整,也必然导致从国际传播向全球传播战略的调整。平台媒体的"永久更新"和社交媒体的"众声喧哗",为平台媒体中的公共外交理念转型增添了另一层复杂性。对此,"世界主义"(cosmopolitanism)成为平台媒体时代公共外交的指导理念。在世界主义视域下,无论人身处何方,不同国家公民是否被国家边界、政治偏见所隔离,所有人都应持有相同的道德标准,具有需要共同承担的国际责任意识。世界主义所对标的便是我国领导人倡导的"人类命运共同体"理念,即从世界主义出发,超越政治利益与诉求,重点阐释不同国家作为世界公民的相似性。这一概念直接回应了在当前全球战疫尚未成功,气候问题、贫困问题等社会不公正问题愈演愈烈的全球背景下,中国作为国际社会的对话主体能够贡献何种智慧。无论是新冠肺炎疫情期间对于个体生命价值的重视,还是作为全球第一大植树造林国受到联合国的赞扬,以中国方案为核心的传播理念在全球范围内具有道义上的正当性。具体来看,世界主义视域下的对外传播主体应以中国方案为阐释重点,超越跨文化传播(intercultural communication)局限,运用转文化传播(transcultural communication)为核心理念进行内外重构,实现从国际传播(international communication)向全球传播(global communication)的理念升维。

在世界主义框架下,以全球责任论为主题所呈现的中国方案为这一概念提出新的阐释路径。尤其在新冠肺炎疫情发生后,在以中国为代表的东亚模式与西方国家政客相互"甩锅""抹黑"的对比之下,中国方案可以基于全球"共同善(利益)"(common goods)的价值理念进入全球传播话语流动之中。

四、平台世界主义视域下的公共外交理念升维

在当前国际形势和中美关系不确定因素增加的背景下,公共外交一方面要保持战略定力,采用更加灵活的方式主动纾困,秉持世界主义立场,积极化

解西方政客挑起的"意识形态新冷战"的风险。另一方面也要抓住这一历史契机,解决长期以来积累的结构性矛盾,在平台媒体时代信息战和舆论战中,进一步提高媒体公共外交的公信力、感召力、影响力和引导力。具体可以从以下三个方面入手:

1. 把握"数字公共外交"理念转型

可以预期,在疫情时代,数字媒体平台将成为各国推动公共外交的核心力量,而数字公共外交(digitalized public diplomacy)理念作为平台媒体时代的公共外交新范式,在未来将愈发成为主流。面对当下严峻的挑战和困难,数字公共外交理念要求我们贯彻"一个世界、多种声音"的全球传播理念,不仅依靠中国媒体人的"自说自话""我说你听",更重要的是如何带动各国民众一起参与其中,通过不同层面的"和声"和"共振",形成"复调传播"的多元格局。

在平台媒体时代,媒体在公共外交中所扮演的中枢神经角色愈发凸显。对于媒体机构而言,这一过程要求其真正将数字化理念嵌入其对外传播工作当中。向平台化进行转变意味着媒体机构需重新对其传播资源进行调配,不同平台的传播逻辑及语境适配有较大差异。对此,媒体机构在坚持核心工作理念的基础上,分散各平台运营自主权,针对平台特性实现多声部传播的本地化与个性化。

2. 重视青年亚文化,以"二次元"思维实现话语创新

近期世界各地风起云涌的社会运动和 TikTok 在美国遭到打压的事实充分说明:谁能够吸引青年,谁就掌握了未来。代际鸿沟的加大需要我们在传播策略和方式方法上做出更为多元化的探索。中国青年网民是"二次元"的中坚力量,他们当中充满爱国主义和文化自信的磅礴力量,这需要政府管理部门加强顶层设计和有效引导,把社交媒体和青年网民这个最大的变量转化为最大的正能量。以李子柒为例,2021 年,《纽约时报》将李子柒称为"疫情期间的田园公主",称其用安静抚平了疫情期间喧嚣的世界,李子柒也成为 Youtube 上全球粉丝最多的中文账号。同样,TikTok 之所以在疫情期间实现了指数级增长,就在于切中了"二次元"文化和 PUGC(专业化的用户内容生产)的时代需求,因此在遭遇打压的情况下赢得了来自海外千禧一代的强烈反弹。

3. 建设平台多元主体的传播矩阵

平台媒体消弭了公共外交的主体边界，平台之中的多元主体成为公共外交的发声者。在当下的国际政治经济情势之下，以国家和政府为主体所进行的传统外交受到的阻碍越来越多。对此，当下公共外交实践应重视平台之中多元主体在不同圈层的影响力，依靠此类传播资源开展定制化传播。在全球性危机面前，以企业、各领域关键性意见领袖（KOL）为主体的多元主体，无论在反应速度、资源调配还是在传播效果方面表现出独特的优势。例如，在此次抗疫期间，民营企业主动作为，从华为、阿里巴巴等民企巨头的物资驰援得到纽约州长科莫等KOL的感谢，再到"一带一路"沿线的中资企业开展的国际合作抗疫获得广泛赞誉，由第三力量主导的公共外交既有效缓解了我国政府面临的国际舆论压力，也进一步提升了我国的国际话语权。

结语：疫情时代的公共外交理念转变

对于公共外交主体而言，此次疫情既是"非常态"的典型体现，也是"新常态"的起点。在这场战疫进程中，中国方案跳出了西方中心论的窠臼，成为非西方情境下有效治理模式的具体体现。有鉴于此，疫情时代我国公共外交实践所应承载的新使命是发掘中国方案的普适性意义，向世界阐明"中国能够为世界带来什么样的共同善"。平台时代数字公共外交范式的兴起，成为此次疫情期间的一大亮点。相比于传统公共外交，以平台媒体为主战场的数字公共外交具有双向沟通等特点。换言之，在互联网空间内，网民更加期待以平等姿态与公共外交主体进行对话。对于国家主体而言，利用公共外交提升国家形象的战略传播，则需要基于平台媒体发展的特征进行重新的规划和设计。国家主体必须寻求利用新媒体平台，向更加靠近受众的话语模式进行转变。

另外，从疫情期间的全球合作来看，文化与科学的全球化进程在这一过程中正逐步加快，基于人道主义所开展的全球科学合作正成为主流。以此次疫情为起点，我国的公共外交重点也应随之转变，在实践方式以及实施领域上，应针对当前全球语境特点有所侧重。此次疫情中我国所进行的一系列抗疫外交实践也充分说明：以促进国家间互动为主同时尊重他国决策自主权的公共外交实践，更能赢得对方国民众的认可。由此而来，针对我国援助行动的"阴谋论"也会不攻自破。总体来看，疫情时代我国公共外交的主要任务，是推动人类命运共同体理念在以世界主义为代表的普遍认同话语之下得到肯定。在传播理念上，以平台世界主义为核心的中国方案，核心在于突破既有传播理论下的二元化视角，将公共外交工作视为一种不同文化间进行阐释、对话的一个过程，而非基于异质文化论的单向传播，重点向转文化传播理念进行转移。这要求公共外交工作人员抛弃既有的以"自我/他者"以及"主体/客体"为代表的传播理念，采用"淡色中国"的策略，在对外传播中实现彼此赋权。在转文化传播框架下，无论是全球责任论视角下的人类命运共同体还是"一带一路"倡议，都将以更平等的对话姿态进行沟通。值得一提的是，这一理念的重构过程同时顺应了"西方缺位"（westlessness）的总体态势。当下西方主流话语呈衰落之势，新兴经济体及发展中国家的崛起正在重构全球传播体系的话语体系，不同文化主体进行自我表达和传播，相互建构及吸纳。随着中国抗疫成效的显现和经济的快速复苏，以平台世界主义为核心的中国方案将日渐展现出其强大的生命力和感召力。

（本文系教育部哲学社科重大攻关项目"新时代中华文化走出去策略研究"阶段性研究成果。项目批准号：18JZD012）

参考文献

[1] 刘擎：《重建全球想象：从"天下"理想走向新世界主义》，载《学术月刊》，2015(8)。

[2] 徐艳玲、李聪：《"人类命运共同体"价值意蕴的三重维度》，载《科学社会主义》，2016（3）。

[3] 薛晓源、刘国良：《全球风险世界：现在与未来——德国著名社会学家、风险社会理论创始人乌尔里希·贝克教授访谈录》，载《马克思主义与现实》，2005（1）。

[4] 史安斌、盛阳：《从"跨"到"转"：新全球化时代传播研究的理论再造与路径重构》，载《当代传播》，2020（1）。

[5] 史安斌、童桐：《全球危机与中国方案：新冠肺炎疫情下公共外交的反思》，载《对外传播》，2020（6）。

[6] 史安斌、童桐：《大疫·大选·大考：回眸2020年的全球新闻传播》，载《青年记者》，2020（34）。

[7] 史安斌、王沛楠:《数字公共外交的兴起与广电国际传播能力的提升:基于"偶像"模式的分析》,载《电视研究》,2020(01)。

[8] Cheah, P. "THE WORLD IS WATCHING": The mediatic structure of cosmopolitanism. Journalism Studies, 2013(02).

[9] van Dijck, J., Poell, T. & de Waal, M. The Platform Society: Public Values in a Connective World. New York: Oxford University Press, 2018.

国家形象与情感传播：疫情背景下《人民日报》抖音号的情感逻辑和形象建构

张宁　付东晗[①]

一、引言

新冠肺炎疫情的暴发，作为一场重大突发公共卫生事件不仅严重威胁人类的健康，也考验出一个国家治理水平的高低，关联到国际政治舞台上国家形象的美誉度。这其中我国主流媒体也在抗疫宣传中，通过议题设置和情感传播重新建构了疫情时期的国家形象。以抖音为代表的短视频平台在宣传疫情、情感动员等方面发挥了突出作用。《人民日报》代表的主流媒体和各地方政府官方账号，均在第一时间内通过短视频平台发声，传递疫情信息，生产一系列"女护士勇敢出征""英雄回归""女护士剃发""英雄牺牲"等新的媒体仪式，通过情感表达和彰显感动，让公众在获得新闻信息的同时也形成了一种共同的社会感动，视频化叙事似乎已经成为此次疫情期间的传播常态。这些新媒体仪式既是疫情背景下我国政府对内进行社会整合、内部动员并构建政治认同的一种重要方式，也是一种全球化时代公共卫生危机暴发时国家形象建构的政治传播行为。

本文着重分析疫情暴发以来，《人民日报》在抖音短视频平台生产传播的视频中的主题内容、叙事策略及意义生成，进而分析疫情时代国家形象建构中，情感传递是如何通过视频符号达成的。

[①] 张宁，中山大学传播与设计学院教授，博导，中山大学公共传播研究所所长；付东晗，中山大学传播与设计学院博士研究生。

二、情感是国家形象建构的一种新资源

情感并不只是一种私人化的表达,更是包含着社会功能,甚至可以被视为一种治理资源,是社会动员的重要资源。诸多学者从不同视角论述了情感的社会逻辑与潜藏功能,甚至把情感表达视为一种公共话语实践方式。从社会建构的视角来看,公众情绪并非简单的心智反应,而是社会结构性产物。情绪感染既是一种叙事策略,也是一种情感动员的方式。随着情感社会学的发展,国内传播学领域的学者将之更多地运用到政治传播等领域的分析中。张志安等人视情感传播为未来新趋势,即新闻发布不仅需要提供准确的事实,根据事件动态发展更新调查获知的信息,还要懂得从把握公众情绪结构、社会风险感知的角度,去考虑新闻发布的信息提炼,实现情感调适和价值表达。

情感动员是国内政治动员的典型策略。同时,在国家形象建构层面,国家通常利用媒介制造政治仪式,尤其是在特定的时间节点,通过网络跨境直播手段实现国家重大事件中爱国情感、民族认同的传播与动员,增强民族认同和跨文化认同。而网络媒体与新媒体因其视觉传播符号的运用,更加适合于危机情境下的情感动员,采用米姆式的传播策略,将情感表达隐藏在符号中实现社会和文化层面上的共意动员。例如,郭小安强调了情感隐藏的社会潜能和情感因素在社会动员中的作用。情感作为一种社会资源可以用于舆论引导,国家通过"情感体制"的建构来鼓励、赞许一些情感的表达,同时限制甚至禁止另一些情感的表达,完成话语合法性的建立。这促使了新闻传播领域的学者对新闻报道进行文本分析时,关注媒体的情感框架和情感编码策略。

出海成功获得海外巨大下载量的抖音,在此次疫情背景下国家形象建构和对外传播中发挥了突出的作用,中央级媒体如《人民日报》以及各大地方媒体均第一时间通过抖音平台发布了新冠肺炎相关的短视频报道。视觉形象的呈现、语言符号和身体符号的多重修辞,满足了贴合现实社会的政治需求,为国家话语的输出和国家形象的合法性提供了丰富的政治象征资本。从文字到视频,从"宽屏"到"竖屏",短视频进一步重构了疫情时代的信息方式,改变了传统的叙事方式,体现出新的更加符合网络自媒体传播的图像叙事路径。图像叙事是跨文化背景下国家形象建构的新方式,主要承担政治宣传职能,其优势是特定的意识形态并不会由视觉文本直接表达出来,而是通过更加隐蔽的意义规则渗透于视觉文本中,因此在对外传播过程中会收获更加广泛的跨文化受众群。

本文将以新冠肺炎疫情为背景,对《人民日报》的抗疫短视频报道进行内容分析,聚焦党媒短视频如何通过情感传播来"制造感动",在社会动员和危机传播的同时达到国家形象建构的目的。具体方法是基于情感动员理论和视觉修辞理论,对 2020 年 1 月 13 日 – 肺炎 5 月 13 日期间,《人民日报》于抖音短视频平台中生产的 145 条抗击新冠肺炎疫情的短视频进行分析①。

三、研究发现

(一)视频主体的内容分析

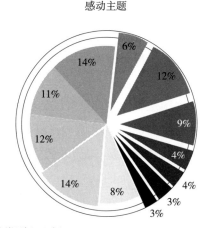

图 1　感动主题的类别和比例

如图 1 所示,感动叙事的主题多元化且比较平均,没有明显偏重。首先,生与死和科技成就类均占比 14%,问鼎《人民日报》"感动制造"类内容的第一名。生与死主题包含感染新冠病毒的病人离世或被治愈出院、一线工作者牺牲以及新生命诞生等子议题。生命被剥夺或重获新生的内容能带给观众心灵最直接的震撼,且视频比文字更具感染性。对于该主题的表达,镜头直接聚焦生死别离,能带给观众更直接的共鸣与沉浸感。而成功救治垂危病人的喜

---

① 在选定的时间区间内,研究者选用人工筛选的方法进行文本选择。首先对"感动"类视频进行界定,1.短视频文案内容中表达"感动""热泪""泪目""哭了""泣不成声"意思的被归入分析样本,因为视频的文案能最直接反映视频创作者"制造感动"的意图;2.抖音短视频评论区中置顶的前 10 条中,出现 50%(4~5 条)"感动""热泪""泪目""哭了"这些词语的短视频被归入分析样本,即通过网友的评论判定短视频是否融入了"感动"元素。3.通过人工编码保证信度。

悦也可通过肢体动作与面部表情表达。《人民日报》在疫情期间倾向选择发布"生与死"主题的内容，在生死面前拉近国人之间的心理距离，并通过突出生命的可贵唤醒观众心底最感性的一面。而"牺牲叙事"为我国在灾难类、危机类公共新闻报道中的常用模式，此次疫情期间也不例外。这种叙事方式不仅能唤醒受众的感动，同时也将"奉献与无私"这种精神高尚化，引发受众的共鸣。科技成就类主题虽然稍显宏大叙事，却通过医院的高效率建设、显著的医疗成果、医院休舱等振奋人心的场面唤醒受众的感动情怀，让国民感受到祖国提供的庇佑、增强民族认同感。

其次，彰显国家关怀的视频、一线工作人员爱岗敬业的内容均占比12%。医患互动的事件、援鄂撤离欢送（迎）仪式分别占比11%和9%。其中国家关怀主要通过国家领导人下基层走访探望的生活化场景，或者老人为国家资助医疗费而感动的画面呈现。爱岗敬业这一主题，主要突出一线工作者的辛苦，在艰难时刻依旧恪尽职守，画面中的他们或者是劳累地坐在地上打盹，或者是工作间隙吃顿便饭，或是手上裂痕累累，或是口罩勒痕明显，这样的视觉符号旨在激发受众的心疼与敬佩之情。医患互动则聚焦于医生护士与患者日常交流的温情画面，通过护士照顾患者、医生诊断患者或者医患对话等生活化场景，浸染中华民族"友爱"的价值观念。在无数百姓面对疫情、全国共克时艰的背景下，这种细小而温暖的画面不仅展示了医疗工作者"白衣天使"的形象，同时带给观众更深的感动，尤其是援鄂团队撤离的欢送（迎）仪式，以仪式化的形式再次表达了国家级动员、全社会一心的形象认同力量。

同时，离别与重聚和爱心捐赠两大主题分别占比8%和6%。其中离别与重聚集中记录了医疗工作者奔赴一线与家人难舍难分或从一线归来与家人团聚的画面，视频中通过相拥和泪水直接传递感动的情感。爱心捐赠的场景占比6%，视频中的主体往往是老人、儿童等普通百姓，疫情期间本不富裕的她们却拥有一颗善良的心，尽自己最大的力量捐赠零花钱、退休金等，这样的内容背后强化着"善良与团结"等核心价值观。

（二）感动主题的意指分析

意指概念（idographs）是以一种启发性的、自反性的修辞方式来激活公众对公共事件的深切感知与认同的概念，其作用是通过隐喻实现思维启迪。基于这个概念，以上视频中的"感动制造"画面并不是传播目的，而是一种基

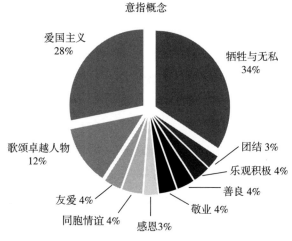

图 2 9 类意指概念比例图

于情感启迪的劝服手法,感动的背后是话语意义的生产与传播。《人民日报》作为国家级媒体代表,承担着对内对外的政治传播和建构国家形象的功能,在对外传播层面,特定形式的符号传递和渗透于情感的意指导向,则是社会影响力产生的关键。

首先,《人民日报》抗疫短视频中,35% 的视频内容中含有"牺牲与无私"这种意指概念,通过家人、恋人之间的分离等生活化的画面激发人们的情感,离别的画面、相拥相吻的瞬间、劳累倒地的医务人员、充满勒痕的脸庞,以及满是裂纹的双手等视觉符号背后,反映的是疫情危机之下,一个国家和国民的无私奉献、牺牲小我成就人类的高尚品质。当受众被这些品质感动,也就能接受产生这种感动的土地和国家。通过对样本意指概念的编码分析,可见《人民日报》疫情期间的短视频,在"感动"的外表下指向的是深层的国家精神和民族品格,尤其是"牺牲与无私"的精神是人类面临危机时最为无畏和高尚的行为,这种情感传播无疑会形成跨文化国家间共同认可的价值沟通,提升国际社会对特定国家的认同。

其次,"爱国主义"的意指概念占比 28%,位居第二。疫情期间,《人民日报》不乏对于建造医院、医疗成果、人民解放军救援等议题的报道,视频中排列有序的解放军队伍、飘扬的五星红旗、装满物资的大型客运飞机、灯火通明的雷神山医院等图像直击人心,都在讲述祖国的科技、建设等各方面的强大,不禁让国民备感温暖与自豪,以促进其对祖国的认同。对外传播层面,通过视觉修辞的表达也能让海外受众感受到祖国的强大，感受到中国对其国民的保护、关爱与社会扶助，激发爱国主义的同时也建构了疫情背景下新的国家形象，那就是国家主体责任的承担、国家应急能力的强大、国民生命的温暖保护。短视频能以形象而直观的视觉符号传递一种明确的跨境"在场感"，令视觉文本形成一种强大的认同力量。尤其在感动的心理状态下，人们更容易按照修辞者预先设计的认知管道进入图像背后的话语、秩序和意义。

四、结论与讨论

（一）感动符号与情感唤起

通过内容分析发现，《人民日报》"感动制造"的核心意指概念为"牺牲与无私"，而在其感动叙事体系中，是通过身体叙事、空间叙事和死亡叙事三种叙事类型"制造感动"。通过这三种叙事体系，《人民日报》重点呈现了各人物主体"牺牲"的精神品质，在感动受众的同时，也将"牺牲与无私"这种核心意指概念合法化。死亡叙事更是疫情期间《人民日报》话语表达的主要特征之一，通过对于死亡的呈现，短视频成功地突出、塑造了抗疫英雄的群体形象，激发人们泪点和情感。

（二）感动叙事与社会动员

《人民日报》的短视频聚焦于一线工作人员离家、与家人告别相拥的画面，以及一线工作人员辛苦工作的画面，这些场景和画面强化了团结一致、共克时艰的国家精神的高尚，展现了为大家舍小家的民族精神品质。在对外传播中一些难以传播的政党、国家、政府等宏大概念也借助以小见大的方式，通过日常化的生活场景表现出来。医患互动的温暖画面象征的是集体大家庭的温暖，以家映射祖国这个大家庭，增进海外居民的爱国主义情感。

（三）情感结构与危机应对

《人民日报》短视频通过感动叙事的视觉表达，将意指概念渗透于八大感动主题中，较为成功地塑造了普遍认可的政府形象和国家形象，尤其是在全球化的抗疫背景中，各国的疫情危机应对都面临挑战，各国的危机管理对策及其社会效果与其政府绩效和国家形象密切相关。在这种情景下，《人民日报》抖音短视频能聚焦我国抗击疫情过程中的真实情景,通过视觉符号,主打情感互动与传播,通过跨境传播让海外的公众对中国国家形象有了新的认知。这些短视频中的感动符号,符合人类面临危机时共有的、本质的高尚情怀,把生死、牺牲、别离、互助、无私等情怀视觉化、故事化、新闻化,让国家形象的建构融入了情感传播与视觉表达的新要素。

抗击新冠肺炎疫情不但是一个国家内部的社会动员和危机应急管理过程,同时也是在国际社会展示国家管理绩效、社会动员能力和危机应急效能的最佳时刻。在全球众多国家都不同程度地卷入疫情的背景下,《人民日报》抖音号通过短视频这种跨境传播载体,生产出一系列以不同类型的感动为主题的视觉产品广为传播,无疑为国家形象在海外的重新建构提供了好的样本。

参考文献

[1] 郭小安:《网络抗争中谣言的情感动员:策略与剧目》,载《国际新闻界》,2013(12)。

[2] 郭小安、杨绍婷:《网络民族主义运动中的米姆式传播与共意动员》,载《国际新闻界》,2016(11)。

[3] 刘涛:《媒介·空间·事件:观看的"语法"与视觉修辞方法》,载《南京社会科学》,2017(9)。

[4] 杨惠、戴海波:《政治仪式推进政治认同的逻辑与路径——基于建国以来阅兵仪式的考察》,载《现代传播》,2019(10)。

[5] 易前良、孙淑萍:《共意性运动中的媒介动员:以"南京梧桐树事件"为例》,载《新闻与传播研究》,2013(5)。

[6] 袁光锋:《感受他人的"痛苦":"底层"痛苦、公共表达与"同情"的政治》,载《传播与社会学刊》,2017(40)。

[7] 张志安、张世轩:《5G时代的信息传播与舆论引导》,载《传媒》,2019(22)。

中国形象的"他塑"与"自建"[1]

黄楚新[2]

截至2020年6月8日,世界卫生组织实时数据显示,全球新冠肺炎确诊病例近700万,死亡人数近40万,全球范围内疫情不断恶化,感染人数不断增加。从各国媒体报道的情况来看,国际舆情呈现出较为紧张的态势,热点主要集中在各国确诊人数和死亡人数、各界名流的身体状况、各国的抗疫举措、民众的自发性个体行为,以及疫情带来的连锁负面影响。其中,中国的抗疫和对外援助行动引发各国媒体广泛关注。中国花费两个月时间构建起了阻止疫情传播的第一道防线,为世界其他国家提供了切实可行的抗疫经验和方案,为全球公共卫生事业贡献了中国智慧,生动诠释了中国负责任的大国形象。

然而,由于隔阂、偏见和误读,中国成为西方某些政客攻讦的靶子。公共卫生事件引发意识形态和种族主义偏见,使得本应有的团结和合作被分裂和斗争取代。当疫情肆虐全球时,各类言论甚嚣尘上,有关中国的媒体报道和社交媒体言论能够在一定程度上反映他国对待中国的观点、立场和态度,由此可以审视中国在对外传播话语中国家形象的建构策略。

一、从国际舆情看中国国家形象的"他塑"

近年来,中国通过积极参与全球性事务,展现了负责任大国形象。疫情期间,中国为世界各国贡献公共产品,提供疫情应对方案,切实承担起大国责任,却在国际舆论场中得到褒贬不一的评价,甚至出现了歧视和排斥华人等次生舆情。

---

[1] 本文主要内容已发表在《人民论坛》2020年第16期。
[2] 黄楚新:中国社会科学院新闻与传播研究所新闻学研究室主任、研究员、博士生导师。

（一）积极正面的评价

当前，大部分国家尤其是亚洲和拉美地区国家的媒体，对中国的抗疫举措、中国在全球抗疫中积极贡献力量给予了正面评价。

首先，肯定中国抗疫举措科学合理。随着中国疫情度过高峰期，病例总体保持在较低水平，而欧洲多国以及美国成为疫情的"震中"，各国媒体对中国的防疫措施（包括佩戴口罩、居家隔离、建立方舱医院等）从最初的不屑、嘲笑，转变为承认，并呼吁民众学习。这种态度转变是基于各国同中国防疫情况的直接对比，即本国政府没能采取及时迅速的防疫措施，而中国抗疫已经取得有效成果。

其次，赞扬中国驰援他国，贡献力量。中国在取得国内疫情防控阶段性胜利的同时积极驰援他国，以实际行动支持全球共同抗疫。多家媒体承认中国的抗疫举措在遏制疫情蔓延方面发挥的实效，如实报道了中国捐赠医疗物资的内容和数额、派出医疗专家组指导的消息，尤其是伊朗、塞尔维亚等国家，使用"帮助""贡献""友谊"等词汇，赞扬国家间的患难真情。社交媒体上，意大利网友通过绘制漫画的方式（中国为"救援者"、意大利为"被救者"），展现民间互通的友谊。加拿大商业报纸《金融邮报》发表文章称，中国的复苏迹象帮助一些加拿大企业抵御了新冠病毒带来的风暴。

最后，呼吁摘下种族主义"有色眼镜"。在西方国家煽动种族主义情绪的攻势之下，有正义之士对此进行批评和反驳。美国时任总统特朗普通过炒作种族议题来争取美国国内种族主义者选票的戏码已被识破。《纽约时报》认为，特朗普政府针对中国的"敌意"，不但不能使两国有效携手应对疫情，也给两国关系带来了不稳定因素。不少媒体在报道特朗普"中国病毒"言论时，在标题中使用"种族主义""种族主义者""恶意"等词作为修饰，比如美国政论周刊《国家》就指出，"社交媒体帮助传播特朗普的新冠病毒种族主义"，并呼吁主流媒体停止传播仇恨，停止使用"中国病毒"这一种族主义词汇。在社交媒体推特上，网民自发创建"特朗普熔断""特朗普萧条"等标签词条，显示出民众对其种族歧视言论的反感。

（二）负面抹黑的报道

美、英、法、德等西方国家的部分媒体，对中国疫情议题进行了泛政治化、污名化报道，新闻界同政界合谋，污蔑中国前期瞒报疫情信息，是病毒制造者,将中国的援助措施妖魔化为意识形态输出手段,对中国公布的信息持质疑态度。

一是捕风捉影,污蔑中国是病毒源头。目前,关于新冠病毒的起源尚无定论,而一些外国媒体却将新冠肺炎疫情引发的社会恐慌源头引向中国,利用大众媒体固化中国与疫情暴发之间的联系。这种把自身采取不当措施的过失归咎到特定他者身上的"污名化"行为,其背后隐藏的是全球传播中不平等的权力和秩序,其实质是美国霸权主义批判话语的工具,是一种结构性暴力。

政论媒体Politico报道称,特朗普使用"中国病毒"这一种族主义措辞,招致了美国国内其他行政官员的反对。美国卫生和公共服务部部长亚历克斯·阿扎尔认为,民族不是导致新型冠状病毒的原因,承诺不再将此次疫情归因于国家或地区;世界卫生组织紧急计划执行主任迈克尔·赖安也强调,"病毒无国界",批评特朗普政府有关"中国病毒"的言论。德国社会学家乌尔里希·贝克曾在《风险社会》一书中提出"替罪羊社会"的概念,认为当危险因为政治的不作为而增长时,风险社会就会表现出固有倾向,即不是危险而是提出危险的人造成了普遍的不安。面对迅速增长的确诊人数和随之而来的社会恐慌,以及巨大的医疗物资缺口,一些西方国家不是尽快采取措施,遏制病毒扩散,而是将社会焦虑归因于中国(最早发现新冠病毒并采取有效措施),将本国医疗人员和人民置于巨大危险之中。如此一来,中国则成为当前风险社会之下的"替罪羊"。

二是"农夫与蛇",歪曲中国救援举措。在报道中国支持别国抗疫的友善举措时,一些西方媒体展现了一贯的反华反共立场,污蔑中国借此机会输出意识形态,将援助作为宣传工具,并冠之"新冠病毒外交""医疗外交"等恶名。比如,路透社报道称,"中国将捐赠医疗物资当作在南美地区削弱美国影响力的软实力工具";美国媒体《新闻周刊》报道,中国是出于躲避职责而帮助欧洲国家;西班牙《国家报》《世界报》等报刊媒体报道中国"试剂盒不合格",引发西方媒体大量转载;一些国家将实际贸易中的买卖双方(以个别企业为主体)出现的摩擦纠纷,上升到对中国制造整体的攻击,歪曲中国援助别国的初衷。事实上,某一国家歪曲中国的救援举措并不能证明该国的行为是正确的,逞一时口舌之快无助于解决当前病毒扩散的问题,反而显示了该国的防疫不力。

三是将信将疑,对中国官方公布的信息持怀疑态度。尤其是当前中国在较短时间内实现本土病例全面清零,与其他国家的严峻形势形成鲜明反差,一些西方媒体便认为中国对他国有所隐瞒,或者在预估疫情规模上过分乐观。由此可以看出,当前中国对外传播中的信任困境仍没有消除。一些外国媒体使用具有负面倾向性的词语,通过质疑、暗讽、诘问等手法,将中国塑造成为不可信赖的对象。

(三)客观报道相关数据和信息

大部分媒体能够客观报道中国疫情确诊数据、防疫知识、防疫进展等具体事实;客观报道疫情防控期间中国与他国经济贸易往来中存在的问题;等等。

二、主流积极发声普通网民"回怼",驳斥谬误澄清事实

一直以来,中国在建构负责任大国形象方面作出了许多努力,主要围绕中国积极参与全球治理、为世界的安全稳定作出贡献来展开。疫情期间,作为形象建构的主体,中国始终践行人类命运共同体理念,同世界各国保持密切联系,展现出真诚开放的态度,公开透明地分享防控经验,给予他国物资和技术援助。同时,官方与民间联动,对外展现出真实、立体、全面的中国形象,在驳斥谬误、澄清事实、增进了解等方面取得了一定成效。

一是主流媒体、外宣单位积极发声。疫情期间,中国驻各国大使陆续发表署名文章,各级外交官通过电视节目、新闻发布会等方式,向公众展现中国抗击疫情的态度和真实的防控进展。面对以特朗普为代表的西方政客的攻讦、英美等西方国家对中国"隐瞒疫情信息""不分享病毒相关信息"的指责和"中国病毒"等污名化言论,主流媒体也通过各种渠道主动发声,打响国际舆论"攻防战"。比如,针对"中国隐瞒疫情导致全球大流行"的言论,新华社发布中国合作纪事,梳理了中国发布疫情信息、分享防控经验、推进国际交流合作的事实时间线;《环球时报》发表文章《病毒之下的指责游戏是"幼稚的视线转移"》;中国国际电视台发表评论文章《媒体失控:虚假信息散播者有其支持者》,回击美国媒体机构福克斯对中国疫情的系列污蔑报道等。

二是普通网民"回怼"污蔑抹黑言论。疫情伊始,针对海外华人和亚裔群体的种族歧视和仇外行为不时见诸报端和社交媒体,因佩戴口罩或被辱骂、挑衅甚至殴打,或被污蔑为病毒。对此,网民们据理力争,通过线下开展"我

不是病毒"活动、线上发表反击言论、制作科普视频、采访报道等方式"回怼"种族主义者。

三、中国形象"自建"：以情动人，正面引导与信息公开

中国外文局《中国国家形象全球调查2018》数据显示，有48%的海外民众认为中国是全球发展的贡献者，其中发达国家民众（持此观点）的比例上升了7%（较2017年）。由此可见，中国参与全球治理的表现得到了世界的肯定。虽然中国在国际传播中的话语权逐年提升，但受客观条件和历史因素的限制，西方媒体把控舆论方向的局面依然没有改变。为此，要进一步优化对外话语策略，塑造负责任大国形象。

第一，"以情动人"，注重疫情之下世界人民的共情。注重把握海外网民的情感走向，以疫情中的共同遭遇触发共情和理解。国外疫情形势日趋严峻，一些西方国家防控效率低下。中国人民也曾面对严峻的疫情形势，也曾有过恐慌，应当抓住这一痛点，以足够的人文关怀和同理心，对外国网民的遭遇表示同情和慰藉，同时大力宣传中国的应对方案。其中，尤其要注重非官方用户的发声。在社交媒体上，国外网民对于官方机构的发声往往怀有一定的警惕和抗拒心理。溢美之词若由普通网民之口传播出去，则更有真实感、亲切感，能够规避官方机构带来的刻板印象，从而产生良好的传播效果。

第二，正面引导与信息公开相结合。长期以来，外国媒体及民众对中国未有全面、客观的了解，给极端偏见和歧视以可乘之机。疫情中，国际舆论场上的各类虚假消息、政治谣言层出不穷，外宣机构"客场作战"较为困难。目前，中国自身形象的建构仍处于被动，从社交媒体的赞、转、关、评等交互数据和舆情事件发声的影响力来看，主流媒体的"出海"成效并不显著。面对西方媒体压倒性的话语态势，应针对海外各个媒体的不同政治立场，进行特定内容合作，用更大声量做好正面引导。同时，在信任赤字问题普遍存在的情况下，应增进互信水平，建立长效机制。社会认知偏差和信息的不对称是污名和误读产生的直接原因之一。作为受信方，中国要加强自我建设，提升可信度，做好信息公开工作，澄清谬误，要将话语权、主导权牢牢把握在自己手中。

第三，鼓励UGC（用户原创内容）在对外传播中发挥作用。普通网民自行生产的碎片化信息是外国民众认知世界的重要来源，能够使国家形象更为

丰满、立体、富有人情味。长期以来，民间交流不畅通，使得国外网民对中国的了解还停留在一些过往的影视作品中，与当前中国发展的实际情况不相吻合。海外华人、往返海内外的外国民众、专家学者、留学生等，了解中国的真实情况。这些群体传递的信息能够成为中国和其他国家沟通交流的纽带。因此，要充分鼓励民间个体发声，可以在主流社交媒体上扶持和培养一批意见领袖和"网红"，增加个人议题的输出，通过短视频、vlog、纪录片等受到广泛认可的新媒体传播手段，多视角、多层面展现国家的发展成就，反映中国人民真实的生活状态。主流媒体应与自媒体协作，突破文化隔膜，提高国家形象的外在魅力，增进外国人民对中国国家形象的认同感，多措并举、有的放矢地开展对外传播活动。

参考文献

[1] Brennan D. As Europeans Flag Concerns Over Faulty Chinese Coronavirus Equipment, State Media Is Leading Beijing's Fight Back, Newsweek, May 7, 2020.

[2] Forgey Q. Trump on "Chinese virus" label: "It's not racist at all". Politico, 2020-03-18.

[3] Friedman G. "They are completely intertwined": Tentative signs of recovery in China help some Canadian companies weather COVID-19 storm. Financial Post, 2020-03-28.

[4] Mystal E. The Media Is Helping Spread Trump's Coronavirus Racism. The Nation, 2020-03-20.

各国对中国抗击疫情的积极话语分析[①]

陈先红　陈可馨[②]

与批评话语分析不同,积极话语分析以积极友好的态度,强调通过话语分析构建一个宽松、和解、共处的人类社会。在此次新冠肺炎疫情危机中,中国临危不惧,快速应对,取得了阶段性成果,不少国家对中国抗击疫情的决策和行动表示高度赞赏并且支持同中国合作展开抗疫工作。结合这一全球合作抗疫的友好社会语境和各国对中国表示肯定的积极文本语境,本文从评价理论出发,以态度系统搭建分析框架,以各国对中国抗击疫情的评价话语为研究语料,围绕"积极话语是什么""话语传递的态度意义是什么""话语建构的中国形象是什么"三个问题展开积极话语分析。

一、积极话语分析的语料来源与分析框架

在 1999 年召开的一次批评话语分析国际研讨会上,澳大利亚学者詹姆斯·马丁(James R. Martin)分享了《积极话语分析:团结与变革》(*Positive Discourse Analysis：solidarity and change*)一文,针对批评话语分析的不足提出"积极话语分析"一词。在马丁看来,批评话语分析通过研究大量客观语料,重在向人们揭示话语、符号与权力之间的关系。但话语分析不应只从批判视角展开,还应采取一种积极友好的态度并朝着"和平语言学"的目标努力,通过积极话语分析,构建一个宽松、和解、共处的人类社会。因此,积极话语分析可以看作对批评话语分析的反驳和补充,二者有以下几方面的不同,见表 1。

[①] 本文主要内容已发表在《对外传播》2020 年 7 月刊。
[②] 陈先红:华中科技大学新闻与信息传播学院教授、博士生导师;陈可馨:华中科技大学新闻与信息传播学院硕士研究生。

表 1　批评话语分析与积极话语分析的不同

		批评话语分析	积极话语分析
动机		揭露和批评的态度	积极友好的态度
		分析权力因素,揭示语言与意识形态的相互关系	实现"和平语言学"目标
		对现有社会制度进行解构,展示"可怕"的世界	建构宽松、和解、共处的人类社会
方法	语料选择	新闻语篇为主	重视语篇涉及领域(外交、斡旋、谈判、会议、咨询等)的选择
		重视社会冲突	政治性强、涉及重大社会问题的语篇最受重视
	语料分析	应用韩礼德(Michael Alexander Kirkwood Halliday)系统功能语言学分析方法(语篇、语境、功能)	"三多"特点:多模式、多层次、多功能
			重视语境

虽然积极话语分析对批评话语分析进行了反驳,但它并非彻底推翻或取代后者。马丁认为积极话语分析也是批评话语分析的一部分,他将批评话语分析分为现实的批评话语分析和非现实的批评话语分析两个方面,后者即积极话语分析,但它是非现实的,有待人民或社团在一个共同目标指引下共同争取并实现。积极话语分析聚焦如何使人们团结起来,不通过对抗就能完成权利再分配,进而获得社会生存空间。因此,积极话语分析倡导以平等、积极的态度解决社会问题,并引导人们和谐生活。

研究表明,虽然积极话语分析自 2006 年已引起国内学者关注,但相关研究还较少,有待进一步深入探讨。就新闻传播领域而言,积极话语分析同样提供了有价值的研究视角,研究者不应只从批判的角度分析"坏新闻",更要以积极的态度研究"好新闻",以发现并论证积极话语对构建良好形象、促进社会和谐的重要作用。另外,学者进行积极话语分析时,主要以评价理论为分析框架,尤其基于态度系统展开研究,这对本文具有指导和借鉴意义。

本文通过中国共产党新闻网搜索新冠肺炎疫情期间国家领导人同世界各国政要通电话、通信的相关内容,获取各国对中国抗击疫情的评价话语(截至 2020 年 4 月 30 日),自建 13737 个字符的小型语料库,涉及全球 56 个国家及组织。基于对已有文献的阅读,本文以评价理论的态度系统搭建分析框架,研究语料的态度资源分布以展开积极话语分析。

评价理论属于系统功能语言学范畴。20世纪90年代,澳大利亚的詹姆斯·马丁和怀特(Peter R.R. White)教授经过一系列的研究建立了一整套用于语篇分析的评价资源,提出了评价系统的理论框架。评价系统不仅关注"作者/说话者如何表达赞成或反对、热情或厌恶、表扬或批评,以及他们如何影响读者/听话者的感受",还关注"通过文本构建具有共同感受和价值的社区以及用于共享情感、鉴赏和规范评估的语言机制"。评价系统的中心是系统,焦点是评价,手段是语言,透过对语言的分析去评价语言使用者对事态的立场、观点和态度。评价系统有三大子系统:介入(Engagement)、态度(Attitude)和级差(Graduation),其中态度系统是主体部分,又可次系统化为情感(Affect)、判断(Judgment)和鉴赏(Appreciation)。情感资源用以表达人的情感、传递情感意义;判断资源是依据伦理道德标准对人的品质和行为进行评价;鉴赏资源则是对某一物体、某一事件或某一事件过程的评价。就本文的社会语境(新冠肺炎疫情)和研究语料(各国对中国抗击疫情的评价话语)而言,情感资源关注语料中各国对中国的情感表达,判断资源关注对中华民族品德和价值观以及中国国家形象的评价,鉴赏资源关注对新冠肺炎疫情本身、中国抗击疫情的行为过程以及行动结果的评价。本文将对三类态度资源进行分类统计,在对语料进行积极话语分析的基础上,研究新冠肺炎疫情语境下,各国对中国抗击疫情的态度倾向,以及这些话语呈现了怎样的中国形象。

二、各国对中国抗击疫情的积极话语分析

经过统计,本文共获取态度资源833条,其中情感资源占595条,判断资源占22条,鉴赏资源占216条。

(一)情感资源

情感资源体现出各国在新冠肺炎疫情语境下对中国的情感表达,这些话语主要传递了积极情感意义,占态度系统比例最高。通过对595条情感资源的具体分析,本文将其划分为强调合作与交流、表示支持与帮助、表达情感与态度和展现两国关系四类。

"合作与交流"主题下的情感资源占比最高(共计232条,占比39%),其

中出现频率较高的词语/词组有合作（111次）、共同（41次）、团结（19）和交流（13次），传递出各国就疫情危机与中国建立团结合作关系的期望以及保持长期密切交流的愿景。例如，习近平主席2020年2月18日应邀同法国总统马克龙通电话时，马克龙指出："法方愿同中方一起抗击疫情，并以此为契机加强卫生合作。"又如，西班牙首相桑切斯2020年3月17日在电话中表示："西班牙赞赏中方秉持开放态度促进国际合作，愿同中方加强各领域交流合作。"再如，俄罗斯总统普京2020年4月16日同习近平主席通电话时说："疫情发生以来，俄中两国始终团结合作，相互支持，体现了俄中关系的战略性和高水平。"从统计数据来看，在全球公共卫生危机事件下，合作与交流的积极情感占主流地位。疫情并非中国一国之事，全球应团结合作，共同抗击疫情，这反映出各国对"人类命运共同体"理念的认同。

"支持与帮助"主题下的情感资源，主要传递各国对中国抗击疫情的支持以及提供帮助的意愿，共计52条，占比9%，其中出现频率较高的词语/词组有支持（23次）、同……站在一起（15次）和帮助（9次）。例如，2020年2月5日习近平主席会见柬埔寨首相洪森时，洪森指出："我临时决定在此特殊时候来华，就是为了展示柬埔寨政府和人民对中国政府和人民抗击疫情的大力支持。"又如，沙特国王萨勒曼2020年2月6日与习近平主席通电话时表示："在当前中国面临困难之际，沙方愿全力以赴，向中方抗击疫情提供支持和帮助。"再如，韩国总统文在寅表示："韩方将坚定同中方站在一起，愿继续为中方抗击疫情提供援助，同中方开展防疫合作，并以此为契机加强双方卫生健康领域合作。"

"情感与态度"主题下的情感资源（共计189条，占比32%），反映出各国对中国的情感认知与态度立场，可分为正面和负面两个层面。正面情感主要包括对中国提供援助的感谢（58次）、对中国为全世界作出贡献的赞赏（36次）以及对中国成功战胜疫情的信心（29次）。例如，英国首相约翰逊2020年3月23日向习近平主席说道："英方感谢中方提供的宝贵支持和帮助，将尽力照顾好在英中国公民特别是留学生的健康和安全。"又如，2020年3月17日全国人大常委会委员长栗战书会见巴基斯坦总统阿尔维时，阿尔维指出："巴方高度赞赏中国人民在习近平主席坚强领导下，抗击疫情取得的重大成效和对全球抗疫合作的杰出贡献，感谢中方的无私援助，将始终与中国共同应对挑战。"再如，阿联酋阿布扎比王储穆罕默德2020年2月

25 日在同习近平主席通电话时表示:"相信在习近平主席坚强领导下,中国人民一定能够早日战胜疫情。"这些话语既从正面展现了各国对中国持有的积极情感和肯定态度,也从侧面反映出中国在国际社会展现出了令人钦佩和信赖的强大综合实力。

负面情感占比较少,仅 17 条,其中"污名化"一词出现频率最高(共 7 次)。例如,俄罗斯外长拉夫罗夫表示:"俄方完全赞同不应将病毒标签化,反对将特定国家污名化的企图。"新加坡外长维文指出:"新方从不认同将特定国家污名化的做法。"荷兰外交大臣布洛克谈道:"个别国家政客对中国和中国人民的指责是完全错误的。"值得注意的是,虽然语料中存在表达"负面"情感的态度资源,但这些话语反映的是各国对部分国家抹黑和污蔑中国的行为及言语的否定态度,而非对中国抗击疫情行动的负面情感,这些话语反而表达了各国对中国的支持。

"两国关系"主题下的情感资源以关系(52 次)为核心词,通过系列相近词汇展现两国亲密友好关系,共计 122 条,占情感资源的 20%,出现频率较高的词汇还有伙伴(19 次)、友好(15 次)、友谊(14 次)和朋友(11 次)。例如,蒙古国总统巴特图勒嘎表示"蒙中是全面战略伙伴",时任马来西亚总理马哈蒂尔表示马方为"中国的真诚朋友",柬埔寨首相洪森表示柬中为真正的"铁杆朋友"……长期以来,中国始终奉行独立自主的和平外交政策,一贯坚持和平共处五项原则,同世界诸多国家和地区建立了友好合作的外交关系,展现关系的情感资源便充分体现了中国外交政策的成功,以及世界对友好的中国及中国人民的认可。

(二)判断资源

判断资源是各国对中华民族品德和价值观以及中国国家形象作出的评价,共计 22 条,占态度系统的 3%。例如,伊朗外长扎里夫感谢中国的"无私帮助",埃塞俄比亚总理阿比称赞"中方坚持以人为本,始终把人民生命安全和身体健康放在首位",世卫组织总干事谭德塞高度赞扬"中国人民的勤勉奉献",时任马来西亚总理马哈蒂尔认为中国是"负责任大国",老挝人民革命党中央总书记、国家主席本扬指出,中国抗击疫情行动充分展现了"大国的担当"。这些判断资源体现出各国对中华民族美好品德的肯定和赞赏,同时也反映出中国向世界树立了负责任的大国形象。

(三)鉴赏资源

鉴赏资源是对某一物体、某一事件或某一事件过程的评价。本文结合具体语境,将鉴赏资源分为对新冠肺炎疫情本身的鉴赏、对中国抗击疫情行为过程的鉴赏和对中国抗击疫情行动结果的鉴赏三类,共计216条,占态度系统的26%。

对新冠肺炎疫情本身的鉴赏资源涉及对其性质和形势的描述与评价,共计62条,出现频率较高的词汇/词组包括蔓延(17次)、挑战(14次)、严峻(10次)、公共卫生(8次)、扩散(7次)等。

对中国抗击疫情行为过程的鉴赏资源(共计87条),主要传达了各国对中国抗击疫情行为的赞赏,展现了中国速度、中国效率和中国能力。常见的词汇/词组包括及时(16次)、有力(15次)、努力(15次)和有效(14次)等。例如,波兰总统杜达表示:"中方采取及时果断有力措施,有效遏制住疫情蔓延,我对中国人民和抗击疫情的中国医护人员表示敬佩。"又如,阿尔及利亚总理杰拉德表示:"阿方赞赏中方为抗击疫情付出的努力,感谢中方给予的真诚帮助……"从这些语料来看,世界各国对中国在疫情面前展现出的强大决策能力、动员能力和应对能力,持有肯定和认可态度并对此表示敬佩。

对中国抗击疫情行动结果的鉴赏资源共有67条,体现出中国措施的有效性以及中国对世界作出的巨大贡献。这些鉴赏资源反映出中国"经验"(27次)值得借鉴,中国"成效"(15次)和"成果"(9次)值得赞赏,以及中国"榜样"(5次)和"典范"(3次)值得学习。

综合三个层面的鉴赏资源来看,虽然新冠肺炎疫情形势严峻且迅速蔓延全球,成为全球公共卫生危机,但中国临危不惧,向世界展现出了中国速度、中国效率和中国能力,并为全球抗击疫情树立了榜样和典范,受到世界各国的普遍赞誉。

三、积极话语分析下各国对中国的态度倾向

从本文研究语料的态度资源分布来看,各国对中国的态度意义主要通过情感资源和鉴赏资源传递,判断资源占比最少,而这些态度资源绝大部分为正面话语,表达了积极的态度倾向。

首先，在全球抗击疫情语境下，各国对中国持肯定和支持的态度。一方面，语料的鉴赏资源表明，各国肯定中国在疫情暴发后采取措施的速度和效率，认为中国在危机面前展现出了及时且高效的应对能力；另一方面，语料的情感资源体现出各国支持和帮助中国的意愿，各国认为尊重世卫组织提出的专业意见、全球合作抗击疫情才是明智之举，而污名化、标签化等行为和言语是不合理且不被接受的，这也从侧面反映出这些国家对习近平主席提出的"人类命运共同体"理念的认同。

其次，各国在评价话语中表达了对中国的感谢并表示应以中国为榜样，向其学习抗击疫情经验。在中国本土面临疫情的严重威胁之际，中国仍然心系全球，为各国提供力所能及的帮助并且及时向世界分享信息和经验，各国对此表示感谢并认为中国为全球抗击疫情树立了典范，中国经验是值得学习和借鉴的。

最后，语料中的判断资源表明各国对有大国担当的中国，以及有美好品德的中华民族的赞赏和钦佩。在疫情危机面前，中国政府坚持以人为本，尊重每个个体的生命，中国人民团结一心、众志成城，坚守在各自的岗位上，为抗击疫情贡献绵薄之力。从各国的评价话语中可以读出，中国此番负责任的行为体现出了大国的担当，是为人所钦佩的。

总的来看，语料的态度资源通过大量正面评价话语，传递出各国对中国抗击疫情的积极情感意义和肯定的态度倾向。

四、积极话语分析下评价话语对中国形象的建构

韩礼德（Michael Alexander Kirkwood Halliday）等人的系统功能语言学、米歇尔·福柯（Michel Foucault）的话语权理论以及诺曼·费尔克拉夫（Norman Fairclough）的话语实践论都表明，话语是一个社会符号，是一种社会实践，对现实和社会具有建构意义。也就是说，话语不仅是现实的镜子和表述的工具，而且具备表现力（Performance）。因此，就本研究而言，积极话语分析除研究语料的态度资源分布并在此基础上分析话语传递的态度意义外，还应关注话语资源所构建的国家形象。本文研究语料（即各国对中国抗击疫情的评价话语）通过大量正面、积极的情感、判断和鉴赏资源构建了一个有能力、肯担当、负责任、可信赖的中国形象。

首先,有能力的中国形象通过及时、有力、努力、有效、经验、成效、成果等鉴赏资源呈现。这些话语展现了中国抗击疫情的强大决策能力、应对能力和动员能力,中国的能力和努力助推中国取得抗击疫情的成果,为各国提供了可借鉴的抗疫经验,中国向世界展现出强大的综合国力。

其次,肯担当、负责任的中国形象通过无私、(负)责任、担当等判断资源呈现。这些话语表明,中国在举全国之力对抗新冠肺炎疫情的同时,无私地向世界各国提供信息、物资和经济援助,这是负责任的体现,是具有大国担当的体现。

最后,可信赖的中国形象通过相信、坚信、信任、信赖、伙伴、朋友、兄弟、合作等情感资源呈现。多国在评价话语中表示相信中国能够取得抗击疫情的胜利,并指出中国是值得信任的伙伴和朋友,他们通过话语表达的同中国加强双边合作、深化两国关系的美好愿景,构建了可信赖的中国形象。

五、结语

本文以评价理论的态度系统搭建分析框架,就各国对中国抗击疫情的评价话语进行了积极话语分析,研究表明:第一,在语料的 833 条态度资源中,情感资源占比最大,其次为鉴赏资源,判断资源占比最少。第二,各国对中国的态度意义主要通过情感资源和鉴赏资源传递,而三类态度资源以正面话语为主,体现了各国对中国抗击疫情的积极情感意义和肯定的态度倾向,即肯定和支持、感谢与学习、赞赏与钦佩。第三,语料的态度资源对国家形象具有建构功能,各国对中国抗击疫情的评价话语,通过大量正面、积极的情感、判断和鉴赏资源,构建了一个有能力、肯担当、负责任、可信赖的中国形象。

值得注意的是,本文的研究视角仅仅是积极话语分析,获取的语料以各国对中国抗击疫情的正面话语为主,但国际社会对此还存有不少批判的声音,也值得我们从批判视角进行话语研究。

抗疫背景下中央广播电视总台对外传播策略与中国国家形象建构[①]

张小琴　文静[②]

自新型冠状病毒肺炎暴发以来,中国的国家形象曾一度被西方某些国家和媒体污名化和恶意攻击,随着中国抗疫取得决定性胜利,经济和社会生活稳步向好、正常发展,这一场复杂而艰巨的舆情斗争也迎来胜利的曙光。在此过程中,医务人员、社区工作者与全国人民的共同努力起到了决定性作用,国家主流媒体也在国家形象的传播中发挥了应有的作用。中央广播电视总台丰富传播形式,提高传播渠道的内容适配度与传播方式的在地化转换,以短视频、可视化新闻为特色,移动化、社交化为亮点,积极推进国际传播新秩序的构建,推动以构建"人类命运共同体"为核心的语境建设,不断发出自己的声音,努力实现世界认识一个有责任感、有能力、敢担当的中国形象的目标。

一、传播形式：借力微传播与可视化

有时候,谣言比病毒本身传播得更快。突然暴发的新冠肺炎疫情考验的不仅是国家的医疗卫生防控系统,同时也考验着身处其中的媒体传播体系。2020年1月,法国《皮埃尔信使报》将"新冠肺炎"与种族主义概念挂勾,以

[①] 本文主要内容已发表在《电视研究》2020年9月刊。
[②] 张小琴：清华大学新闻与传播学院教授、博士生导师；文静：清华大学新闻与传播学院博士研究生。

《黄色警告》和《黄祸①》为题刊文。《华盛顿时报》引用一名以色列前军事情报官的话称"病毒可能是从武汉某个实验室泄露的"。这些声音体现出西方国家对我国长期存在的偏见和歧视，并在疫情初起、认知尚不足的情况下，借助西方某些媒体的推波助澜形成负面舆情。苏珊·桑塔格在《疾病的隐喻》一书中谈到，疾病在话语生产和演绎中被隐喻成道德和伦理的批判，甚至转化为一种政治的压迫②。这种社会群体与负面事件的符号式处理，很容易激活某些刻板印象，制造或者强化偏见。

面对复杂的舆论环境，中国主流媒体及时应对，设置议题予以坚决回应。如 CGTN 推出 Facts Tell（《真相放大镜》）栏目，证伪辟谣，传递事实真相，逻辑清晰、论证严密地回击对中国的污名化和谣言。No, COVID-19 is not man-made（《新冠病毒并不是人造的》）等短视频，以客观的态度分析谣言来源，以翔实的资料和证据传播真相。再如，CGTN 的可视化新闻 COVID-19 Timeline: How and when did the virus spillover to humans?（《COVID-19 时间轴：病毒是如何和何时扩散到人类的？》），以时间轴的形式回溯了从 2019 年 12 月到 2020 年 7 月世界各国首位病例的报告时间，通过目前掌握的关于病毒传播的时间与范围等资料，对这条时间轴予以补充、延伸，更加客观真实地呈现病毒的传播与扩散，使谣言不攻自破，真相大白于天下。

总台还通过《每日疫情通报》等栏目及时发布疫情进展，促进信息公开透明，以可视化的方式呈现全国疫情的关键数据，让民众尽可能地了解真实情况。如用动画的形式科普疫情的病理学原理与防治方式；用地理模型呈现疫情分布情况；用数据模型展现中国的抗疫举措等。可视化新闻不仅能直观形象地呈现内容，还能通过数据呈现的规律科学预测事件走向。例如，CGTN 官网的专题文章 Super Virus（《超级病毒》）和 Virus War（《病毒战争》），前者研究的是典型七国如何应对"超级病毒"的大流行，并以圆圈标注的形式对各国的限制措施进行可视化展示，后者对各国目前关于抗疫的论文、疫苗和药物进行统计，以探求应对疫情的解决之道。这两篇特别报道通过采集数据、可视化的形

---

① 黄祸（Yellow Peril）通常被称为"黄祸论"，是欧洲殖民帝国与美国对亚洲民族，尤其是对中国与日本具有批判性的代表用语，反映了其对中国人与日本人等亚洲民族的恐惧。这种恐惧最终演变成歧视性的种族偏见和种族仇恨。参见[英]朱莉亚·洛弗尔《"黄祸论"在英国："傅满洲"与恐华症的兴起》，世界历史放映室译。

② [美]苏珊·桑塔格：《疾病的隐喻》，程巍译，5页，上海，上海译文出版社，2003。

式、客观严密的语言表达、直观的对照展现中国在抗疫过程中及时报告、认真防控、积极行动的抗疫举措。

与此同时,总台制作的一系列微视频、网络直播与 Vlog,真实还原疫情现场,有效传播,尽可能减少国际社会对中国的误解。其中最引人注目的是关于武汉抗疫历程的英文纪录片 THE LOCKDOWN-One Month in Wuhan（《武汉战疫纪》）,不仅展现了政府高效的抗疫工作,而且通过对 10 天内建成两家专门收治新冠肺炎患者的方舱医院的报道,将中国速度与中国效率实实在在展现在世界面前,呈现了中国政府在疫情暴发初期应对的真实情况。朴实的镜头语言,客观全面真实地展现了武汉抗疫中的成绩与缺憾。

面对新冠肺炎疫情中复杂多变的舆情,总台一方面努力提高视频内容质量,另一方面适应用户对视频内容的偏好以及碎片化阅读场景和高效获取信息的习惯,丰富现有的传播形式,搭乘碎片化、短视频、微传播与可视化新闻发展的"列车",打造公正客观的媒体形象。同时,总台以内容驱动平台升级,增强用户黏度与平台影响力,努力在中国国家形象的"他塑"版图中,不断加入并扩大"自塑"的成分,以实现对外传播中的中国国家形象建构。

二、传播渠道：推进分众化与针对性传播

新冠肺炎疫情期间对外传播的需要,倒逼总台对外传播能力的增长,CGTN 在实践中努力实现对外传播移动化和社交化。移动设备以其使用的便捷性、无处不在的网络覆盖,为国际传播提供了新的契机；社交媒体以其庞大的用户,即时的互动性,助力国际传播。CGTN 根据各平台的特色在内容形式上创新突破,努力发挥全媒体矩阵的传播效应。

以 CGTN 短视频《新发地部分商户结束隔离回到市场》为例（见表1）,通过对比不同平台发布的不同视频的剪辑版,从中或可见总台在各个渠道的叙事策略与价值传递策略。该视频围绕北京新发地商户结束隔离的新闻展开报道,重点介绍了商户在货物滞销的情况下直面困难的积极乐观状态；还有一些密切接触者为大局、为集体而牺牲个人的利益,按照规定进行隔离。不同平台围绕这一新闻事实进行报道时,做了不同的编辑表达,表现出 CGTN 在面对不同渠道受众传播时所进行的取舍。

表 1

平台	呈现形式	时长	主要内容	意义
中央电视台	现场采访	3′30″	采访解除隔离的女商户、目前遭受损失仍对未来抱有信心的货车司机，新发地工作人员帮助货车司机解决困难	个人愿意服从公共利益，个人直面困难的勇气，集体关爱个体
央视频	现场采访	1′42″	删减了其他两位商户，故事集中于货车司机邢伟：虽然遭受损失，但愿意等市场恢复后继续工作；新发地工作人员帮助邢伟解决困难	个人直面困难的勇气，集体关爱个体
推特	视频+英文字幕+现场采访	1′17″	工作人员迎接解除隔离的5000名新发地商户，采访解除隔离的女商户以及在现场提供帮助的工作人员	政府既科学、高效开展抗疫工作又关爱照顾每一个个体，个人愿意服从公共利益
优兔	视频+英文字幕	58″	丰台区政府将在3天内完成5000名新发地密切接触者结束隔离后的转移和安置工作	政府科学、高效地开展抗疫工作
脸书	视频+现场采访	58″	丰台区政府将在3天内完成5000名新发地密切接触者结束隔离后的转移和安置工作	政府科学、高效地开展抗疫工作

央视新闻频道《东方时空》栏目推出《北京结束隔离新发地部分商户回到市场》的新闻报道，从具有代表性的被隔离但理解、盼望回家、经济受损但对未来充满信心的商户，以及为其提供帮助的北京新发地工作人员出发，报道时长3分30秒，以较为丰富的信息量从多层面讲述了上下一心、共同抗疫的故事。央视频发布了根据同一主题内容剪辑而成的短视频《结束隔离新发地部分商户回到市场》，时长1分42秒，只围绕商户邢伟个人的经历展开，让观众聚焦于他起伏的命运，与他同悲共喜。作为移动新闻客户端，央视频的报道更加突出短视频和微叙事的特征，通过"削尖"新闻报道中的某个信息点，达到短时间内调动观众情绪的效果。

在推特（Twitter）新闻《在北京新发地工作的约5000名商户解除隔离》中，首先删除了电视版视频开端现场工作人员"欢迎亲人回家"的片段，在用英文字幕简要介绍新发地商户解除隔离背景的同时，采用海外华人都很熟悉的《我和我的祖国》作为背景音乐，配以现场工作人员摇动小红旗，迎接新发地商户"回家"的镜头。事实证明，电视化的语言更利于超越语言障碍实现全球传播。更重要的是，熟悉的人很快会跟着歌曲的旋律唱出"我和我的祖国，一刻也不能分离"，这句歌词的意义与新闻中"欢迎亲人回家"主题一致，由此更加柔和地渲染出个体与国家之间的亲密情感,无形中接近了推特的年轻受众,使他们更容易接受。在随后对商户杨颖新的采访中,推特视频版只保留了她对被隔离的理解的对话,同时增加了解除隔离需要哪些相关材料的特写镜头,并以英文字幕进一步补充新发地市场的情况,扩展了海外受众对这一新闻信息的了解。

在优兔(YouTube)和脸书(Facebook)上的新闻《暴露在新发地市场的高风险人群将逐步从隔离点离开》,完全删除了现场采访片段,换之以从酒店到新发地的空间转换,以及英文字幕强调"政府要承担超过5000名商户的转移工作",以从不同侧面传递中国政府集中力量办大事、积极应对、高效抗疫等信息。该视频与推特版的相似之处是,都有解除隔离医学观察通知书的特写镜头,展现出中国科学有序推进抗疫工作的具体环节,也传递出解除疫情隔离所需要的条件等详细信息。

通过分析电视端和移动端对同一主题新闻的不同报道策略,可以看出CGTN在海外媒体报道中,增加了对抗疫新闻的相关信息介绍,以迅速帮助海外观众了解相关情况;强调用镜头语言等多元素讲述故事与传递情感,尽可能减少在全球传播中遇到的语言文化障碍。

《新发地部分商户结束隔离回到市场》的视频采取一次素材采集、多次后期加工、多平台传播的模式,既保持了传统媒体内容制作的优势,又借力新媒体平台进行跨平台传播,打破了传统电视播出的时空局限性,拓宽了传播渠道,总体提升了总台新闻报道的传播效果。

我国主流媒体的对外传播能力不断增强,形成了以电视、广播等传统媒体,与新闻网站、新闻客户端以及社交媒体如脸书、推特、优兔、照片墙(Instagram)等新媒体共同推进的传播矩阵。事实上,整体英文介绍+短视频的方式,符合社交媒体时代大众对新闻信息接受碎片化的需求。未来,各平台在对内容进行适应性改编的同时,还需更加细分受众,研究不同渠道的特质与需求,以分众化与差异化传播提高到达用户的有效性。

三、传播方式:践行亲民化与在地化转换

根据目前国际传播的变化和特点,我国的对外传播在注重保持以移动化、社交化为特色,短视频、可视化新闻为亮点的同时,也呈现出向传播形式亲民

化、传播渠道在地化转换的趋势。总台在对外传播中创新突破、适时转化偏向"硬传播"和宏大叙事新闻,力图在设置议题和呈现方式上更贴近主流受众与当地群体的需求,以润物细无声的方式提高对外传播的影响力,真正实现多方的有效交流与沟通。

在读屏时代,讲述者的可信度在很大程度上可影响信息的传播效果,所以总台在对外传播中充分利用外籍主持人与记者的优势,注重以更本土、更贴近当地文化习惯的方式传播。CGTN 北京总部,北美、非洲、欧洲总站都通过外国记者、主持人直接报道中国抗疫情况,或是进新闻现场以他们的视角讲述新闻故事。他们既熟悉对象国国情,又精通对象国语言文化,更有利于推进看得见、听得懂、有共鸣的信息传播。与此同时,总台多方联络客观、公正的国际意见领袖,借助权威意见,传达更具逻辑理性与公正的声音。例如,牛津大学医学中心的高级研究员汤姆·斐逊(Tom Jefferson)在接受 CGTN 采访时,回应"新冠肺炎"起源问题:"新型冠状病毒虽然在武汉被发现,但和起源于武汉是两回事。"世界卫生组织总干事谭德塞称赞说:"中国抗疫为世界争取了时间。"通过一系列由外籍主持人或记者报道的新闻,助推了中国疫情防控真实情况更大范围的传播,也有助于中国树立负责任、敢担当的抗疫形象。

与此同时,总台各平台上也推出一些外国博主的声音,比如以色列博主高佑思、德国博主阿福,以及美国网红郭杰瑞、火锅大王和星悦等。他们不仅在中国的社交媒体上获得了观众认可,也架起了中外文化沟通的桥梁。他们要么比较了解中国文化,要么在中国生活过,而且大多数拥有较为多元的文化背景,他们能以更接地气、更亲民的方式,以"他视角"的世界观解读中外国际事件,成为总台对外传播的补充。以外国人的眼光看中国,介绍中国的美食、日常生活习俗、科技等方方面面的事物,有利于境外观众了解更为真实的中国。

当前,总台也在尝试通过 UGC(User-generated Content,用户生产内容)与 PGC(Professionally generated Content,专业生产内容),提高对外传播的内容生产能力,以创新表达方式,收获更好的传播效果。例如 CGTN 的 Global Stringer(《全球客》)栏目发布以色列博主高佑思分享的内容,介绍中国和以色列在抗击新冠肺炎疫情中的合作,展现出灾难面前团结一心的人类命运共同体理念。CGTN《特别对话》栏目邀请来自美国、英国、意大利、伊朗、日本和以色列的青年,讨论他们在新冠肺炎疫情影响下的生活体验。全球青年的抗疫生活交流,既强调了文化多样性,也彰显了在共同的灾难面前,不同种族、国别、信仰和肤色的人群应该团结与共的理念。

四、倡导传播规则改善,践行人类命运共同体理念

抗疫报道期间,总台加强对外合作与沟通,润物无声、潜移默化地传递中国声音、中国主张,强调多向对话和传播的突破和创新,体现了"共同体"叙事传播理念。目前,全球疫情仍在继续防控和抗击中,中国媒体应临危见机,重视疫情带来的国际传播秩序的重构,努力谋求"从跨文化传播到转文化传播"[①]的超越,强调双向与多向的互动交流,适应你中有我,我中有你的新趋势;以人类命运共同体的话语传播为杠杆,建设合作抗疫的国际话语体系,构建公正、平等的全球传播新秩序,让我们的传播主体更好地为中国发声,实现多元化国际传播。

---

① 史安斌:《从"跨文化传播"到"转文化传播"》,载《国际传播》,2018(5),1~5页。

新冠肺炎疫情防控与中国大国形象塑造
——基于信号表达的理论与实践[①]

肖晞　宋国新[②]

一、问题的提出

疫情防控与中国大国形象塑造紧密关联。新冠肺炎疫情暴发后，中国"庄严承诺全力防控疫情，铸就战疫强大信心"[③]，彰显了中国文明大国精神、东方大国气魄、负责任大国风范和社会主义大国前景；"在防控工作中，中国政府将制度优势转化为治理效能，凝聚抗击疫情的磅礴伟力，为战胜疫情奠定胜势"[④]，充分展现了中国文明大国智慧、东方大国力量、负责任大国担当和社会主义大国希望，全方位、多维度塑造了中国大国形象。与此同时，美国等一些国家的政客、媒体、学者借疫情恶意对中国污名化，制造恐华情绪，煽动排华行为。疫情防控与中国大国形象塑造迅速成为中国政府和学界关注的重要研究议题。

国家形象既是各国政府所追逐的战略目标，也是其谋求国家战略利益的重要手段。在崛起阶段，大国国家形象的塑造更具战略意义，脆弱性和敏感性也更加凸显。当前，中国特色社会主义已经迈入新时代，中国正处于和平崛起的关键时期。新时代的中国与百年变局中的世界相互激荡，二者之间的关系

[①] 本文主要内容已发表在《吉林大学社会科学学报》2020 年第 60 卷第 3 期。
[②] 肖晞：吉林大学公共外交学院暨国家发展与安全研究院院长，教授，法学博士；宋国新：吉林大学行政学院博士研究生。
[③] 肖晞：《全力防控疫情，展现国际担当》，载人民日报社中国经济周刊官网，2020-03-11。
[④] 肖晞、宋国新：《〈战"疫"说理〉中国疫情防控的大国责任与担当》，载中国社会科学网，2020-03-07。

正发生历史性变化,相互间的认知互动处于重要的磨合阶段,但是,"中国国内公众对国家形象的'我形象'与国际公众对中国国家形象的'他形象'存在巨大的差异"①,直到今天仍未得到根本改善。这种偏差在中国疫情防控时期主要表现为"他形象"恶意的污名化和错误知觉,给中国国际交流与合作带来严峻挑战。中国亟须加强疫情防控中的大国形象展现和塑造。

从国际政治视角看,国家形象是一个综合体,它是国家的外部公众和内部公众对国家本身、国家行为、国家的各项活动及其成果所给予的总的评价和认定。"自我与他者""本土与异域""现实与想象"的三组关系是国家形象研究的逻辑起点。

从传播学视角看,国家形象可以界定为:"在物质本源基础之上,人们经由各种媒介,对一个国家产生的兼具客观性和主观性的总体感知"②。形象的客观性是指形象的物质本源性,即任何形象都是以事物本身固有的"形态、面貌"等为依据形成的,不可凭空捏造。形象的主观性是指形象是人们对事物或人感知的总和,它带有强烈的主观意识,有时甚至还有偏见。

国家的形象建构是建立在国家硬实力和软实力共同增长的基础上的。一个国家对另一个国家所形成的观念和形象往往会影响其对该国的政策和行为,进而影响国家间的关系。"良好的国家形象不仅能补充其他力量形式,而且是达到目标的不可或缺的手段"③,"对于提升国家地位、促进国家发展、维护国家安全、增强综合国力和国际竞争力具有重要意义"④。另外,良好的国家形象是大国成功崛起的必要条件,它构成了崛起内涵的重要组成部分,也提升了全球化语境下大国崛起的意义。在建构正面的国家形象方面,国家的形象建构是以国家的文化、国内政策和价值,以及对外政策的主旨、技巧和风格的组合为基础的。塑造中国良好国际形象的关键是练好"内功",增强本国的综合国力,推进国家的社会进步。

随着国家硬实力的增强,中国大国形象塑造正由注重"内功"修炼向"内外兼修"转向。软实力特别是话语权成为各界关注的重点,大国形象的对外

---

① 门洪华、周厚虎:《中国国家形象的建构及其传播途径》,载《国际观察》,2012(01),8~15页。
② 刘继南:《中国形象——中国国家形象的国际传播现状与对策》,5页,北京,中国传媒大学出版社,2006。
③ Jervis R. The Logic of Image in International Relations. Princeton: Princeton University Press, 1997, 3~8.
④ 陈金龙:《新中国 70 年国家形象的建构》,载《光明日报》,2019-09-06。

传播成为重要议题。习近平总书记强调："提高国家文化软实力,要努力提高国际话语权。要加强国际传播能力建设,精心构建对外话语体系,发挥好新兴媒体作用,增强对外话语的创造力、感召力、公信力,讲好中国故事,传播好中国声音,阐释好中国特色。"① 借势信息化时代之力,凸显新媒体对外传播作用。从传播者、传播受众与传播内容入手,重建文化与消费关系;从传播渠道与传播效果入手,实现场景互联,形成闭环。借势传统积淀与现代技术结合之力,实现媒介融合。"中国大国形象在进行国际传播中是以'境内+境外'相组合的方式来进行的,以多种媒介相结合的方式来对中国形象进行一个多方位的展示"②,"通过传统媒介和新媒介的深度融合,对中国故事进行'融媒体'传播"③。

综上,中国国家形象塑造的已有研究成果丰硕且不断发展,但国家形象所具有的跨学科属性并未得到足够的重视,中国国家形象塑造的系统性被人为割裂,国际效果并不显著,"中国威胁论""中国崩溃论""新殖民主义论""中国责任论"和"中国傲慢论"等在国际社会上仍大有市场,很多中国国家的"他形象"负面且不客观。正如新冠肺炎疫情暴发后,中国全力开展疫情防控、加强国际合作,做到了大国的"言行"一致,却被美国等一些国家的政客、媒体、学者恶意污名化,加剧了国际社会的恐华情绪和排华行为。导致上述现象的原因主要有三种:一是国家形象始终存在自我认知和他者认知的二元性张力,国际社会对中国国家形象的想象很容易偏离事实;二是国家形象呈现出多重性并不断演变,国际社会对中国国家形象的认知很容易以偏概全和出现滞后;三是国家形象由"他塑"主导。"过去的中国一直被'他者化',屈从于西方现代性观念体系中的'知识—权力''中心—边缘'的格局"④,致使国际社会对中国国家形象的认知失真。这表明中国国家形象塑造需要实现精准定位、积极外交实践和有效传播的有机统一。因此,全方位、系统化、持续性的中国大国形象塑造成为中国外交研究的重要课题。

鉴此,中国大国形象的塑造亟须系统化的理论支撑,厘清国家形象生成的

---

① 习近平:《习近平谈治国理政》,162 页,北京,外文出版社,2014。
② 王芳:《当代中国大国形象建立的多维路径探究》,载《人民论坛》,2013(29),248~250 页。
③ 张卓:《媒体融合视角下中国故事的讲述理路与传播路径》,载《中国广播电视学刊》,2019(10),71~74 页。
④ 王缅、冯海燕:《人类命运共同体理念与国家形象塑造》,载《青年记者》,2019(27),30~31 页。

逻辑,制定系统完整的国家形象塑造战略。信号理论对国家形象的形成逻辑有着较为深入的研究,为国家形象的系统化塑造提供了重要启发。本文尝试构建信号表达与国家形象内在逻辑的理论分析框架,探求更有效的大国形象塑造路径。信号表达包括官方声明、信用验证和受众扩展三个层面,构成了国家形象塑造的三个阶段,即国家形象的定位、国家的外交实践与国家形象的传播。本文的主体包括三个部分:建立理论框架,分析信号表达与国家形象塑造的内在逻辑;以新冠肺炎疫情防控为例,验证中国大国形象塑造的"言行"一致,并分析疫情防控信号外延有限对中国大国形象塑造所带来的挑战;扩展信号表达的国际受众,加强中国疫情防控与大国形象的对外传播。

二、理论框架:信号表达与国家形象塑造

信号影响接受国及其国内民众对表达国的印象,进而塑造表达国的国家形象。信号是声明或行动,其含义通过行为体心照不宣的或明确的理解而建立起来,其目的是影响信号接受者对发出者的印象。信号表达是指行为体通过有意的信息传达,试图让接受者领会、理解并接受特定的含义。一般来说,国家间信号表达的主要途径包括话语和行为两个层次,并带有很强的动机性。全球化和信息化时代,国际社会日益紧密相连,信号的受众已经超越了国家层面,重心不断下沉,开始把普通大众作为主要受众,信号需具有更加普遍的意义,这也对国际信号传播能力提出了更高的要求。信号的表达既包括声明和行动,也包括将二者传播到世界各地的受众扩展行为,成本更高。因此,信号主观或客观地塑造了表达国的国家形象。而官方声明、信用验证和受众扩展构成了国家形象的定位、实践与传播,清晰地呈现了国家形象塑造的内在逻辑,如图1所示。

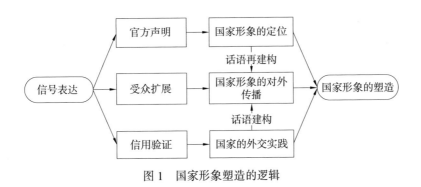

图1 国家形象塑造的逻辑

(一)官方声明:国家形象的定位

国家形象定位是信号表达的一种重要形式。关于信号的最明显例子是一国对自己意图的直接声明。国家形象定位是国家战略的重要组成部分,主要以国家元首、政府首脑、外交部长讲话和政府文件等官方声明的形式展现。全球化时代,对于大国来说,国家形象定位这种官方声明,根据国际社会和各国民众的地缘远近、友好程度和相互依赖程度的不同,其说明或解释的侧重点不同。当前,官方声明的受众主要是国家层面的精英阶层,这就导致国家形象受众基础不牢,且易被"他塑"误导。另外,一般情况下,声明相对于行动来说更加低廉,也更容易出现欺骗,接受国可能会忽略这些信号的表达并有意阻隔其向本国民众传播,当接受国有特殊需求或遭遇危机时才会认真思考信号所具有的意义。此时,国家形象定位的官方声明所形成的国际社会意义相对有限,但却为本国的外交政策制定与实践提供了方向与指导,有利于国家形象塑造的清晰、有序与力量的集中。

相对来说,崛起大国国家形象的定位则更具有战略意义。崛起大国的不确定性更强,对国际社会的和平与发展具有重大影响。国际社会试图通过捕捉崛起大国所发出的信号来增强对后者行为的预期,以便在与崛起大国互动中更加主动和有利。与此同时,对于崛起大国来说,拥有良好的国际国内发展环境最为重要。因此,崛起大国也更愿意向国际社会发出积极的信号,塑造良好的国家形象,以减少国际社会的误解和偏见,避免与周边国家和守成大国发生对抗、冲突和战争。需要强调的是,周边大国、存在领土争端和历史积怨的国家以及守成大国,对于崛起大国的国家形象定位一般会存有更大的疑虑,需要长时间的交流与互动才可能消除或减弱。

国家形象定位既是一个宏观信号又包括多种具有支撑作用的子信号群。官方声明时,同样需要对构成国家形象诸要素的子信号进行清晰表达。第一,国家形象定位的决定因素是:国家综合国力、历史和当前的国内国际局势、国家形象的构成要素、大众传播与科技的发展、国民因素。第二,国家形象的塑造首先要表现出民族文化特定的历史情感、历史使命和时代追求;同时,国家自身的发展是塑造国家形象的基础;一个有影响力的国家形象还应该是具有思想和道德力量、有担当、负责任的形象。第三,良好大国形象包括五个决定因素:现代身份、世界贡献、战略意志、特殊责任和有效治理。因此,国家形象定位具有国家战略的根本性、全局性、前瞻性和长期性特征,是一国外交战略和国家总体战略的重要组成部分并服务于国家战略。国家形象定位精准清晰,是追求国家利益的一种战略谋划。

综上,精准清晰的国家形象定位信号表达,需要涉及国家现状、民族文化特征、历史传统、国际责任与贡献、政治制度、历史使命与时代追求等关键要素。

(二)信用验证:国家的外交实践

国家的外交实践是信号表达的另一种重要形式。一国的外交实践更能反映该国是爱好和平还是试图发动战争?是友好还是敌对?是损人利己还是追求合作共赢?是民主文明富强还是专制野蛮落后?这将直接影响受众对信号表达国的印象。随着全球化的发展,国际社会日益形成休戚与共的命运共同体,国际交流互动更加频繁。一国外交实践在改变受众认知固化、误解和偏见上将发挥重要作用,对于国家形象的塑造意义非凡。当然,糟糕负面的外交实践同样可以毁掉一国良好的国家形象。听其言,观其行。受众更多的将信号表达国的"言行"作为一个统一体看待,并惯性地认为官方声明相对低廉,也只有被发现是欺骗时才会付出成本。国家的外交实践本身就具有成本,也表明信号表达国是否会按照声明去行事,是信号表达国信用的验证。受众也会更加相信信号表达国的所作所为,进而判断信号是诚实的还是具有欺骗性的。由于崛起大国实力增长迅速,导致其不确定性凸显,官方声明容易出现混乱或发生大幅度修改的情况,导致预期效果下降,因此,受众更加注重对崛起大国行为的观察。崛起大国在塑造国家形象的过程中,应注意政策与外交实践的连续性和一致性。

国家外交实践在进行信用验证时仍面临诸多挑战。首先,信号表达国能够把控国家形象的战略定位,却很难掌控不同层级的外交活动,外交活动很难完全按照官方声明的要求执行,致使信号表达国的信用降低。其次,受众在观察信号表达国行为时,可能存在与官方声明的错误对接或过度解读(想象),进而草率得出结论:信号存在欺骗,不具有可信性。最后,第三方对信号表达国行为进行解读再发送给受众,无疑会带有第三方的主观认知和特定动机,声明与行为的偏差可能会更大,可信性进一步降低。上述三种情况都将导致信号表达国"言行"的脱轨或错位对接,信用验证失败,国家形象向负面发展和有失客观性。在和平与发展为主流的时代,信号表达国"言行"的正确匹配与保持一致,直接影响受众对该国的信任程度和印象。国家形象定位为外交实践提供方向指导，外交实践则是国家形象定位的具象化过程。一国外交实践与国家形象定位保持一致有利于受众增强对该国行为的预期，将会巩固并深化国家形象的塑造。

（三）受众扩展：国家形象的对外传播

声明和行为是信号的两种重要形式，但这种信号的受众主要停留在国家层面，对于接受国国内民众的影响有限。全球化和现代技术的应用，促使国家形象的塑造所涉及的受众主体已经扩展到各国的普通大众，民意成为各国采取何种对外政策行为的决定性因素之一。将声明和行为形成特定的话语体系进行传播，进而实现受众的扩展，成为信号表达的第三种重要形式。话语的对外传播是国家形象建构的重要力量和主要途径，对外传播实力是国家形象建构的决定因素。此外，塑造国际性强势媒体和整合传播是建构国家形象的重要策略。国家声明和行为会随着受众的亲疏远近和层次深度的不同而增强或减弱。若要降低发出信号的减损程度，获得更好的解释、说明和引导效果，需要众多"中继站"以起到信号的传递甚至是扩音作用。信号的再次发出实际上是一种话语的对外传播过程，促使受众迅速扩展至普通大众，在受众接受并理解后生成社会意义，信号表达国的国家形象在这种互动中得以调整塑造。

在此需要强调以下几点：首先，话语是对国家声明和行为的再处理，在信号本质不改变的情况下，为了促使接受者更容易接受，传播形式和手段要有所改变。另外，国家在进行话语建构时，更容易发现本国的不足或国家形象自我认知和他者认知之间的差异，进而调整国家声明和行为。其次，话语的对外传播需要拥有强大的传播能力，而这又是以国家实力为基础的。再次，话语对外传播的策略要求构建完整系统的话语体系，在针对不同受众时又要更加灵活和富有针对性。最后，传播媒介的选择与应用的作用不可忽视，互联网时代加速了各种媒介的整合和创新。

（四）现实挑战：信号的欺骗性可能与错误知觉

信号的表达无疑对国家形象的塑造具有重要意义，但我们同样不可忽略信号的欺骗性可能与错误知觉两个向度带来的现实挑战。

首先，信号的欺骗性可能无法让受众完全信任表达国试图塑造的国家形象。"骗子和老实人都有需求去投射预想的形象。欺骗者试图与一个的确有特定意图的国家以相同的方式行动,这给双方造成了巨大的困难。"①受众没有把握确认信号表达国到底是骗子还是老实人,当信号表达国被认为是老实人时,更容易搞欺骗。另外,"当一国的行动越是被认为包含很强的效力,该国就越是有动机利用行动来搞欺骗,即使它们代价不菲"②。信号的欺骗性无疑会给国家形象的塑造带来巨大的挑战。

其次,错误知觉导致受众对信号表达国的国家形象存在误解和偏见。认知相符、诱发定势和历史经验教训是导致错误知觉的主要原因。第一,行为体必须记住,它自己和其他行为体都会受到预期的影响,都会将接收到的信息纳入原有的认识框架之中。此时,受众对一国国家形象的认知就会因滞后而失真。第二,行为体如果错误地认定别人与自己关注的是同样的东西,就很容易被误导。诱发定势在足够强度下,会使受众忽视那些与其即时关注的事物没有关联的信息,然而事后才发现这些信息是相关和值得关注的。此时,受众对一国国家形象的认知就会因错位而失真。第三,一个人从国际关系史的重大事件中学到的东西是决定他的认识的重要因素,这种认识又影响到他对所接收的信息的解读。如果过于狭隘地理解过去或不能认识到环境变化所产生的作用,"历史禁锢想象"的现象就会产生。此时,受众对一国国家形象的认知就会因误解而失真。

三、案例分析:中国疫情防控的大国形象塑造与挑战

新冠肺炎疫情暴发及其国际化,对于中国大国形象塑造产生巨大挑战,也蕴藏着重要机遇。作为国际重大突发性公共卫生事件,新冠肺炎疫情汇聚全球目光。中国举全国之力开展疫情防控的承诺与实践,全景式展现了大国责任与担当,全方位、多维度塑造了文明大国形象、东方大国形象、负责任大国形象和社会主义大国形象。但是,新冠肺炎疫情在中国首先集中暴发,很容易让国际社会误认为新冠肺炎病毒源于中国,③难免会成为一些别有用心的国家、

---

① [美]罗伯特·杰维斯:《信号与欺骗》,徐进译,5页,北京,中央编译出版社,2017。
② [美]罗伯特·杰维斯:《信号与欺骗》,徐进译,5页,北京,中央编译出版社,2017。
③ 一种最早出现在中国的快速传播的病毒,被称为"新冠状病毒",已感染了成千上万的中国公民并传播到 50 多个国家,参见 The Visual and Data Journalism Team. Coronavirus maps and charts: A visual guide to the outbreak. https://www.bbc.com/news/world — 51235105。

媒体和个人污名化中国的"口实",引发不知实情或对中国存在傲慢、偏见的国家政府和民众的恐华情绪、排华行为,不可低估这些负面因素对中国大国形象造成的不利影响。

(一)中国大国形象的战略定位

学界关于中国大国形象定位的研究较多。如刘明将其概括为:改革创新、对外开放的转型时期的中国;稳定发展、文明进步的中国;坚定地走在中国特色社会主义现代化道路上的中国;致力于东方文化与现代性交融的中国;独立自主、和平发展与负责任的中国。程曼丽指出,将古老的中国、现代的中国与未来的中国三者结合在一起,并一以贯之地向外传播。由于"国家形象具有客观性、主观性、复杂性、历史性、稳定性和民族性等诸多特征"①,导致国家形象定位难度很高。2013 年,习近平总书记在中共中央政治局第十二次集体学习时强调,要注重塑造我国的国家形象,重点展示中国历史底蕴深厚、各民族多元一体、文化多样和谐的文明大国形象,政治清明、经济发展、文化繁荣、社会稳定、人民团结、山河秀美的东方大国形象,坚持和平发展、促进共同发展、维护国际公平正义、为人类作出贡献的负责任大国形象,对外更加开放、更加具有亲和力、充满希望、充满活力的社会主义大国形象。文明大国形象、东方大国形象、负责任大国形象和社会主义大国形象作为大国形象的子集信号系统,向世界发出了中国历史与民族文化认同、肩负历史复兴使命、履行国际责任承诺和时代追求的一系列新信号,为中国大国形象的塑造提供了精准清晰的战略定位,体现了鲜明的中国特色。

(二)官方承诺②:中国疫情防控的大国形象定位

新冠肺炎疫情暴发后,中国政府及时发声,庄严承诺有能力、有把握打赢疫情防控阻击战,稳定了国内疫情防控大局,最大可能汇聚疫情防控强大合力,铸就疫情防控强大信心,向世界表达了中国是文明大国、东方大国、负责任大国、社会主义大国的重大信号。

---

① 刘艳房、张骥:《国家形象及中国国家形象战略研究综述》,载《探索》,2008(2),69~73 页。
② 从内涵来看,信号表达与承诺具有紧密的联系,即国家的承诺具有相应的战略保证等动机,因此国家承诺更可能成为一种信号,参见尹继武:《诚意信号表达与中国外交的战略匹配》,《外交评论》,2015 年 3 期。

文明大国形象定位，彰显疫情防控的中国精神。习近平总书记强调，中华民族是历经磨难、百折不挠的民族，困难和挑战越大，凝聚力和战斗力就越强。中华民族一路走来，历经磨难，拥有战胜疫情的强大文化基因、丰富经验、强大心理承受能力、战胜疫情的勇气决心。与此同时，新时代的中国拥有制度优势和先进的防控技术、手段，最大程度保证疫情防控取得胜利。面对严峻的疫情形势，中国政府、企事业单位、民众空前团结、无私奉献，将制度优势转化为强大治理效能，充分发挥科技作用，铸就疫情防控最严防线、凝聚疫情防控最大势能、释放疫情防控磅礴伟力。秉持人类命运共同体理念，为全球疫情防控分享中国智慧和中国方案。经过疫情防控考验，中国的公民素质和社会文明程度必将进一步提高。

东方大国形象定位，彰显疫情防控的中国气魄。中国充分发挥独特的制度优势、应对"非典"疫情和重大灾情的丰富经验、先进的防疫和治疗手段，展现出打赢疫情防控全民战争的信心、能力和把握。疫情暴发后，中国政府迅速反应，举全国之力开展疫情防控。中国人民团结一致，众志成城，开启全民隔离模式；中国政府聚焦联防联控，科学、有序推进以武汉市及湖北省为重点、从中央到地方覆盖全国的全方位、多层次防控体系建设，"本着对中国人民和国际社会高度负责的态度，采取了最全面、最严格、最彻底的防控举措"[①]，确保疫情可防、可控、可治。与此同时，中国强调要认真总结此次疫情防控的经验并吸取教训，补齐短板和弱项，全面做好重大疫情防控体制机制完善工作和国家公共卫生应急管理体系健全工作。此外，"中国不仅要彻底战胜疫情，还要完成既定经济社会发展目标任务"[②]，有效维护经济社会稳定。

负责任大国形象定位，彰显疫情防控的中国风范。秉持人类命运共同体理念，同国际社会加强合作，共同开展疫情防控。全力抢救受到病毒侵害的所有生命，坚决维护人民群众的生命安全和身体健康，为世界疫情防控贡献力量，为全球公共卫生事业尽责。中国有信心、能力和把握将疫情影响降到最低，阻止疫情蔓延扩散。与此同时，中国政府始终本着公开、透明、负责任的态度，及时全面向国内外发布疫情防控信息，保障在华外国公民的生命健康和正常生活需求。在全球疫情大流行风险加剧之时，中国表达了与世界卫生组织和

---

① 外交部：《王毅：病毒无国界，需要国际共同应对》，载中华人民共和国外交部官网，2020-02-14。
② 新华社：《习近平同印尼总统佐科通电话》，载《人民日报》，2020-02-12。

各国政府保持紧密合作的意愿。中国愿意为世界各国疫情防控提供力所能及的援助、帮助,分享疫情防控技术、经验和方法,加强疫情治疗方案、药品和疫苗研发等相关领域的合作。

社会主义大国形象定位,彰显疫情防控的中国前景。习近平总书记和中国政府拥有强大的领导力,全民众志成城战疫,依法开展疫情防控,充分保证治理效能最大化,彰显了中国制度的独特优势和旺盛活力。同时,中国拥有自我完善的勇气和决心,及时纠错、补齐制度短板和不足,将有效的政策和做法逐渐规范化、制度化和机制化,加强治理体系和治理能力建设,彰显了中国制度强大的自我更新完善能力。科技助力疫情防控,大数据、人工智能和云计算等新技术的日益广泛应用和日渐显现的社会成效,彰显了中国强大的科技创新能力。此外,疫情对经济社会发展的影响只是短期的,中国有信心、有能力维护国内经济社会秩序稳定,并在疫情过后尽快恢复经济社会活力,为世界经济稳定发展做出重要贡献。

(三)信用验证:中国疫情防控的大国实践

新冠肺炎疫情给中国、各国政府和国际社会带来严峻挑战,成为检验中国大国形象的"试金石"。中国开展疫情防控的实践和成效,成为国际受众接收的重要信号。中国极尽人文关怀、举全国之力、践行人类命运共同体理念、化危为机的疫情防控做法,全方位、多维度验证和塑造了中国良好的大国形象。

极尽人文关怀,展现文明大国智慧。首先,中国政府将人民的生命安全放在首位,全力维护人民的身体健康,维护海外中国公民的正当权益。加强关涉公共卫生法律法规建设,坚持依法防控疫情。及时召开疫情防控新闻发布会、实时更新疫情防控相关数据和疫情防控手册,减少谣言传播,加强心理干预和疏导、保证网络舆情客观理性、积极回应民众疫情关切,强信心、暖人心、聚民心。对于疫情防控中存在的形式主义、官僚主义坚决予以纠正,全力保障各级干部在疫情防控实践中锻炼能力、检验能力。加强国际沟通,积极回应国际社会关切,感谢各国领导人、政府、企业和民众对中国全力抗击疫情的关心、支持、援助、认可和赞美,关心慰问疫情严重国家民众,为相关国家提供力所能及的援助。其次,广大企业单位积极配合中国政府疫情防控的总体安排,停工停产以减少人员流动和人员聚集,重要企业加紧复工复产以保证疫情防控急需医疗物资的充足供应和民众正常生活需求,服从国家疫情防控大局;积极捐款和捐赠重要物资,保证武汉等重点疫情地区加强防控。科技企业积极开拓"宅生态产业链",支持在家办公、消费和娱乐。最后,中国民众迅速意识到疫情的严重性和危害性,积极配合政府联防联控、群防群治的各项举措,开启全民隔离模式;隔离期间没有出现重大社会治安问题,社会秩序稳定,为疫情防控创造了良好的环境。

举全国之力,展现东方大国力量。中国政府发挥制度优势,增强治理效能,奠定疫情防控胜势。疫情发生后,迅速采取以联防联控为重点的疫情防控举措,科学、有序推进覆盖全国的防控体系建设;构建以武汉市和湖北省为重点,从中央到地方,科学化、全方位、多层次、高效率防控体系;实现防控力量不断向社区下沉,自主精准管理,发挥壮大基层的网格力量,避免了"第二个武汉"的出现。全力建设火神山和雷神山专业医院,并在极短时间内投入使用接收新冠肺炎危重患者;切实落实好"四早"措施、做好"四集中",确保彻底阻隔、应查尽查、应治尽治、调查到位,提高收治率和治愈率,降低感染率和病死率。开启全民自觉隔离模式,众志成城,全民战"疫";各级政府部门团结协作,全力保证防疫产品生产和重要物资的充足供应。充分发挥科学技术的支撑作用,研究新冠病毒的基因序列、传染途径和有效防控措施,加紧研发疫苗;发展"宅经济""云办公",挖掘中国经济新的增长点,保证经济稳定运行。充分利用和发展大数据技术,为舆情引导、疫情防控、政府决策提供强力支持。科学划分疫情层级,有序推动企业的复工复产、重大项目的开工建设,保持居民消费稳定,实现国家治理能力和水平的提高。全力维护正常经济社会秩序和医疗救治秩序,确保社会治安稳定与正常交通秩序。对此,世界卫生组织考察组专家布鲁斯·艾尔沃德表示,面对一种未为人知的新型病毒,中国采取了古老的传染病防治方法和有史以来最恢宏、灵活和积极的防控措施。世界卫生组织总干事谭德塞表示,中方行动速度之快、规模之大,世所罕见,展现出中国速度、中国规模、中国效率。巴基斯坦总理伊姆兰·汗强调,整个世界都感谢并赞赏中方应对疫情的努力和成效,没有任何国家可以做得比中国更好。

践行人类命运共同体理念,展现负责任大国担当。中国政府立足构建人类命运共同体高度,不断加强疫情防控和公共卫生治理的国际合作,有效遏制了国内疫情蔓延扩散,为世界疫情防控积极贡献力量。派出包机接回滞留海外的中国公民,坚决维护海外中国公民（特别是湖北籍、武汉籍同胞）的安全和正当权益。加强同各国驻华使领馆沟通和疫情防控信息通报,全力保障在华外国公民的生命安全、身体健康和必要的生活需求。世界卫生组织与中方联合专家考察组,充分认可中国防控举措的全面扎实、富有成效,认为中国的努力为全世界争取了宝贵的时间,也为其他国家提供了借鉴。联合国秘书长古特雷斯表示,中国人民为防控疫情做出了巨大牺牲,"他们正在为全人类做出贡献"[①]。与此同时,面对疫情全球蔓延扩散的严峻形势,"中国绝不会临阵退缩,更不会独善其身"[②]。中国及时向世界卫生组织和相关国家提供疫情信息,密切沟通、加强合作,分享疫情防控的技术和经验,携手应对全球疫情大流行风险。中国积极向世界卫生组织和意大利、伊朗、韩国等疫情严重国家提供力所能及的资金或医疗物资援助和必要帮助,竭尽所能维护地区和世界公共卫生安全,赢得了国际社会和相关国家的广泛赞誉,为中国大国形象注入强劲的"他塑"力量。此外,中国坚决打赢脱贫攻坚战,恢复社会经济活力,积极完成全年经济发展目标,促进世界经济保持稳定增长。

化危为机,展现社会主义大国希望。以习近平同志为核心的党中央总揽全局,为疫情防控进行总体布局、全面掌舵,展现了中国强大的领导力和动员力。广大党员干部、医务工作者、人民解放军指战员、科研人员、基层工作人员、警察、人民群众,众志成城、无私奉献,铸就疫情防控最严防线,凝聚战疫最强信心。中国没有回避重大疫情防控的体制机制不完善、公共卫生应急管理体系不健全问题,而是积极总结经验并吸取教训,将有益的政策和做法规范化、制度化、机制化,展现了中国强大的纠错能力和勇气。积极完善相关疫情防控立法,构建包含应急管理、生物安全、公共安全、市场监管、网络舆情等在内的重大疫情防控法律体系,展现了中国制度强大的自我更新完善能力。中国疫情防控的有力措施和具体方法,具有可复制性,为世界各国疫情防控积累宝贵经验；中国疫情防控的成效显著,疫情得到有效控制,为世界各国疫情防控增添信心。同时,此次疫情防控加速了中国科学技术发展变革、治理体系和治理能力现代化建设。中国将在疫情防控、疫苗研发、5G 技术、大数据、人工智能、云计算、重大疫情防控体制机制、公共卫生治理等领域,居于全球领先。中

---

① 新华社：《联合国秘书长称赞中国人民"为全人类做出贡献"》,载新华网,2020-02-25。
② 王毅：《坚决打赢抗击疫情阻击战 推动构建人类命运共同体》,载求是网,2020-03-04。

国经济发展空间巨大,韧性十足,随着疫情形势好转,中国的社会经济活力正逐渐复苏,与国际社会紧密的经贸联系日渐恢复,为世界经济发展注入强劲动力,增添了信心。

(四)信号表达的外延受限:中国疫情防控的大国形象面临挑战

中国举全国之力开展疫情防控所展现的大国形象,获得了国际社会的广泛认可和称赞,但是,美国等一些国家的政客、媒体、学者借疫情恶意对中国污名化、部分国家及其民众对中国疫情防控的错误知觉和中国全力开展疫情防控的信号传播能力有限,导致中国疫情防控的大国形象面临诸多挑战。

美国等一些国家的政客、媒体、学者借疫情恶意对中国污名化。首先,将新冠肺炎疫情暴发的责任完全归咎于中国。在没有确切证据证明新冠肺炎疫情源头的情况下,他们不尊重世界卫生组织将新型冠状病毒命名为"COVID-19",却将之称为"武汉病毒""中国病毒"[1]。将中国由疫情受害者和全力防控疫情向全球蔓延扩散的贡献者描绘成"肇事者",傲慢无理地指责中国,更有甚者要求中国为此"正式道歉"。其次,借新冠肺炎疫情侮辱唱衰中国。其中,《华尔街日报》以'中国是真正的亚洲病夫'为标题,发表沃尔特·拉塞尔·米德(Walter Russell Mead)的署名文章,借疫情唱衰中国"[2],一定程度反映出这种傲慢、偏见和无知在部分西方国家占有重要市场。再次,借疫情渲染恐慌,乘机制造新版"中国威胁论"。美国和一些西方国家的政客、媒体、学者指责中国疫情防控信息不够公开透明,渲染新型冠状病毒肺炎的高传染性、高死亡率和难以控制,制造紧张、恐慌情绪,"隔离中国",对中国进行"软制衡"。这些恶意污名化中国的行为,增加了国际社会对中国疫情防控大

---

[1] 美国一些保守的政客和官员将新型冠状病毒称为"武汉病毒""中国病毒",参见 Rogers K. Politicians' use of "Wuhan-Virus" starts a debate health experts wanted to avoid.https://www.nytimes.com/2020/03/10/us/politics/wuhan-virus.html。2020 年 3 月 16-17 日,美国总统特朗普连续两天发推特称,新型冠状病毒是"中国病毒"(Chinese Virus),参见 https://twitter.com/realdonaldtrump/status/1239685852093169664?s=21; https://twitter.com/realdonaldtrump/status/1239889767267008512?s=21,2020-03-30。2020 年 3 月 25 日,美国国务卿蓬佩奥不顾他国反对,在 G7 外长会议上继续将新型冠状病毒称为"武汉病毒",污名化中国,参见 Pompeo. G-7 foreign ministers spar over "Wuhan virus". https://www.politico.com/news/2020/03/25/mike-pompeo-g7-coronavirus-149425; Finnegan C. Pompeo pushes "Wuhan virus" label to counter Chinese disinformation.https://abcnews.go.com/Politics/pompeo-pushes-wuhan-virus-label-counter-chinese-disinformation/story?id=69797101,2020-03-30。

[2] Mead W. R. China is the real sick man of Asia, The Wall Street Journal,2020-02-03。

国形象信号正确认知和准确判断的难度，导致一些国家和地区不遵照世界卫生组织的专业建议，对中国的人员和货物采取过度限制。中国一度面临严峻疫情和日趋恶化的外部环境的双重挑战。

部分国际受众对中国疫情防控存在错误知觉。首先，认知偏差导致的错误知觉。疫情暴发初期，部分国际受众认为中国大而不强、医疗水平和技术落后、政府形式主义和官僚主义严重、公民素质不高、重大公共卫生突发事件的应对能力有限，中国无法有效防控疫情。其次，诱发定势导致的错误知觉。疫情在短时间内暴发，致使一些国际受众认为中国政府疫情信息不透明不公开、疫情防控不力，对中国国家形象认知更趋负面。美国等一些西方国家的错误引导、恶意的污名化，进一步加剧了国际受众对中国国家形象认知的负面化趋势。最后，历史经验教训导致的错误知觉。中国在应对2003年"非典"疫情时，暴露出医疗技术水平较低、疫情防控经验不足和手段有限等短板和弱项，导致一些国际受众对中国在全球化的世界中有效防控疫情的能力产生怀疑。一些研究认为蝙蝠是"非典"的宿主，人们不良的饮食习惯是导致"非典"产生的主要原因，一些人自然而然地认为是中国人滥食用野生动物引起了新冠肺炎疫情的暴发[①]。以上三种类型的错误知觉加剧了国际社会对新冠肺炎疫情扩散蔓延的焦虑和恐惧，部分国家民间甚至出现了"恐华"情绪和排华行为。

中国疫情防控的信号传播能力不足。首先，美国等西方国家仍然掌控国际话语权，通过恶意污名化干扰、歪曲中国疫情防控所传播的大国形象信号，导致国际受众质疑中国疫情防控信号的意图和真实性；通过屏蔽中国疫情防控的积极信号，放大中国疫情防控的负面信号，使本国和他国民众无法掌握真实全面的中国疫情防控信息。其次，中国疫情防控的对外话语体系和话语能力建设有待加强。中国举全国之力、全民参与的新冠肺炎疫情防控，涌现了众多英雄事迹和感人故事，但是这些故事讲述的还不够及时、具体和生动形象，有欠针对性和说服力。最后，中国疫情防控的大国形象信号传播能力仍显不足。中国在举国开展疫情防控的同时，积极主动开展元首外交、应急

---

① 美国福克斯新闻台的主持人杰西·沃特斯说，中国人吃生蝙蝠和蛇，导致新冠肺炎疫情在中国暴发，参见 Fox News, Jesse Watters makes remarks about Chinese, demands apology, Business Insider, https://www.businessinsider.com/fox-news-esse-watters-chinese-demands-apology-racism-2020-3。

外交和卫生外交,及时回应了国际社会关切,在国家层面取得了较好的评价和积极回应,但是,公共外交和媒体的对外传播能力劣势明显,中国疫情防控的真实信息无法有效传递给各国民众。这其中与美国等一些国家对中国的人员和媒体的过度限制有关,也与中国媒体的国际化程度低、混乱无序、影响力有限有着很大关系。中国全力开展疫情防控的信号传播速度、广度和深度不够,有效性不高,增加了中国获得国际社会信任、避免其他国家采取过度限制的难度。

新冠肺炎疫情防控成为中国大国形象塑造的重要信号子集。国际社会前所未有地聚焦中国疫情防控,见证了中国文明大国、东方大国、负责任大国、社会主义大国形象的全景式展现。中国大国形象的"他塑"力量增强,但需要强调的是,仍有一些国家的政客、媒体和学者对中国恶意污名化或选择相信这些污名化,传播谣言、制造恐慌,对中国的偏见和误解显露无遗。正如世界卫生组织总干事谭德塞所言,当前人类最大的敌人不是病毒本身,而是恐惧、谣言和污名。这也说明中国大国形象塑造道阻且长。为此,中国在保持"言行"一致的同时,应锤炼开放包容的大国心态,通过加强交流逐渐消除部分国家及其民众对中国的误解和偏见。这就需要中国延长信号表达链条并保持信号表达的持续性,在与国际受众互动的过程中,不断调整信号表达的内容、策略和手段,以实现受众扩展和增强信号的有效性。新冠肺炎疫情防控表明,加强国家形象话语的对外传播无疑是中国大国形象塑造连续体的最终环节,讲好中国疫情防控故事则是这一环节的重要切入点。

四、受众扩展:加强中国疫情防控大国形象话语对外传播

将声明和行为形成特定的话语体系并进行传播,进而实现受众的扩展,成为信号表达的重要形式。从历史和新冠肺炎疫情防控经验看,增强信号表达的持续性和连续性,加强大国形象话语的对外传播,讲好中国故事,是中国大国形象塑造的重要路径和切入点。当前,中国在世界上的形象很大程度上仍是"他塑"而不是"自塑",真实形象和西方媒体建构的形象存在着强烈的"反差"。新时代中国疫情防控大国形象塑造亟须改变以往的"刺激—反应"模式,加强对外传播以实现重心下沉,形成"自塑"和"他塑"的正向合力,为维护中国的主权、发展与安全争取更大的弹性空间。

（一）对外话语的构建：设计好中国疫情防控故事

对外话语是一国"言行"的系统化再处理，能够更加清晰地反映一国"言行"是否一致。话语是客观事实的反映，对于中国大国形象的塑造意义重大。但需要强调的是，对外话语仍是信号表达国有意为之，应避免发生欺骗性行为。中国的"言行"需要经过系统化的再处理以进行对外话语的建构，而这又是中国故事的挑选与设计过程。因此，中国应充分利用自身丰富的对外话语建构资源，设计好中国疫情防控故事。首先，充分发挥软性资源优势。全力开展疫情防控、加强国际合作，展现中华民族的悠久文明、辉煌历史、深厚底蕴、和平发展的文化传统，凸显中国大国形象的深层文化基因；积极为世界疫情防控分享技术、传授经验和有效方法，为预防和解决世界疫情大流行风险贡献智慧、提供方案，凸显中国构建人类命运共同体的价值理念。其次，充分发挥硬性资源优势。全方位展现中国疫情防控的制度优势、强大的国家动员能力、雄厚的工业科技实力、十足的经济韧性和良好的社会发展面貌，对疫情严重或疫情防控体系脆弱的国家进行无私援助，让国际社会更加全面深入地了解中国。最后，充分发挥案例资源优势。中国在国内国际疫情防控过程中，涌现出众多英雄事迹和感人故事。中国将这些优质素材进行对外话语建构，设计好疫情防控故事，以激发国际受众共鸣，全方位、多维度、深层次展现和塑造中国大国形象。

（二）对外话语体系建设：制定好故事传播的系统策略

中国疫情防控的大国形象传播要讲究策略，需要构建反应迅速、灵活有效的对外话语体系。国家形象是不同主体根据各自的经验和观念进行评价的结果，由于会受到社会环境、生活方式、认知结构等条件的制约，即使是面对同一国家，也会呈现出迥然有别的国家形象。中国疫情防控大国形象的对外传播，既需要实现话语建构的因地制宜，又需要进行话语的引领以获得更大的国际话语权，为此，应制定有针对性、独具特色、聚焦文化传播与形象建立的系统策略。

中国应从以下三方面着手：第一，抓重点。充分展现中国疫情防控的大国承诺、大国实践和大国国际合作诚意，凸显中国文明大国精神与智慧、东方大国气魄与力量、负责任大国风范与担当、社会主义大国前景与希望，凸显中国特色与优势,直击心灵、引发共鸣,提高吸引力和影响力。第二,讲方法。讲好中国疫情防控故事,要用国际受众愿意接受的方式、听得懂的语言。中国应不断优化疫情防控大国形象话语传播策略,通过理论创新实现疫情防控话语的引领,通过翻译能力的提升增强疫情防控话语转换能力,通过传播渠道的拓宽提升疫情防控话语的传播效果,建设融通中外的疫情防控话语体系。第三,因地制宜,因时制宜。讲述中国故事一定要有针对性,要加强对国外受众的调查研究,把握讲述对象的群体差异、区域国别差异,制定"一国一策"的国际传播方案,实施国际分众传播策略,提高国际传播的精准性。不同国家和地区的受众认知框架不同,应根据当地的风俗习惯、宗教信仰、历史传统和现实需求等进行中国疫情防控的对外话语体系建设。同时,当前中国大国形象的塑造要符合疫情防控的发展趋势,满足疫情防控的现实需求,构建动态平衡的疫情防控对外话语体系。

(三)国际交流与媒体融合:增加讲好疫情防控故事的手段

延长信号表达链条,保证信号表达者和受众的持续互动,探寻讲好中国疫情防控故事的手段,增强信号的有效性。

首先,高质量的国际交流是讲好中国疫情防控故事的有效手段。中国在疫情防控大国形象塑造的过程中,减少信号的欺骗性可能和错误知觉的最好办法就是主动加强交流。只要我们加强交流,持之以恒,偏见和误解就会消于无形。国家层面,积极开展元首外交、应急外交、卫生外交,定期举办疫情防控新闻发布会、举办或参与疫情防控国际会议、增设疫情防控议题,回应国际社会关切,加强政府间疫情防控合作。民间层面,支持国内外意见领袖在国际上为中国疫情防控积极发声、鼓励中国科学家参与疫情防控经验交流、向有需要的国家派驻医疗专家团队、开展民间对外援助,让更多的国家及其民众深入了解中国和中国疫情防控的举措与成效,实现中国大国形象塑造重心的下沉。此外,通过高质量的国际交流,将众多中国疫情防控的英雄事迹和感人故事直接讲给国外民众,塑造更加饱满真切的大国形象。

其次,媒体融合是讲好中国疫情防控故事的另一重要手段和主要着力点。互联网时代,国家形象的传播已经超越了纸质、电视等传统媒体,新媒体成为国家形象传播的重要手段。然而,多种形式媒体对中国疫情防控进展的无序传播,容易导致国家形象塑造的混乱、低效甚至是相互矛盾。媒体融合已经是大势所趋,在讲述中国疫情防控故事的过程中,除了可以借助文学、音乐、电视、影像等形式外,还要通过传统媒体和新媒体的深度融合,打造对外宣传的旗舰媒体,形成权威的对外传播体系,实现国家形象传播手段的创新与发展,提升话语的国际传播能力,对中国疫情防控的好故事进行"融媒体"传播。通过媒体融合,保证中国疫情防控大国形象话语的对外传播更加及时、全面、系统和有效,增强国际受众对中国疫情防控举措和成效的了解和认可,减少误解和偏见,壮大中国大国形象"他塑"力量。

五、结语

全球化时代,国家形象与本国安全与发展的关系日趋紧密,关乎国家利益的维护与拓展。当前,中国硬实力的快速增长推动自身走近世界舞台中心,国家实力加速向国际地位和国际影响力转化。与此同时,新冠肺炎疫情全球大流行与世界"百年未有之大变局"叠加,中美政治关系紧张和产业结构深度融合的二元张力凸显,让世界处于重新选择的十字路口。国际社会更加关注中国的一举一动,中国国家形象的重要性、脆弱性和敏感性凸显,大国形象塑造的紧迫性和中国国家形象塑造能力不足之间的矛盾已然显现,如何更好地塑造中国国家形象成为中国政府和学界关注的重要课题。

信号表达理论强调,官方声明、信用验证和受众扩展构成了国家形象塑造的三个阶段,即国家形象的定位、国家的外交实践与国家形象的对外传播。官方声明、信用验证与受众扩展的连续统一并根据国内、国际环境的变化进行不断调整,是国家形象塑造的关键所在。新冠肺炎疫情暴发后,国际社会前所未有地聚焦中国疫情防控,见证了中国文明大国、东方大国、负责任大国、社会主义大国形象的全景式展现。但是,由于国家形象塑造滞后于硬实力的发展速度,中国大国形象信号传播的外延受限,仍有一些国家及其民众因偏见和误解对中国恶意污名化或选择相信这些污名化。这表明,中国大国形象塑造道阻且长,延长信号表达链条、增强信号表达的持续性和连续性、加强大国形象话语的对外传播,是今后中国大国形象塑造实现内外兼修并举的重中之重。为此,中国应不断加强对外话语体系和话语能力建设,传播好中国声音,讲好中国故事,当下尤其要讲好中国疫情防控故事,汇聚大国形象"自塑"和"他塑"的合力,进而实现受众扩展。

参考文献

[1] 程曼丽：《大众传播与国家形象塑造》，载《国际新闻界》，2007（3）。

[2] 段鹏：《国家形象建构中的传播策略》，北京，中国传媒大学出版社，2007。

[3] 范红：《国家形象的多维塑造与传播策略》，载《清华大学学报》（哲学社会科学版），2013，28（2）。

[4] 郭树勇：《论大国成长中的国际形象》，载《国际论坛》，2005（6）。

[5] 国际合作司：《中国—世界卫生组织新型冠状病毒肺炎联合专家考察组新闻发布会文字实录》，载中华人民共和国国家卫生健康委员会官网，2020-02-25。

[6] 管文虎：《国家形象论》，成都，电子科技大学出版社，2000。

[7] 管文虎：《关于研究中国国际形象的几点思考》，载《国际论坛》，2007（5）。

[8] 李正国：《国家形象建构》，北京，中国传媒大学出版社，2006。

[9] 刘明：《当代中国国家形象定位与传播》，北京，外文出版社，2007。

[10] ［美］罗伯特·杰维斯：《国际政治中的知觉与错误知觉》，秦亚青译，上海，上海人民出版社，2015。

[11] 蒙象飞：《中国国家形象话语体系建构中的符号媒介考量》，载《云南社会科学》，2017（5）。

[12] 孟达、周建新：《讲好中国故事的新媒体赋能》，载《人民论坛》，2019（13）。

[13] 孙宝国、沈悦：《以"污名"为视角探究中国形象的生成与传播机制——兼论"中国威胁论"与"中国梦"的话语博弈》，载《东岳论丛》，2019（8）。

[14] 孙英春：《中国国家形象的文化建构》，载《教学与研究》，2010（11）。

[15] 新华社：《习近平：建设社会主义文化强国着力提高国家文化软实力》，载《人民日报》，2014-01-01：1。

[16] 新华社：《习近平同巴基斯坦总理伊姆兰·汗通电话》，载《人民日报》，2020-02-21：1。

[17] 新华社：《习近平同德国汉学家、孔子学院教师代表和学习汉语的学生代表座谈》，载《人民日报》，2014-03-30：2。

[18] 新华社：《习近平会见世界卫生组织总干事谭德塞》，载《人民日报》，2020-01-29：1。

[19] 新华社：《王毅同韩国外长康京和通电话》，载人民网，2020-01-29。

[20] 新华社：《王毅同伊朗外长通电话表达支持》，载人民网，2020-02-28。

[21] 杨冬云:《国家形象的构成要素与国家软实力》,载《湘潭大学学报》(哲学社会科学版),2008(5)。

[22] 外交部:《2020年3月9日外交部发言人耿爽主持例行记者会》,载中华人民共和国外交部官网,2020-03-09。

[23] 外交部:《王毅:中国和意大利的友谊将在抗疫斗争中得到新的发展》,载中华人民共和国外交部官网,2020-03-10。

[24] 赵如涵、刘寒月:《新"中国观"下我国对东盟国家的传播策略——基于多元层次媒体的分析》,载《对外传播》,2019(6)。

[25] 周明伟:《国家形象传播研究论丛》,北京,外文出版社,2008。

[26] 张铤:《讲好中国故事的时代价值与传播策略》,载《中国出版》,2019(13)。

[27] Boulding K E. National images and international systems. Journal of Conflict Resolution, 1959, 3(2).

[28] Choi D. "They are a very hungry people": Fox News host fuels racist tropes about Chinese over coronavirus outbreak, Insider, March 3, 2020.

[29] Joseph S N. Paradox of American Power: Why the World's Only Superpower Can't Go It Alone. New York: Oxford University Press, 2002.

[30] Joseph S N. Soft Power: The Means to Success in World Politics. New York: Public Affairs, 2004.

[31] Report of the WHO-China Joint Mission on Coronavirus Disease 2019 (COVID-19). Geneva: World Health Organization, 2020.

突发公共事件的危机管理、舆情应对和共情传播
——基于新冠肺炎疫情的检视与思考[1]

沈正赋[2]

在人类社会的现代化进程中,随着科技和经济的不断发展,全球化和信息化日益加剧,各种社会风险时时会与我们不期而遇,突然出现在我们的周遭或视野中。潜在的社会风险一般不容易被人们所感知和识别,而显性的社会风险往往就表征为突发公共事件。

2019年12月以来,我国发生的这场新型冠状病毒肺炎(以下简称"新冠肺炎")疫情,就属于一起典型的、具有全球影响力的突发公共卫生事件。此事件发生后,我国政府积极稳妥地采取各种应对措施,政府、媒体、民众发挥各自优势,利用舆论的力量,及时向国际社会传达明确而积极的信息,尽力化解由这场突发公共卫生事件给国家和人民带来的危机,在国家形象传播和建构上,受到世界舆论的高度关注。

一、政府层面危机管理:利用各种信息通道及时传达中国声音

一个国家发生突发公共事件,该国政府就是应对这场突发公共事件的责任主体和行为主体。在全球对突发公共事件予以高度关注的情形下,中国政

---

[1] 本文主要内容已发表在《对外传播》2020年第2期。
[2] 沈正赋:安徽师范大学新闻与传播学院副院长、教授、博士生导师。

府及时采取对策,利用各种信息渠道,迅速回应社会关切,及时向世界传达中国声音,不失为一种积极而有效的办法。

(一)主动发布信息,最大限度减少谣言滋生与蔓延

及时举行新闻发布会是政府主动向外界通报信息的常见手段和方式。尤其是突发公共事件发生以后,如果官方不及时发布信息、通报情况,就无法满足公众对突发公共事件的知情权,又容易在社会上产生谣言。在有效的时间内举行新闻发布会,可以避免因信息短缺或盲区而带来的社会恐慌和人心不安。虽然举行新闻发布可能会引发更大范围的关注,但是这类关注大多具有客观性,真正发生负面舆情的概率相对较小。当然,若相关部门或领导因失职、渎职等不作为、乱作为而引发的负面舆情则另当别论。在新冠肺炎疫情的初期,的确存在当地政府对疫情信息发布的迟滞,致使国内公众对姗姗来迟的新闻发布会抱有不满情绪。随着国家卫健委和湖北省新闻发布会对每天疫情信息的定期、高密度发布,国际社会能够通过官方新闻发布会的渠道,迅速了解到中国新冠肺炎疫情的防控情况,尤其是中国政府积极应对突发公共事件的有效做法,逐渐表示理解和支持。可以说,正是这一场场新闻发布会的举行,让新冠肺炎疫情的真相和进展几乎在一夜之间就传播到世界各地,有助于化解国内外恐慌情绪。

(二)通过国际平台和传播渠道分享中国经验

新时代,中国与世界各国和地区之间的关系已经无法割裂,中国改革开放的大门只会越开越大。作为联合国常任理事国,中国政府必须履行联合国框架下法定的各项权利和义务。加强与世界相关组织的联系、沟通与协调,通报本国发生的重大突发公共事件,通过国际平台和传播渠道分享中国应对突发公共事件的经验与教训,消除国际社会的误会、偏见与隔阂,是中国政府义不容辞的责任,也体现出中国政府和人民的正义与道义。新冠肺炎疫情发生以后,中国政府迅速邀请联合国世界卫生组织来我国参与疫情防控工作和进行实地考察,国家主席习近平亲自会见世界卫生组织总干事谭德塞,强调中国政府始终本着公开、透明、负责任的态度及时向国内外发布疫情信息,积极回应各方关切,加强与国际社会合作。2020年1月31日,世卫组织总干事谭德塞在关于《国际卫生条例》新型冠状病毒的应急声明中指出:"中国发现疫情、隔离病毒、测序基因组并与世卫组织和全世界分享的速度之快令

人印象深刻,难以言表。中国对透明度和支持其他国家的承诺也是如此。"①这种组织间的高层互动,以及由此带来的国际社会对我国抗击新冠肺炎疫情工作的高度评价,不啻为中国政府有效利用国际平台和传播渠道积极分享中国经验的样本。

(三)以人类命运共同体意识,形塑负责任大国形象

21世纪是全球化世纪,世界上只要一个地方发生风吹草动,地球上任何其他国家和地区都很难做到独善其身,人类社会已经形成了一个实实在在的命运共同体。2017年12月1日,习近平总书记在中国共产党与世界政党高层对话会上指出:"人类面临的全球性问题数量之多、规模之大、程度之深也前所未有。世界各国人民前途命运越来越紧密地联系在一起。""世界各国人民应该秉持'天下一家'理念,张开怀抱,彼此理解,求同存异,共同为构建人类命运共同体而努力。"②在抗击新冠肺炎的战役中,作为东方负责任大国,中国政府与人民同呼吸、共命运、心连心,秉持不抛弃、不放弃的工作理念和工作态度,一方面全力以赴挽救每一名确诊患者和疑似患者的宝贵生命,另一方面不惜一切代价控制疫情蔓延,此举赢得了世界舆论的理解、认同与支持,塑造了负责任的大国形象。正如谭德塞在世卫组织声明中所评价的:"如果没有(中国)政府的努力,如果没有他们在保护自己和世界人民方面取得的进展,我们可能会在中国以外看到更多的病例甚至死亡。""由于他们的努力,迄今为止世界其他地区的病例数量仍然相对较少。""对此我们都应该心存感激。"③

二、媒体层面舆情应对:发挥第三方优势积极引导世界舆论

新闻媒体在干预社会事务中具有第三方的独特优势,而第三方是一个社会最重要的公信资源。在社会重大事件的信息传播和舆论引导上,新闻媒体尤其是主流新闻媒体的第三方作用发挥得较为明显。

---

① 李思:《世卫组织总干事关于〈国际卫生条例〉新型冠状病毒应急委员会的声明(COVID-19)》,载经济观察网,2020-01-31。
② 习近平:《携手建设更加美好的世界——在中国共产党与世界政党高层对话会上的主旨讲话》,载《人民日报》,2017-12-02。
③ 同①。

（一）主流媒体行走一线，争夺国际传播话语权

每当重大事件及其风险发生时，总有那么几类人会选择逆向而行，冒着极大的危险甚至牺牲的可能冲锋向前，新闻记者就是其中较为独特的一类人。在新冠肺炎疫情中，我国主流媒体记者为了及时向国内外报道真相，置个人的生命安危于不顾，冒着被肆虐病毒感染的危险，行走在新冠肺炎疫情的第一线从事新闻采访和报道。他们之所以如此迅速和果敢，是因为一要忠实履行新闻媒体的神圣职责，不仅与时间赛跑，而且还要抢夺舆论阵地，率先把最新的新闻传播到国内的千家万户；二要通过积极介入重大突发公共事件的报道，打开一扇通向世界的新闻窗口，充分利用本土新闻资源优势，主动与国外主流媒体开展新闻竞争与合作，抢占新闻舆论制高点，掌握国际传播话语权。在新冠肺炎疫情报道中，一些传统主流媒体和新兴媒体的记者，在疫情初期就深入疫区一线，采写了多篇深度报道，发表了不少掷地有声的新闻评论。多国媒体还邀请我国中央广播电视总台记者进入新闻节目演播室、参与连线报道，或引用总台的新闻报道。该台有关新冠肺炎疫情防控报道，得到美英德法等国国际媒体的广泛转发。

（二）发挥舆论监督作用，客观公正呈现突发公共事件真相

在突发公共事件面前，新闻媒体如果停留在只报喜不报忧的地步，那么既会让政府在老百姓心目中逐渐失去公信力，也会让媒体自己的声誉扫地，进而逐步丧失其生存和发展空间。大众对新闻媒体的期待除了满足知情权外就是要发挥舆论监督作用。尤其是像新冠肺炎这类灾难性事件，了解事件发生的原因、揭露事件真相、监督事件的发展进程、追究有关人员的法律责任等，新闻媒体在其中的作用不仅重要，而且不可替代。曹林认为："舆论监督就是一个社会的疫苗，媒体通过批评报道给社会种牛痘，在暴露问题中给社会排毒，在释放压力中完成'减压阀'功能，在客观报道中给受众一面正确看待自我和他者的镜子，避免自上而下的认知失调。"[①] 在国际社会面前，新冠肺炎疫情就是一面活生生的镜子、一块分量十足的试金石，不仅是在考验中国政府的责任与担当，而且也是在检验中国主流媒体的价值和意义。实践证明，中国主流媒体在此次事件中能够把舆论监督的重任担在肩上，无论是对

---

① 曹林：《很多地方开始尝到舆论监督凋零的恶果》，载《记者观察》，2018（8），16~19页。

武汉市在疫情前期信息披露不及时,还是对湖北省红十字会对捐赠物资发放不合理问题的报道,均受到国内外舆论界肯定。

(三)借用"舆论领袖"力量,有效引导社会舆情

1944 年,传播学四大奠基人之一的拉扎斯菲尔德在《人民的选择》一书中,提出了著名的"意见领袖"理论。受此理论影响和启发,网络时代人们在此基础上提出了"舆论领袖"的概念。一般来说,舆论领袖分官方舆论领袖和民间舆论领袖两类。在一些国际场合,由于少数国际组织或个人长期以来对中国政府存在政治制度上的偏见,致使我国主流媒体层面的官方舆论领袖往往不受关注,而民间舆论领袖反而具有某种相对的优势。官方舆论领袖的主要舞台是主流新闻媒体,民间舆论领袖的主要舞台是网络新媒体,尤其是社交媒体和自媒体。自武汉发生新冠肺炎疫情以来,《人民日报》、新华社等主流媒体充分动用了媒体的资源和力量,发挥了官方舆论领袖的独特作用。从 2020 年 1 月 21 日开始,《人民日报》每天都在要闻版刊登 2~3 条新冠肺炎疫情消息,从 1 月 26 日开始,在头版刊发本报评论员文章,并抽出第二版整版刊发疫情报道,之后每天在第一版刊发一篇专题评论,第二版甚至第三版整版报道疫情动态。1 月 30 日起"今日谈"栏目开始聚焦武汉疫情。2 月 2 日起"人民论坛"栏目开始设置武汉疫情议题。新华社从 1 月 22 日开始,每天播发一篇关于新冠肺炎疫情的评论员文章,对发生在武汉乃至全国范围内的抗疫行动进行评论和舆论引导。《环球时报》总编辑胡锡进、《中国青年报》评论员曹林等,经常在微信公众号等自媒体上发表时事评论文章,他们的文章以敢于直言、善于抨击时弊见长,他们的许多观点甚至一度成为世界舆论界观察中国政治局势和政策走向的风向标和晴雨表。他们对新冠肺炎疫情的发展进程及其出现的一系列令人焦虑和困惑的社会问题,进行的个性化评论和舆论引导,受到海内外网民关注。

三、公众层面共情传播:凭借移动终端功能,人人参与国家形象塑造

随着新媒体时代的到来,每个公民都有可能是网民,个人电脑、平板电脑、手机等终端或移动终端只要能够与网络连接,就可以随时随地把手头掌

握的信息发往世界各地,发往地球的每一个角落,发给每一个认识或不认识的网民。因此,在世界舆论面前,作为地球村的公民,人人都是国家形象的塑造者。

(一)理性面对突发公共事件,基本做到不信不传虚假信息

由于突发公共事件的社会关注度较高,社会影响面较大,每当事件发生时总会激起人们探究的目光和了解的欲望,此时如果信息披露和公开不及时,或者实行信息封锁,就会给谣言留下生存空间和土壤。在传统媒体时代,谣言主要还停留在人们的口头传播上,通过街谈巷议的传播,传播速度一般较慢,传播范围和影响面普遍较小。然而,到了新媒体时代,随着网络和手机的普及,尤其是微博、微信的广泛使用,信息传播无所不及,瞬间可以传遍世界各地。谣言作为信息的一个变种,其传播原理自然也不例外。在新冠肺炎疫情发生初期,由于信息不透明,信息传播不对称,确实在网络上和民间出现了一些谣言和传言。1月20日习近平总书记对新型冠状病毒感染的肺炎疫情作出重要指示,钟南山院士对武汉疫情的传染真相发表权威谈话,新冠肺炎疫情的信息已经向海内外彻底公开,信息的公开致使谣言自然失去存在的空间。再加上国内外各类媒体铺天盖地进行跟踪报道,甚至现场直播,极大地满足了公众的知情权。受众普遍能够理性面对突发公共事件,基本做到不信谣,不传谣,不恶意传播各类虚假信息,在网络上理智发声,在国际上树立了良好的国家形象和中国人形象。

(二)以积极心态应对灾难,在人际间传播正能量

突发公共事件大多是社会灾难,甚至是人间悲剧,不可避免地给社会和人们带来巨大损失和精神痛苦,严重时还会突破人们的心理防线和情感基础,造成心理创伤和社会撕裂。在新冠肺炎疫情发生初期,由于疫情来势凶猛,传染性特别强,再加上武汉市乃至湖北省应对能力有限,无助、悲观、失望等消极情绪弥漫在许多确诊病人和疑似患者的家庭及其成员之间。武汉采取"封城"措施后,绝大多数市民被迫选择在家隔离,一时间人们无法从恐慌中解脱出来。然而,随着人们对新冠肺炎知识及其防护措施的逐步了解,武汉市民渐渐适应了这种突如其来的变化,开始学会以积极、乐观的心态应对这场突发公共事件,不放弃对国家的信任,不抛弃对生活的信心,利用多种

形式表达对全民抗击新冠肺炎疫情工作的大力支持和协助。在武汉市长的新闻发布会网络直播过程中,"武汉加油""武汉挺住"等鼓励性语言充满屏幕和各类自媒体空间;在家隔离的武汉市民纷纷打开窗户,齐声高唱国歌,并高呼"加油"。武汉一些小区的业主群自发组织齐唱《歌唱祖国》。这些行为在人与人之间传递温情和大爱,传播正能量,不仅是对国家对民族充满自信,而且在国际上维护了中国的国家形象。

(三)立足中国国情乡土实际,进行通俗易懂的传播

中国对外传播的理论与实践一再表明,一方面要适应海外传播对象的文化心理和接受习惯,加强针对性;另一方面也要立足中国国情和本土实际,不能一味地投其所好和食洋不化,造成妄自菲薄,盲目崇外。中国传统文化博大精深,形式丰富多彩。对于普通公众而言,使用通俗易懂的语言与形式进行传达,无疑是最有效的方式方法。在新冠肺炎疫情的应对与信息传播中,一些地方一改板着面孔说教、刻板生硬地传达上级指示精神的做法,使用具有浓郁乡土风味和色彩的土语、俚语、方言,通过村口的宣传标语和大喇叭喊话等朴素方式,传送非常时期的国家政策和村规民约,用大白话讲道理,传授疫情防控知识和基层防治经验。虽然看后和听后令人捧腹,但也形象、明白地传递了重要信息。"口罩还是呼吸机,您老看着二选一"等诸如此类的标语口号,虽然还残留一些民间思维的成分,但表达的是广大人民群众万众一心、众志成城、严防死守、群防群治,打赢疫情防控阻击战的决心和信心。《人民日报》微信公众号还发布了一些农村大喇叭喊话的集锦,一些农民在用方言土语进行宣传。有观点认为:"这些'直抵灵魂'的防疫'喊话',霸气!实在!感动!话语严厉也好,苦口婆心也好,背后都是基层干部们对村民们的大爱,对自身职责的担当,对严峻疫情的重视。这声音因担当而有力,因情真而动听!"[1] 这些带有具象化的语言和符号,虽然不一定具有多大的传播力,但却在一定范围内产生了共情、共鸣的传播效果。

共情(empathy)意指"同理心",指的是个体准确地理解他人的情感,并在特定情境下做出准确情感反应的一种能力。只有建立在共情基础上的传播话语及话语方式,才能被更多的民众理解和接受。

---

[1] 杨蕤嘉、吴瑶、石昌晗:《贵州这里大喇叭喊话 PK,你 pick 谁?》,载腾讯网,2020-01-31。

四、结语

党的十九届四中全会作出的《中共中央关于坚持和完善中国特色社会主义制度、推进国家治理体系和治理能力现代化若干重大问题的决定》指出,完善坚持正确导向的舆论引导工作机制。构建网上网下一体、内宣外宣联动的主流舆论格局,建立以内容建设为根本、先进技术为支撑、创新管理为保障的全媒体传播体系。改进和创新正面宣传,完善舆论监督制度,健全重大舆情和突发事件舆论引导机制。建立健全网络综合治理体系,加强和创新互联网内容建设,落实互联网企业信息管理主体责任,全面提高网络治理能力,营造清朗的网络空间。新冠肺炎疫情期间的危机管理、舆情应对和共情传播,正是对我国各级政府、新闻媒体以及公民群体或个体,在推进国家治理体系和治理能力现代化过程中的一场现实检验和重大考验。危中有机,无论是应对危机的经验还是暴露出来的问题和教训,都无疑给我们上了既残酷又深刻的一课,必将载入中国社会主义现代化建设与发展的史册。

(本文系马克思主义理论研究和建设工程重大委托项目"共建共治共享的社会治理制度研究"阶段性研究成果,项目编号:中宣局室发函(2019)21182号)

参考文献

[1] 人民日报:《中共中央关于坚持和完善中国特色社会主义制度、推进国家治理体系和治理能力现代化若干重大问题的决定》,载《人民日报》,2019-11-06。
[2] 唐润华:《用共情传播促进民心相通》,载《新闻与写作》,2019(7)。

新冠肺炎疫情中的中国国家形象与舆论斗争策略[①]

高金萍[②]

一、各国舆情总体态势

就 2020 年 1 月 1 日至 3 月 12 日的世界各国舆情来看,多国主流媒体在显著位置设置新冠肺炎疫情的报道专题,高度关注疫情变化,其疫情报道的总体特征是:报道量从少到多;报道重心从中国到本国;报道方式从一般事实报道到多种报道方式并进,事实与观点齐发。多国涉华疫情报道呈现出:既有正面报道,也有中性报道,同时还有不少负面或歪曲性报道;从早期聚焦全球市场受新冠疫情影响及全球第二大经济体产能下降的担忧,转向对本国公共卫生机构面临挑战和公众跨国流动风险的关注。面对肆虐的疫情,既需要国际社会团结应对,更需要以人类命运共同体理念引领行动。

外媒最关注的涉华疫情报道主题是中国的防控措施,多数国家媒体越来越发现中国的疫情应对值得学习。德国之声电台播出该国著名中国问题专家弗兰克·泽林(Frank Sieren)的文章《学习中国的抗疫经验》(3 月 5 日),提出:"目前没有哪个国家拥有像中国这么多的抗疫经验……我们自己也不妨想一想,中国采用的哪些措施也可以被欧洲所采用"。

中国政府限制人员流动的做法也被各国媒体反复提及,多数国家对于中国举措产生的良好效果表示认可。3 月 11 日,《华尔街日报》报道援引意大利国家卫生研究所首席流行病学家乔瓦尼·雷扎(Giovanni Rezza)的话说:"毫

[①] 本文主要内容已发表在《中国记者》2020 年第 4 期。
[②] 高金萍:北京外国语大学国际新闻与传播学院教授,博士生导师。

无疑问,中国能够有效地抗击疫情,而我们无法控制最初的疫情,因为我们的限制比中国的宽松"。俄罗斯共青团真理报报道《中国找到了一种治疗方法(血浆疗法)并在7天内建了另一家医院》(2月14日),展现了中国政府强大的资源动员能力。

外媒主动报道了中国政府践行人类命运共同体理念,与各国政府积极沟通共同抗击疫情,向世界卫生组织捐款帮助疫情防控,向疫情严重或医疗条件薄弱的国家提供力所能及帮助的情况。意大利安莎社报道了中意两国外长表示相互理解、携手抗疫。阿联酋通讯社评论《人类的家园》(2月1日)一文,4次提到"人类命运的一致",指出希望中国与其共同抗击疫情,共同维护公共卫生安全。沙特《中东报》报道《两个病毒之间的中国》(3月5日)指出,"因为世界是一个小村庄,每个人都需要中国"。澳大利亚《信使邮报》也刊发文章《世界必须联合起来一致抗疫》(3月6日),表达了对疫情的高度关注以及对国际合作的强烈需求。3月20日,《纽约时报》报道《中国援助多国抗击疫情,打造全球领导者形象》,称塞尔维亚领导人亚历山大·武契奇(Aleksandar Vucic)在宣布紧急状态的电视讲话中说,"欧洲的同舟共济并不存在,那不过是表面上的童话。我相信习近平,他是我的兄弟和朋友,我相信中国的帮助。"

同时,美、英、德、澳等国家的部分媒体,抱持意识形态偏见和刻板印象,通过话语暗示策略,刻意将中国抗疫报道与对中国社会制度的批评挂钩,煽动种族主义歧视。如2月3日《华尔街日报》刊发观点文章《中国是真正的东亚病夫》;还有些媒体将本国民众的恐惧心理与排华和"黄祸论"勾联,妖魔化中国,如德国《明镜》周刊2020年第6期封面图片为一名身穿防护服、戴着面具的男子,配以标题《新冠病毒中国制造》(Corona-virus Made in China),直接用"中国病毒"字眼来指代新冠病毒。一些媒体对中国取得的防控实绩,言语之间流露出望尘莫及、不情不愿之感,如3月10日《澳大利亚人报》刊发报道《澳大利亚医学协会主席称:对新冠病毒的意大利式封国也可能是澳大利亚的选择》,虽然承认迄今为止只有中国成功遏制住了新冠病毒的传播,但是将阻断病毒传播的方式称之为"意大利式封国"。还有些媒体批评中国政府早期对疫情反应迟缓,揣测中国政府瞒报感染病例,认为中国的疫情发展数据不可信,使得全球对流行趋势的预测变得困难。

二、外媒眼中的中国国家形象

总的来看，伴随着疫情发展的前三个阶段，国际舆论中的中国国家形象经历了从"东方强人""东亚病夫"到"负责任的大国"的变化。

疫情暴发初期——"东方强人"：多国主流媒体认为，中国科学家及时发布关于新冠病毒的研究成果、在武汉高速建设两所收治医院，彰显了信息开放透明、及时应对疫情的"东方强人"形象。国际舆论认为中国采取了更加积极主动的公共关系策略，通过公开大量信息来显示出控制局面的更大决心——而不是试图让一个爆炸性问题消失。澳大利亚病毒学专家伊恩·麦凯（Ian Mackay）教授认为，中国人"做对了一切"（《澳大利亚人报》，1月16日）。

中国疫情高发期——"东亚病夫"：国内恐慌波及海外，西方主流媒体大量出现对中国"封城"举措和舆情调控政策的负面报道和严厉批评，污蔑中国是一个政治和文化上的"东亚病夫"，使疫情报道政治化。2月3日，《华尔街日报》刊登的观点文章《中国是真正的东亚病夫》，《明镜》周刊2020年第6期封面图片题为《新冠病毒——中国制造》，都直接用"中国病毒"这样的字眼来指代新冠病毒。BBC在《肺炎疫情如何令中国"崛起大国"的光环黯然失色》一文中，梳理了中国疫情高发期，多国出现的恐华、辱华行为：1月底，韩国总统府青瓦台官方网站出现一则请愿书，题为"请禁止中国人入境"，不到一个星期，请愿书获得超过53万人联署；在美国，有华裔因戴口罩而受到滋扰甚至殴打；在澳大利亚，一些华人孩童被同学称"携带病毒"受到欺凌；在德国，有医生拒绝给中国病人看病。基于长期的刻板成见和意识形态偏见，由西方主流媒体发布的包含种族歧视、辱华之嫌的报道，力图把中国推到世界的对立面。

全球疫情高发期——"负责任的大国"：疫情全球蔓延之际，中国国内疫情已渐消退，中国抗疫举措的成效显现，国际舆论认可中国抗疫成效，俄罗斯总统普京说："中国的行动是对个别国家挑衅和污名化中国的响亮回答"。全球多家媒体及时报道了中国援外医疗队的援助行动。3月20日，《纽约时报》刊文《中国援助多国抗击疫情，打造全球领导者形象》，称"从日本到伊拉克、西班牙到秘鲁，中国以捐赠物资或派遣医护专家的方式，向各国提供或承诺提供人道主义援助——通过援助突击，中国试图改变专制的疫情孵化器形象，换以在危急关头担负责任的世界强国形象"。虽然话语之间意识形态偏见依然，但是也不得不认可中国的大国风范。

三、以人类命运共同体理念携手应对全球疫情

在新冠肺炎疫情暴发后，3月19日习近平主席第二次与俄罗斯总统普京通电话时指出："中方愿同包括俄罗斯在内的各国一道，基于人类命运共同体理念，加强国际防疫合作，开展防控和救治经验分享，推动联合科研攻关，携手应对共同威胁和挑战，维护全球公共卫生安全。"以人类命运共同体理念为指引，通过对外传播将新冠肺炎疫情危机转化为发挥中国世界影响力的契机，将极大提升中国国家形象的自塑能力。

1.通过外交渠道和媒体传播主动设置议题，全面介绍支援全球抗疫的中国行动。及时传播中国向世卫组织捐款2000万美元，中国政府发布的援助全球抗疫的五大举措，以及派出医疗队紧急驰援巴基斯坦、伊朗、伊拉克、意大利等的中国行动，彰显负责任大国的"共同体"的担当。

2.善用平台媒体及时推送中国支持各国抗疫的信息，实现传播效果最大化。新冠肺炎疫情的传播具有"全球、全媒、全民"的三全特征。中国要针对这一特征，发挥平台媒体传播范围广的优势，借力推特、脸书、优兔、微信等，传播疫情动态、回应公众疑惑，积极塑造领导型国家的媒体形象。

3.坚决阻断国内社交媒体呼应国外媒体偏见的传播渠道，防范虚假信息、杜绝借题发挥。一方面通过算法推荐和智能技术甄别筛选虚假信息，谨防掉入西方国家从"阴谋论"出发制造的虚假新闻陷阱；另一方面要组织召集医疗卫生和健康传播领域的专业人士，组成虚假信息防范小组，借力专业人士快速甄别虚假信息，进行虚假信息防控；调用腾讯微信等信息发布平台原有的"谣言粉碎机""洗稿投诉合议小组"等机构，有效防范新谣言。

4.舆论领袖和政府相关部门要审慎发声，不夸大不歪曲中国抗疫和社会发展进程中面临的挑战和困难。在事关每个人生存发展的紧要关头，政府要坚持信息公开、透明，鼓励舆论中的多元声音，主动打破舆论的"极化"现象。

5.邀请专家学者从历史和现实维度阐明"围堵中国"、与中国"脱钩"的危险后果，精准回应国外媒体的种族主义歧视和"黄祸论"。新冠肺炎疫情暴发后，短时间内由于风险的急剧增长会使世界各国收缩其开放范围，中国理解

世界各国的防控需求；长时段中世界各国只有通力合作才能应对全球化风险。

由全球化催生的风险社会，迫使人们结合为新的"共同体"，以应对风险的袭击。人类终将在风险的全球威胁下走向一体，中国政府应抓住契机，将新冠肺炎疫情带来的危机化为助推构建"人类命运共同体"的转机。

（本文系教育部人文社科规划项目"'人类命运共同体'理念国际传播的话语策略研究"［19YJA860003］的阶段性成果）

国际舆论视域下的中国抗疫行动与公共外交[①]

孙明　孔祥龙[②]

作为重大突发公共卫生事件,新冠肺炎疫情的发展变化受到国际社会高度关注,各国各地区的应对举措与利弊得失频登世界主流媒体头版头条,新冠肺炎疫情成为国际舆论高度聚焦的热点话题。在抗击新冠肺炎疫情的过程中,中国上下众志成城取得重大成果,得到国际社会高度评价和广泛认可。与此同时,国际舆论场的多元化与复杂性也带来了形形色色的"话语"博弈,特别是美国等西方部分主流媒体基于意识形态偏见,采用双重标准报道中国抗疫举措,甚至进行政治化、标签化和污名化,给中国全力阻击疫情带来一定压力与挑战。在此背景下,中国继续秉持人类命运共同体理念,不断推动疫情防控国际合作,积极应对"疫情舆论战",推进公共外交新发展。

一、中国多层面全力抗疫赢得正向舆论效果

2020年1月下旬以来,围绕新冠肺炎疫情的报道在国际涉华舆论同一层级话题中始终名列首位,成为一段时间以来影响中国国家形象和国际舆论环境的重要事件。在以习近平同志为核心的党中央坚强领导下,中国政府和民间通力配合,坚决打赢疫情防控的人民战争、总体战、阻击战。各条战线上涌现出的抗疫英雄及其所付出的巨大努力和牺牲,成为展现中国国家形象

[①] 本文主要内容已发表在《当代世界》2020年第5期。
[②] 孙明:当代中国与世界研究院国际舆情研究中心主任;孔祥龙:任职于当代中国与世界研究院国际舆情研究中心。

与中国精神的重要内容。当前,中国各层面的抗疫斗争成为国际舆论的焦点话题。

第一,称赞中国决心坚定、多措并举,拥有战胜疫情的能力和资源。面对来势汹汹的新冠肺炎疫情,习近平总书记亲自指挥,全国上下采取最全面、最严格、最彻底的防控举措,齐心协力同疫情展开顽强斗争,得到国际社会的充分肯定。中国—世界卫生组织联合专家考察组外方组长、世界卫生组织总干事高级顾问布鲁斯·艾尔沃德(Bruce Alyward)于2月24日,在结束来华考察后举行的新闻发布会上,充分肯定中国防疫抗疫的工作举措与成效,引起国际舆论广泛关注。其中,艾尔沃德有关"世界尚未为抗击疫情做好准备""中国推出可能是史上最具雄心、也是最灵活的防控举措""中国采取最古老的传染病控制战略之一"等表述内容,被外国主流媒体集中转引转载。中国在抗击疫情斗争中展现的坚定意志、采取的综合措施、付出的不懈努力,特别是稳定经济、调配资源和人员驰援等"非常举措",更是被国际舆论视为赢得这场抗疫战争的重要能力和资本。美国《外交》杂志刊发评论文章称,中国共产党拥有充足的手段和完备的机制,确保危机时期能够最大限度地调动各种资源。德国《世界报》援引贝塔斯曼基金会中国和亚太地区高级专家伯恩哈德·巴尔奇(Bernard Balch)的观点指出,中国共产党提供了强大制度保障,确保调动大量人力物力的措施能够在全国范围内实施。

同时,危机早期治理、公共卫生治理体系尚不完善以及应急储备不足等问题,也成为境外舆论关注焦点之一,国际舆论普遍将上述问题视为对一个国家治理能力和社会适应力的重大考验。随着国内疫情防控工作取得阶段性成效,武汉市新冠肺炎疫情防控指挥部于4月17日订正当地新冠肺炎确诊病例数和死亡病例数,此举是国际通行做法,及时回应了外方相关关切。世界卫生组织大流行病专家玛丽亚·范·科霍夫(Maria D. Van Kerkhove)呼吁其他国家也对疫情造成的实际病亡人数进行订正。美联社指出,这一数据调整凸显中国在面对前所未有的公共卫生危机时,正在努力确保真实病亡人数统计准确。

第二,赞赏中国上下一心、有条不紊,拥有战胜疫情的力量和韧性。3月24日,习近平在同波兰总统杜达通电话时强调:"战胜这次疫情,给我们力量和信心的是中国人民。"新冠肺炎疫情暴发以来,全中国心往一处想、劲往一处使,党员干部群众积极参与抗疫所展现出的斗争精神给外界留下深刻印象。

奋战在一线的医护人员、社区工作人员、应急工程建设者和后勤保障人员,成为国际舆论关注中国抗击疫情的又一视角。一批又一批"白衣战士"主动请缨奔赴疫区开展支援、快递小哥自发为群众提供生活补给、志愿者司机疏解通勤困境、建筑工人不分昼夜赶建火神山和雷神山两座医院,以及广大志愿者协助社区隔离防疫工作等,这场战疫中的无名英雄成为外媒涉华报道中生动鲜活的"中国故事"。国际组织和多国政要纷纷表示,"中国人民战胜疫情的决心和韧性令人敬佩。"俄罗斯战略文化基金会文章表示,中国国家总体运行有条不紊,民众组织水平很高,充分反映出中国共产党超强的组织动员能力。

与此同时,居家隔离群众、方舱医院观察治疗者的乐观坚强,以及海内外华人华侨的精神风貌与积极捐助行动,也勾勒出疫情防控期间"中国人"的画像。国际舆论注意到,中国无数普通民众纷纷通过各种渠道,向患者和为阻止病毒传播而不懈努力的人们鼓气加油。美国国防部前副部长、战略与国际问题研究中心总裁何慕理表示,在新冠肺炎疫情防控的关键时期,中国政府应对措施积极有效,中国人民全力配合,令人赞赏。

第三,关注中国内外兼修、团结协作,拥有合作抗疫的情怀和担当。新冠肺炎疫情不仅是全球化背景下人类社会面临的一次重大公共卫生安全事件,也是对当前全球治理体系和各国治理能力的一次大考,这已经成为国际舆论场的共识。随着疫情在全球呈现多点暴发和扩散态势,加强国际合作、共同抗击疫情成为当务之急。在国内疫情防控形势取得阶段性成效的同时,中国积极开展对外援助,为受疫情影响严重的国家提供力所能及的帮助,中国政府、企业和民间社会组织等不同层面的抗疫支援行动,受到国际社会高度关注。

总体看来,在国际层面,彰显中国负责任大国担当的舆论主要有以下四个方面。一是中国主动同世界卫生组织和国际社会开展合作和信息交流,分享研究成果和经验做法,为阻止疫情在全球蔓延作出贡献,获得国际机构和相关国际人士的充分肯定。二是中国向部分国家派出专业医疗队提供援助,捐赠大量医疗防护设备,展现大国担当的良好形象。这给国外民众留下深刻印象,引发一段时间内在海外社交媒体上出现"刷屏"现象。三是疫情暴发后,推进"一带一路"建设的中国国有企业在保证项目正常运转的同时,主动承担企业社会责任,积极制定相关预案,严格执行防控举措,严防向项目所在国输出病例。四是中国民营企业等向疫情国家捐赠急需的医疗物资及卫生防疫用品,推动"健康丝绸之路"理念更加深入人心。菲律宾金砖国家战略研究智库创始人赫尔曼·劳雷尔（Herman Tiu Laurel）在菲律宾通讯社撰文指出,全球新冠肺炎疫情凸显中国提出的人类命运共同体理念的重要性。开放合作模式有助于全球集中精力,共同应对包括流行病在内的现有威胁,这也是构建人类命运共同体的题中之义。俄罗斯人民友谊大学副教授季莫费耶夫也表示,新冠肺炎疫情威胁全球卫生安全,这让人们对人类命运共同体理念有了更为深刻的认识,证实了人类命运共同体理念真正符合世界各国的需求。

二、偏见与"双标"导致西方舆论中的中国形象失真

在付出巨大努力、作出巨大牺牲后,中国赢得疫情防控形势持续向好、生产生活秩序加快恢复的局面。但在此过程中,针对中国的各种负面论调也在国际舆论场发酵,并呈现更加错综复杂的态势。特别是以美国为首的西方国家部分主流媒体基于偏见与"双标"兴风作浪,针对中国抗疫举措,炮制各种论调,进行政治化、标签化和污名化,对中国的国际形象造成一定冲击和影响。

第一,政治化中国抗疫,沿袭意识形态之偏。新冠肺炎疫情出现以来,中国始终将人民群众生命安全和身体健康放在第一位,在抗击疫情方面取得积极成效,为遏制病毒在世界范围内传播做出了重要贡献。但是,美国等西方部分主流媒体的报道叙事,未能全面展现中国政府和中国人民的抗疫举措及有效做法,而是较多采用带有意识形态偏见的狭隘观点。

美国等西方政客和部分媒体一方面妄称中国分享抗疫经验、呼吁全球携手抗疫是在搞所谓的"形象宣传";另一方面无端指责中国借对外援助抗疫扩大地缘政治影响,并夸大疫情对"一带一路"建设的影响。美国部分媒体鼓吹"中美脱钩""中西脱钩",妄图煽动其他西方国家放弃与中国开展合作;诋毁和贬低"中国制度""中国模式",试图强化西方价值观的"优越感",《纽约时报》对中国和意大利"封城"举措截然不同的"双标"报道就淋漓尽致地体现了这一点。除此之外,美国等西方舆论还将中国采取的相关严控举措诬称为"史上规模最大的社会控制运动之一",将社区管理举措称为"惩罚性

行动和强制性做法",将中国强大的动员能力扭曲成"亵渎人权";将世界卫生组织对中国抗疫努力的充分肯定污蔑为"中国授意为之"。

涉华报道的负面倾向缘自美国等西方政客、媒体蓄意将疫情问题政治化。基于根深蒂固的意识形态偏见,部分外国媒体对中国国家政治制度及治理体系进行抹黑,否定中国政府和中国人民的抗疫行动与所作贡献,对中国国家形象造成一定损害。此外,部分媒体沉溺于"制度之争"的喧扰也使得一些国家错过了疫情防控的关键期,对全球携手共同抗疫造成了诸多不利影响。

第二,标签化中国抗疫,凸显议题设置之手。随着美国时任总统特朗普在推特发文称新冠病毒为"中国病毒",全球舆论哗然,相关话题一时占据全球各大媒体头条并引发中美激烈交锋,各种涉华负面论调交替出现。总体看,3月份中国面临美国等西方舆论的超高压态势,进入4月份批评质疑声音相对趋缓,4月底渐从美欧"合唱"转为部分美国等西方政要的"独唱"。

从意图上看,所谓"中国病毒论""中国担责论""中国赔偿论"等属于第一类,意在"甩锅"中国;所谓"虚假宣传论""借疫获利论""中国产品问题论"等属于第二类,意在抹黑中国;所谓"经济难以复苏论""政策难以平衡论""中美脱钩论"等属于第三类,意在"唱衰"中国。

从趋势上看,"中国病毒论""中国担责论""虚假宣传论"三种论调在3月1日后热度持续上升,在中国于3月19日宣布新增本土确诊病例和疑似病例首次实现零报告当天达到峰值。此后三种论调呈现明显下降趋势,特别是3月27日中美两国元首就疫情问题通电话和4月8日武汉"解封",对平息负面舆论起到了积极作用。此外,"中国赔偿论"和"借疫获利论"则较长时间内处于底部震荡态势,反映出尽管一些西方主流媒体反复带头炒作相关话题,但舆情热度并未跟进。美西方媒体给中国贴标签的行为,不仅成为一系列"阴谋论"的温床,无益于各国民众客观认识并有效防控疫情,而且加深了中外民众间的隔阂和猜忌,在一段时间内对中国国家形象造成直接冲击与不利影响。

第三,污名化中国抗疫,折射自身应对之困。疫情突如其来,中国通过实施强有力的抗疫举措有效控制住疫情,美欧国家却相继沦陷并逐渐失控。疫情应对不力以及由此衍生的各种政治经济社会问题,令美国等西方政府备受

---

① 资料说明:笔者根据当代中国与世界研究院数据绘制。

民众诟病，部分政客出于谋取关注、转移视线、掩盖矛盾、推卸责任等目的，公然向中国"甩锅"，利用疫情污名化中国，企图使中国成为其施政不力的替罪羊、国内矛盾的输出地和国际舆论的活靶子。部分西方媒体非但不客观报道以正视听，甚至还推波助澜、颠倒黑白，未能有效引导本国政府和民众正视疫情发展并及时采取应对举措。由此可见，中国在抗击疫情方面的付出与牺牲，却被某些国家政客别有用心地做文章，以转移其内部矛盾和进行党派斗争。着眼疫情时代，美国等西方国家更是不愿看到中国通过有力应对疫情进一步扩大全球影响力。

借疫情进行污名化的报道只会引起不同国家和民族间的排斥与冲突。此次新冠肺炎疫情再次挑起了西方社会内部长期存在的种族主义与排外主义情绪，给中国民众以及全球华人形象带来严重负面影响。特别是在确认病毒存在"人传人"情况以及境外发现确诊病例后的一段时间内，海外多地出现较大规模恐慌情绪，中国游客和海外华人成为矛头所指，激化了长期存在的种族偏见和反华情绪。在境外网络社交媒体平台上，丑化、讽刺和指责中国人饮食习惯的各种推文迅速传播；美国部分媒体近期又借中国国内涉非在华公民防疫问题挑唆中非关系，污蔑中国进行"排外"并对非采取"种族主义"做法，挑动部分非洲国家官方和民间的非理性情绪。从近期国际舆论环境看，所谓"种族歧视"与污名化已在短时间内成为中国构建国家形象的绊脚石。

三、"疫情舆论战"下推动中国公共外交新发展的举措

2013 年 10 月，习近平总书记在周边外交工作座谈会上指出，"要着力加强对周边国家的宣传工作、公共外交、民间外交、人文交流，广交朋友，广结善缘，把中国梦同周边各国人民过上美好生活的愿望、同地区发展前景对接起来，让命运共同体意识在周边国家落地生根"。通过开展公共外交，"可以更直接、更广泛地面对外国公众，从而更有效地增强本国的文化吸引力和政治影响力，改善国际舆论环境，维护国家利益，表达真实的国家形象"。

面对新冠肺炎疫情的全球性蔓延，没有一个国家可以独善其身。各国应对此次突发灾难的反应随着疫情形势变化进入全球关注视野，公共外交的重要意义更加凸显。特别是在主流媒体传播力依然处于"西强我弱"的背景下，

在西方国家把控国际舆论仍陷意识形态窠臼的场域中,在全球民众价值观纷繁复杂的情境下,如何讲好中国抗疫故事,展现真实立体全面的中国,最大限度谋求价值认同,成为中国围绕疫情开展公共外交的重要目标。

第一,携手抗疫,深入践行人类命运共同体理念。推动构建人类命运共同体是新时代中国特色大国外交的鲜明标志。新冠肺炎疫情对世界各国人民的生命健康产生重大影响,加强疫情防控国际合作是发挥中国负责任大国作用、推动构建人类命运共同体的重要体现。面对重大传染性疾病这一全人类的敌人,国际社会最需要的是坚定信心、齐心协力、团结应对。疫情暴发不分民族、不分地区、不分国家,对于疫情何时能够结束、全球经济社会何时步入正轨的疑问,"全球疫情取决于控制得最差的国家,不取决于哪个国家控制最好、最早"作出了最好的回答。

应对此次疫情不应互相推诿指责,而是需要全人类团结协作,这与构建人类命运共同体的理论内核高度契合。从近期舆论反应看,越来越多的国外智库机构、专家学者建议全球采取务实行动,对快速蔓延的新冠肺炎疫情作出协调一致的应对。对于中国而言,围绕影响全人类生存与发展的重大议题,需要在互动交往、对外援助中遵循构建人类命运共同体理念,也需要在国际传播和对外宣介的议题设置中坚持推动构建人类命运共同体。具体而言,一是秉持共商共建共享的全球治理观,维护多边主义理念和原则,以共同协商的方式解决争端与矛盾,在全球防疫实践中不断完善全球治理机制。二是坚持生命至上、人民至上原则,坚持以各国实际和现实需要为依据开展国际合作与对外援助,不因意识形态、社会制度的异同而有所偏颇,尽己所能,守望相助。三是面对推诿卸责、罔顾事实、散播仇恨的"甩锅"把戏,展现负责任大国的态度与担当,引领国际社会携手合作抗疫。

第二,交流互助,促进多主体多领域全球合作。疫情在全球暴发后,中国政府和民间社会组织等公共外交主体积极援助他国共同抗疫,中国采取的负责任大国行动有目共睹。截至2020年4月10日,中国政府已经或正在向127个国家和4个国际组织提供包括医用口罩、防护服、检测试剂盒等在内的物资援助,累计向11国派出13批医疗专家组,同150多个国家以及国际组织举行了70多场专家视频会。中国地方政府、企业和民间团体也向100多个国家和地区以及国际组织捐赠了医疗物资。此外,4月23日,中国还宣布,决定在前期向世界卫生组织捐款2000万美元现汇的基础上,追加3000万美元捐款,用于新冠肺炎疫情防控。

下一阶段如何有效影响国际舆论、争取国际社会理解支持、推动建构新时代中国良好的国家形象,既是中国做好疫情防控工作的重要内容,也是中国负责和参与对外交往的组织、群体以及个体都要面临的重大课题。总体来说,解决这一难题的有效途径是,通过促进多主体、多领域的国际合作,加深互信、建立平台、协调行动、共同战胜疫情。一要继续坚定支持世界卫生组织在全球抗疫中发挥领导作用,主动加强与世界卫生组织的沟通交流,呼吁各国充分开展交流和对话,平等地进行互助和合作。二要积极开展国际科研攻关,在溯源、检测、诊断、有效药物和疫苗研发等方面全方位展开合作,加强与各国专家和科研人员的成果及资源共享,及时提出有效应对之策。三要携手促进发展中国家和地区疫情防控取得成效,通过各种渠道和方式提供医疗物资援助,联合专业人士增加指导公众防范病毒的必要信息供给。

第三,以人为本,讲好抗击疫情的鲜活故事。习近平总书记指出,"民心是最大的政治。"争取外国民众的民心与民意是公共外交的出发点和落脚点。在以习近平同志为核心的党中央坚强领导下,中国政府和人民防疫抗疫采取的有力措施、取得的显著成效、作出的国际贡献以及其中涌现的许多感人事例,为讲好中国故事、拉近民心距离提供了生动鲜活的素材,为树立并提升良好的国家形象创造了有利条件。中国人民与世界人民共同应对疫情的动人故事,也是成功开展公共外交的有效素材。

在此背景下,要以点带面讲好中国的"战疫故事",让每一个有血有肉的故事成为展现中国制度优势和国家治理能力的有力支撑点。例如,中国把人民群众生命安全和身体健康放在首位,全力救治确诊患者,践行全心全意为人民服务的宗旨就是最好的公共外交实例;中国民众为抗击疫情积极配合"'封城'闭户"的隔离规定、全国医护人员奋勇驰援武汉等实例,正是中华民族集体主义价值观的良好诠释;中国向曾在汶川大地震时给予中国援助的意大利和双边关系紧密的巴基斯坦、塞尔维亚等国派遣医疗队、捐赠医疗物资等,以及向国外友城加倍赠还口罩等防疫物资,凸显了"知恩图报""雪中送炭"等根植于中华优秀传统文化中的"义利观"等。此外,还可以更多被援助国家民众的视角,通过他们的分享与讲述,向世界更好地宣介中外合力抗疫的故事。

四、结语

新冠肺炎疫情作为全球性的"黑天鹅"事件,不仅是人类社会面临的一次重大公共卫生安全事件,也是当今全球治理体系和世界各国需要共同面对的一次重大挑战,对中国而言更是国家治理能力和公共外交面临的一次重要考验。疫情暴发以来,中国针对疫情防控采取的一系列举措成为全球舆论焦点,向国际社会提供的大量医疗物资援助以及支持各方共同抗疫的努力有目共睹,对外展现了负责任大国的形象与担当。在此期间,国际舆论场中的各种"乱象"更是凸显了公共外交的重要性,中国从官方到民间的抗疫努力与取得的重要成效,成为直面国际舆论生态的重要公共外交实践。

疫情危机过后,不同国家、不同领域、不同层面的公共外交必将展现出新的面貌。对中国而言,践行人类命运共同体理念、彰显负责任大国担当、讲好抗击疫情故事,将成为自身参与全球治理、推进公共外交、塑造良好国家形象的重要维度。同时也应看到,国际舆论场对疫情时代的国家间交往及全球化走向态度相对悲观,针对中国的各种污名化言行及错误观点或将长期存在。随着日益走近世界舞台中央,中国不仅在全球角色与形象塑造层面迫切需要公共外交的积极助力,而且推动构建人类命运共同体等理念传播同样需要广泛的公共外交实践。为此,中国各领域、各层次的行为体都需要进一步提升公共外交意识与能力,不断丰富和参与公共外交实践,为中国塑造良好国家形象和实现"两个一百年"奋斗目标营造更为有利的外部环境。

(本文系 2017 年度国家社科基金重点项目"改变'西强我弱'舆论态势研究"的阶段性研究成果,项目批准号:17AXW008)

参考文献

[1] 德国世界报:《对北京而言,最糟糕的情况是什么》,载 https://www.welt.de/politik/ausland/plus205385949/Coronavirus-Was-ist-der-Worst-Case-fuer-Peking.html?cid=onsite.onsitesearch,2020-01-27。

[2] 菲律宾通讯社:《世界应协力抗击新冠肺炎病毒》,载 https://www.pna.gov.ph/opinion/pieces/281-covid-19-should-unify-the-world,2020-03-04。

[3] 《冠状病毒与中国——对国家和社会的压力测试》，载 https://www.fondsk.ru/news/2020/02/06/koronavirus-i-kitaj-stress-test-dlja-gosudarstva-i-obschestva-50065.html，2020-02-06。

[4] 人民日报：《"中国为各国共抗疫情作出了重要贡献"（患难见真情共同抗疫情）》，载《人民日报》，2020-03-10。

[5] 外交部：《2020年4月10日外交部发言人赵立坚主持例行记者会》，载 https://www.mfa.gov.cn/web/fyrbt_673021/jzhsl_673025/t1768268.shtml，2020-04-10。

[6] 西北先驱报：《冰山一角：国家病毒人数难以统计》，载 https://www.theherald-news.com/2020/04/17/tip-of-the-iceberg-nations-struggle-to-count-virus-toll/at31049/，2020-04-17。

新冠肺炎疫情背景下的国家形象危机及应对策略①

刘艳房　王淑杰②

面对突如其来的新冠肺炎疫情,如何有效应对因疫情所带来的国家形象危机,成为我国亟须解决的一个现实问题。由于疫情在世界各地的不断蔓延,由疫情引起的国家形象危机的因素也错综复杂。因此,内部与外部、国内与国外都应成为制定国家形象危机应对策略需要考虑的重要内容。

一、新冠肺炎疫情引发的国家形象危机

国家形象是国际社会对一国的整体认知和评价,具有政治功能、经济功能和文化功能,属于国家软实力的范畴。当今时代背景下,国家形象已经成为影响国家利益的重要因素,各国也都把建构国家形象上升到国家战略,并采取一切有效措施积极维护,防止受损造成形象危机。所谓国家形象危机,是"指一个主权国家在国际环境中因发生了某种影响国家声誉的事故,导致国外公众对该国原先持有的相对稳定的总体评价遭受结构性的侵蚀和破坏,进而出现负面的整体印象和心理情感,最终影响该国在国际事务和交往中的地位与作用③"。

---

① 本文主要内容已发表在《河北师范大学学报(哲学社会科学版)》2020年第3期。
② 刘艳房:法学博士,研究员,硕士生导师,主要从事马克思主义中国化研究。
③ 廖维晓、柯健:《国家形象危机管理初探》,载《生产力研究》,2012(7),10~12页。

（一）国家形象危机的属性

其一，国际性。本文所讨论的国家形象危机是指国家的国际形象危机，因此国家形象危机的首要属性就在于它的国际性，这是从国际时空范围进行考量的，脱离国际环境也就无所谓国家形象危机。危机一旦产生，就会影响国家在国际上的地位和声誉。

其二，突发性。由于国家形象危机发生的时间、地点、影响范围等各方面都具有不确定性、难以预测性，人们很难做到提前控制，国家形象危机带有一定的偶然性和突发性。

其三，紧迫性。紧迫性是就发展态势而言的。公共事件会不断发酵，若国家政府在事件发酵过程中未能给予及时回复或者处理，必然致使该国处于舆论焦点，导致国家形象危机急剧恶化，后果不堪设想。因此，一旦发生国家形象危机，就需要一国政府迅速采取措施，及时应对，以挽救长期建立起来的良好国家形象。

其四，破坏性。国家形象危机一旦发生，必然会给国家带来不同程度的破坏与损失（不仅包含经济损失，还有政治、文化等各方面损失），极大损害一国在国际中的地位和影响力，其影响具有间接性、长期性特点。原本经过长期努力才塑造起来的良好国家形象，就此功亏一篑，甚至在短时间内很难得到恢复。

因此，一国要想在全球化的今天跻身于世界民族之林，得到世界各国人民的支持和认可，不仅需要注重塑造良好的国家形象，更需要认识到国家形象危机的重要性，及时采取应对措施，修复形象，为更好地提升综合国力，加强国际交流，实现一国的长期发展奠定基础。

（二）某些国家借机妖魔化中国形象

伴随新冠肺炎疫情在世界各地的多点暴发，西方国家不断借机攻击中国。从国际方面看，主要呈现两种声音：一方面，中国10天建成"火神山"医院，采取最全面、最严格的防控举措，并用极短的时间甄别出病原体，及时主动同世界卫生组织和其他国家分享有关病毒基因序列，充分彰显了中国公开、透明、负责任的大国形象，许多国家纷纷为中国点赞。另一方面，一些国家反应过激,利用疫情大搞"中国威胁论",对中国制度进行抨击,抹黑和诋毁中国,甚至是用带有种族歧视色彩的言论攻击中国,严重损害了中国国家形象。

某些国家利用新冠肺炎疫情对中国政府及人民进行诋毁和歧视,严重损害了我国的国际地位和影响力,危及了我国的主权和形象。因此,国家形象危机已成为我国当前亟须面对与解决的一个现实政治问题。

二、新冠肺炎疫情背景下引发国家形象危机的因素

某些国家在我国积极抗击新冠肺炎疫情期间,发表恶意言论,将我国置于舆论焦点,给我国经济、政治、文化等各个方面造成巨大损失,甚至严重侵犯了我国的主权和人权。引起我国国家形象危机的因素是多方面的,需要我们抽丝剥茧,逐一理清,以便为有效制定形象危机应对策略创造条件。

(一)内部因素

国家形象危机有多方面因素,错综复杂。既有内部因素又有外部因素,两者相互联系,相互制约。就内部因素而言,主要表现在三个方面:一些地方政府决策的"滞后性"、国民整体素质有待提高、主流媒体影响力有待提升。

1. 一些地方政府决策的"滞后性"

针对疫情在武汉的暴发,西方媒体甚至国内民众舆论纷纷批评地方政府决策的"滞后性",引起热议的原因之一就是"李文亮事件"。舆论认为李文亮是第一个吹响疫情警报的人,但是由于武汉当地政府对病毒危害综合研判不及时,致使疫情萌发初期没有及时采取果断措施,而导致病毒迅速蔓延。2月13日,美国全国公共广播电视(NPR)"早间新闻"(Morning Edition)节目主持人英斯基普(Steve Inskeep)在对崔天凯大使采访时,专门就该事件做了访谈。英斯基普问道:"我知道卫生系统官员会说,中国应对其实并不那么慢,但两名官员被解雇说明出了问题。到底什么地方出了问题?"很显然,英斯基普的问题对中国现有管理体制和政府作风持否定和怀疑态度,带有鲜明的政治色彩。西方媒体对中国的社会制度和中国共产党的领导体制本来就持

反对甚至敌对态度,所以往往把不足和失误无限放大来诋毁和妖魔化中国形象,直接目的是制造政治危机,削弱国际社会对中国的政治认同。这就需求我们继续完善中国特色社会主义制度,推进国家治理体系和治理能力现代化,以凸显我国社会主义制度的优越性,不给那些别有用心制造负面舆论的国家或者个人以可乘之机。

2. 国民整体素质有待提高

面对突如其来的疫情,全国上下一盘棋,凝心聚力抗疫情才是打赢防控阻击战的最好办法。一边是医护人员奋力救治,爱心人士捐款捐物;另一边却是疫情前期极少数人为躲避疫情逃往国外。显然,一些无知民众的行为助推了国家形象危机。在本就对中国民众存有刻板印象的别国民众眼里,这些举动加剧了他们对中国国民素质低、责任感差的印象。同时,由于受到晕轮效应的影响,国外民众对我国长期建立起来的负责任大国形象开始质疑,最终影响到整个国家在国际事务和国际交往中的地位与作用。

3. 主流媒体国际影响力有待提升

媒体作为国家形象塑造的重要力量,在化解国家形象危机和有效发挥国家话语权方面发挥着重要的作用。我国的国际地位不断提高,国际影响力不断增强,主流媒体也在国际上发挥着越来越重要的作用。但是,相较于纽约时报、华盛顿邮报、路透社等一些西方媒体,我国的主流媒体在国际影响力和话语权等方面仍存在很大差距。面对疫情,一些西方国家就利用媒介优势大肆抹黑和诋毁中国。比如,1月26日,法国《皮卡第邮报》将一篇题为"Alerte Jaun"("黄色警戒")的文章发表在头版位置。1月29日,澳大利亚《每日电讯报》刊发题为《中国小孩在家待着》的文章。1月31日《先驱太阳报》更是针对在澳华人,称新冠病毒为"中国病毒"。而之前,丹麦《日德兰邮报》关于中国疫情的一篇报道中,直接附上了一幅用冠状病毒取代中国国旗里五颗星的漫画。更有甚者,2月3日《华尔街日报》竟炮制出了一篇题为《中国是真正的东亚病夫》的文章,利用新冠肺炎疫情对中国进行种族主义色彩的攻击,严重损害了中国形象。该文作者米德借新冠肺炎疫情大肆唱衰中国经济及前景,而对本国的人权现状和导致死亡的流感肆虐不置一词,这种严重的双重标准和极具侮辱性的文章让中国人极其愤怒。

(二) 外部因素

1. 文化差异

文化具有多样性,是维系民族生存和发展的纽带。一个民族要屹立于世界民族之林,就要坚定文化自信,以强有力的文化软实力融入地球村当中。霍尔指出:"人生没有哪一个方面不受到文化的影响和改变。"① 国家形象的形成往往受制于国际受众的主观因素,文化差异决定了主观因素的差别,国家形象危机同样如此。比如,东西方观念上的差异。中国长期受到儒家思想的影响,重仁、讲义、明礼、益智,有信。社会主义核心价值观,更是始终坚持把人民群众的利益放在第一位,集体利益大于个人利益。而西方国家总是持有西方文化的优越感,一直鼓吹并以西方的普世价值去衡量和指责别国的做法,试图凭借其文化发展优势搞文化霸权主义,用西方人权标准去攻击发展中国家,损害别国文化形象,使别国主权受到威胁。抗击疫情期间,中国媒体不遗余力报道了医护人员、军队武警官兵、广大人民群众万众一心积极抗疫,中国政府采取强有力措施抗击疫情等感人故事。尤其是政府及时采取武汉"封城"之举,使疫情蔓延势头得到有效控制。而在西方国家看来,这一举措与西方所倡导的民主、自由完全相悖,是对人权的严重侵犯。美国《纽约时报》就曾发表过"中国'封城'不民主","中国'封城'"让人难以理解",这样做"侵犯人权"之类的言论。又如,《卫报》在一篇文章中也曾这样写道:"中国政府能将数百万人封锁在城内,几乎不做任何事先通知,这唯有'恐怖'二字可以形容。"显然在西方国家看来,中国所做的一切有利于疫情防控、有利于保障人权的举措在他们眼里都是没有人权、没有自由、没有平等的。

2. 意识形态的差异

关于意识形态含义的理解国内外观点存在较大差异,在有的国外学者看来,"从法国雷蒙·阿隆的《意识形态的终结?》一文,到美国丹尼尔·贝尔的《意识形态的终结》一书,再到美国弗朗西斯·福山的《历史的终结和最后的人》及塞缪尔·亨廷顿的《文明的冲突与世界秩序的重建》等,他们大都声称意识形态,特别是社会主义意识形态是一种乌托邦,是一种'欺骗'和

---

① [美] 约瑟夫·奈:《硬权力与软权力》,门洪华译,169页,北京,北京大学出版社,2005。

'杜撰',是'虚假的观念和意识',甚至攻击社会主义和共产主义。"[①] 我们知道,"意识形态属于整个国家和执政党的政治价值、政治观照和政治行为的基本工作。"[②] 以习近平同志为核心的党中央高度重视国家形象的塑造与传播,把中国国家形象塑造目标明确定位为"文明大国、东方大国、负责任大国、社会主义大国"。这与西方资本主义国家搞的"霸权主义"大相径庭,集中体现了中西方在国际竞争中意识形态上的博弈。此外,意识形态作为国家形象的重要影响因素,成为中国与西方国家难于弥合或逾越的观念鸿沟,这也就成为西方资本主义国家抹黑和抨击中国的缘由。比如,抗击疫情期间,美国防长埃斯珀多次强调"中国对世界秩序构成越来越大的威胁";美国国务卿蓬佩奥也妄称"美国担心的不是某一家公司,而是中国的制度"。显然,美国对中国制度进行抨击,大搞"中国威胁论",背后是意识形态的较量。美国面对中国在改革开放以来的 40 多年里取得的显著成就备感压力,极力地想遏制中国,污蔑和抹黑中国。因此,美国叫嚣"中国威胁论"的真实目的也就不言而喻了。

3. 国家利益冲突

所谓国家利益,是指"一个民族国家相对于其他民族国家而言所规定的客观因素的综合"[③],也是一个国家保护领土完整、捍卫国家主权、维护自身安全、维持国家发展的综合体现。国与国之间的任何交流与冲突都与追求国家利益有关。应对危机、修复国家形象的根本目的就是为了维护国家利益。就此次疫情来说,不同国家对华采取不同的态度,这与各国追求不同的国家利益有着直接关系。

(1) 追求安全利益。

对于安全利益的理解,既包括维护国家的领土完整和安全,即传统安全,也包括经济、政治、能源等其他方面的安全,即非传统安全。"'非传统安全'具有潜在性、瞬时暴发性和难于控制等特点。"[④] 疫情灾害便属于非传统安全的范畴。面对新冠肺炎疫情的蔓延,在确认病毒能够人传人后,中国本着对人民对

[①] 王永贵:《对全球化背景下意识形态含义不同认识的考察与分析》,载《马克思主义与现实》,2006(2),146~147 页。
[②] 姜安:《意识形态与外交博弈——兼论中美关系的政治文化逻辑》,41 页,北京,中共中央党校出版社,2007。
[③] 高伟凯:《国家利益:概念的界定及其解读》,载《世界经济与政治论坛》,2009(1),80~85 页。
[④] 李环:《解析"非传统安全"》,载《国际关系学院学报》,2005(4),1~6 页。

世界负责任的态度,迅速采取隔离、"封城"措施,阻止了病毒进一步传播。一些国家格外谨慎,对华采取了相关措施,目的是为了更好地保护本国人民的生命健康。除此之外,还有一些国家借此渲染和放大中国威胁论,声称中国是非传统安全的制造者,并借机对中国进行种族主义色彩的攻击,侮辱华人,"黄祸论"重新泛起,尤其是在一些西方反华势力刻意的渲染和煽动下,一些海外民众由疫情衍生出的恐惧、敌视心理被不断放大,并扭曲成了新的负面力量。

(2)追求发展利益。

正常的发展利益是得到各国人民支持和认可的。在追求发展利益的过程中,既要维护本国人民的利益,也要兼顾其他国家人民的利益,最终实现合作共赢。但某些国家却总是不择手段地谋取本国利益,不惜牺牲其他国家和人民的利益。目前中国发展速度很快,美国对此焦虑不安,它把中国的发展视作威胁,并动用国家力量来打压"华为"就是明显例证。抗击疫情期间,美国商务部长罗斯也发表过中国疫情将"有助于加速制造业回流美国"的言论。显然,美国借疫情大肆发表不良言论,目的就是为了打压中国,那么由美国主唱的"中国威胁论"背后的目的也就明了了。

三、新冠肺炎疫情背景下国家形象危机应对策略

及时有效地修复我国的国家形象成为当前的重要任务之一,需要我们有针对性地采取措施。

(一)政府积极作为

首先,在防疫抗疫的特殊时期,对于诋毁、污蔑我国的不实言论,政府相关部门要据理力争,并第一时间公开信息,掌握舆论的主动权。同时,还要敦促发表过不实或过激言论的国家道歉,坚决捍卫国家利益和人民利益。其次,每次国家形象危机都是对政府的很好鞭策,对加强国家形象危机管理提出更高要求。由于国家形象危机具有突发性和破坏性,所谓凡事预则立,不预则废。制定一套系统化、有针对性的预警方案是有效规避国家形象危机的重要途径。最后,政府还要不断优化职能。所谓打铁还需自身硬,政府也要自我反省,正视自身问题,不断完善中国特色社会主义制度,推进国家治理体系和治理能力现代化。这样才不会给那些心怀叵测的国家任何可乘之机。

（二）通过外交手段赢得国际社会认同

"中国是世界的中国",在互联互通的今天,世界各国紧密地联系在一起,中国面对疫情,要充分彰显出负责任的大国形象。外交活动是国家形象建构的重要手段,国家形象战略主要是通过外交战略来实现的。通过积极的外交手段,树立良好形象,可以赢得世界各国人民的尊重和认同,面对危机如果不及时采取积极外交手段加强交流,将会造成国际社会的误解和猜测,招致谴责和非议,影响国家声誉和威望。所以,在举国上下全力抗击疫情的同时,积极开展全方位外交是应对形象危机的必要手段。

通过首脑外交,与各国首脑保持信息沟通与合作,表达中国战胜疫情的能力和决心,消除疑虑达成共识,加强政治互信,为全球应对疫情危机提供良策。通过首脑外交,中国与世界许多国家保持着友好往来和良好双边多边关系,促进了政治、经济和文化交流与互动,相互树立了良好形象。疫情发生后,多国国家元首和政党领导人纷纷向中国表示支持和慰问,体现了国际友谊与互助精神。

通过政府外交,加强与相关国家、政府和国际组织的合作,尤其积极主动与世卫组织加强合作,用科技手段防止疫情在全世界蔓延。世界卫生组织总干事谭德塞针对中国被污名化,为中国正名,公开表示支持和信任中国,为中国点赞,对维护中国形象做出了贡献。

通过公共外交和民间外交及援助外交等活动,做好舆论宣传,宣传中国政府和人民在抗击疫情过程所展现的团结精神、不怕牺牲精神和组织动员能力。中国有能力、有信心打赢这场疫情防控阻击战,从而在国际上塑造一个有能力、负责任的大国形象。

通过灵活多样的外交手段,充分表达中国是负责任的,中国不仅要保护本国人民的生命安全,也要保护世界人民的生命安全,大力加强与各国政府、国际组织和人民的合作,为世界公共卫生事业尽一份应有的责任。

（三）增强国民形象危机意识

良好的国民素质是塑造国家形象的重要组成部分。"中国大妈""中国式过马路"这些带有标签的名词,背后所隐含的是世界人民眼中的中国人,再加上国外民众长期受到刻板印象的影响和对中国的不甚了解,面对一些国民有损中国形象的行为,自然就加剧了这种刻板印象,致使中国形象危机一触即发。因此,应对国家形象危机,需要广大人民群众不断提高社会责任感,以主人翁意识严格要求自己。政府还要做好疫情宣传工作,积极引导广大人民群众增强爱国意识,提高社会责任感和使命感,自觉为塑造良好的国家形象做出贡献。

(四)充分发挥媒体中介作用

中国媒介在国际中缺乏影响力,面对西方国家的抹黑很难发挥国际话语权。因此,要想应对国家形象危机,就需要充分发挥媒体的中介力量。

1. 加大传媒人才培养,扩大媒介队伍建设

人才作为媒介传播中最核心的要素,对发挥媒介效能起着关键性的作用。我们所要培养的传媒人才是坚定马克思主义信仰,坚持马克思主义指导地位,坚决拥护中国共产党的领导和社会主义制度的人。就疫情而言,面对西方国家对中国特色社会主义制度的质疑和否定,传媒人才要敢于做政府的耳目喉舌,以有力、真实的声音向世界宣告中国特色社会主义制度的优越性。这对外宣新闻工作者提出了更高要求,在疫情防控期间,外宣工作要及时、有效发布国内抗疫情况,并利用本土化的表达方式直接将疫情和中国在抗疫过程中所作的努力传达给当地受众,赢得受众的理解和支持。

2. 发挥新媒体舆论引导力,促进媒介融合传播

时效性作为新闻传播的重要特点之一,直接关系到新闻内容的价值性,也是国家形象塑造的重要因素。新旧媒体最大区别在于,新媒体利用现代信息技术,有效打破了媒介传播过程中的时空限制,能够及时、迅速、直观地将信息传播出去。在抗击疫情过程中,应对国家形象危机,打破谣言、诋毁等恶意信息的最好方式,就是直观、真实地呈现事实。新旧媒体优势互补,有利于构建高效的传播渠道。一方面,新媒体借助传统媒体的影响力和人才优势,发布官方疫情信息,增强信息的认可度,从而为传播好中国声音创造条件;另一方面,传统媒体要利用新媒体时空优势,及时、直观、亲和、声情并茂地完成报道。比如,在此次抗击疫情报道过程中,主流媒体采用5G技术对疫区24小时报道,尤其是对"火神山"医院修建过程进行24小时直播,这是中国媒体"互联网+"的一次重大进步。

（五）加强国际人文交流与合作，构建文化认同

文化差异是引发国家形象危机的一个重要因素，而应对国家形象危机就需要尊重文化多样性，构建文化认同。当前，威胁到中西方文化认同的因素突出表现在三个方面，即西方国家网络文化的扩张、中国文化安全保护意识缺失、国际化进程中我国国际认同感有待提高。面对不同的威胁和挑战，就需要从内部、外部两个方面着手，来抵御外来文化对中国的侵蚀，增强各国对我国文化的认同感。

1. 注重文化创新，始终坚定文化自信

在激烈的国际竞争中，文化的作用日益凸显。要深知文化差异背后的文化霸权的危害。面对当今文明冲突的日益加剧，我们要始终有战略定力，毫不动摇地坚持走和平发展的道路，始终坚持道路自信、理论自信、制度自信、文化自信。抗击疫情的过程，也是独特文化生成和创新的过程，是优秀文化内涵不断丰富的过程。中国共产党和政府把人民群众利益放在第一位，把挽救人民群众生命放在第一位，动员一切力量驰援武汉，彰显了社会主义制度的优越性，发挥了中国政治文化的力量。中国人民众志成城，积极发扬一方有难八方支援的团结互助精神，涌现了大批奋不顾身的白衣"逆行者"，体现了"天下兴亡，匹夫有责""牺牲小我，成就大我"的家国情怀，体现了中华民族传统文化的道德魅力。为了抗击疫情，各界人士伸出援助之手，各级工作人员坚守岗位，社区民众配合隔离，主动帮助特困人员，自觉成为社会主义核心价值观的践行者。抗疫期间涌现的英雄人物和故事，应广泛宣传，通过疫情所体现的民族精神和优秀文化应发扬光大。只要始终做到坚持一切从实际出发，发挥我国传统文化的独特魅力，提高文化创新能力，形成具有中国特色、中国风格的文化软实力，讲好中国故事，就能树立良好形象，赢得广泛认同。

2. 拓宽沟通渠道，加强文化交流与互鉴

随着经济的不断发展，我国文化发展水平也得到很大提升，但相较于发达国家仍存在很大差距。人文交流是提高国家形象的重要一环，我们需要不断拓宽人文交流的渠道，充分利用各种交流平台，加强各国之间的交流互信、政治互信、文化互融，实现中华文化"走出去"与世界文化"引进来"相结合，

在国际交流与合作的潜移默化中提高我国文化的国际认同。在人文交流过程中,对于有利于社会进步的文化予以接受吸收,对于有悖于社会主义现代化建设目标和人民群众利益的文化要坚决抵制,这就需要充分发挥网络导向的作用。阻击疫情不仅是一场抗疫战,更是一场止"谣"战,面对交流过程中的不实言论和带有恶意攻击的内容,就需要充分发挥政府舆论导向的作用,及时高效回应,营造风清气正的交流环境。

外宣媒体的战疫报道与中国国家形象塑造
——以 CGTN 为例 ①②

董雁　于洋欢③

在全球化背景下,国家形象越来越成为重要的软实力资源之一,中国国家形象的塑造直接关系到中国在国际社会中被接受和认可的程度。2020年初新冠肺炎疫情突然暴发,一些西方媒体借机"污名化"甚至"妖魔化"中国,试图刻意抹黑、破坏中国国家形象。"危"中见"机",面对不利局面,中国外宣媒体进入重要的危机公关时刻,主动把握国际话语权,以中国身份主体性进行"自塑",对处于垄断地位的西方话语霸权进行坚决抵抗,以中国传统文化的价值吸引力优势、以有分量的跨文化言说努力发出清晰而响亮的声音,向国际社会诠释中国战疫成就与影响力,进一步维护并力求提升中国负责任大国的形象。其中,CGTN(China Global Television Network,中国国际电视台)的表现可圈可点。

一、中国外宣媒体战疫报道的做法与经验

2020年2月10日,习近平总书记在北京市调研指导新冠肺炎疫情防控工作时发表重要讲话,提出"要及时发布权威信息,公开透明回应群众关切,增强舆情引导的针对性和有效性","要及时回应社会关切和舆论

---

① 本文主要内容已发表在《传媒》2020年第11期。
② 本文中视频观看量等数据,如未特殊说明,均为优兔平台数据;截止日期均为2020年3月18日。
③ 董雁:山东第一医科大学(山东省医学科学院)外国语学院副教授、中国社会科学院大学(研究生院)博士研究生;于洋欢:中国社会科学院大学(研究生院)博士研究生。

关注"①。2月23日,在统筹推进新冠肺炎疫情防控和经济社会发展工作部署会议上的讲话中,习近平总书记总结了疫情发生以来,中国媒体在加强宣传教育和舆论引导方面所做出的努力和取得的成绩,以及在对外宣传方面取得的进展,并对下一步的对外传播工作提出了更加明确的要求。这些指示精神,为外宣媒体对外宣传报道我国战疫情况提供了根本遵循。

(一)改进加强对外宣传,运用多种形式及时发声

自疫情暴发以来,人民日报、新华社、中国日报、环球时报、中国国际电视台(CGTN)在网、端、微、海外社交媒体多媒体平台(YouTube、Twitter、Instagram等)集中发力,在第一时间向海外传递疫情第一手资讯,进行了多语种对外传播,加大传播手段创新力度,进一步增强在国际网络舆论场的引领力,有力发出权威的中国声音,传播中国疫情防控的正能量,力求做到"公开、透明、及时、准确"②。例如,截至2月28日,CGTN海外新媒体平台共发布报道16100条,海外阅读量11.1亿次,海外独立用户访问量8.5亿次,海外互动1865.7万次,海外视频观看量2.3亿次。输入关键字outbreak("疫情"),《中国日报》英文版网站、中国网英文版网站、人民网英文版网站出现的搜索结果分别为13411个、15651个、5990个。

除利用组图、深度报道等方式,中国外宣媒体充分发挥融媒体优势,制作大量可视化内容,如采用拍摄短视频、制作系列微视频、开设网络直播,制作Vlog等方式来适应国际传播的可视化趋势。还用纪录片,包括短纪录片、系列微纪录片等,呈现中国的疫情现场真相,以消除世界对中国的误解、误判。其中,最引人注目的是首部全景展现武汉抗疫历程的英文纪录片——"The lockdown-One month in Wuhan"(《武汉战疫纪》),截至3月16日,视频观看总量已经近4000万次,其中,海外观看量近千万,成为全球网友了解中国抗疫真实情况的一扇窗口。该纪录片客观、平实却感人肺腑,在CGTN官网、海外社交平台账号推送后,取得了优异的传播成绩,相继被21个国家和地区的165家境外电视频道和新媒体平台采用,90%以上的海外受众都给出了正面评价。

---

① 习近平:《以更坚定的信心更顽强的意志更果断的措施坚决打赢疫情防控的人民战争总体战阻击战》,载《人民日报》,2020-02-11。
② 丁以绣、李淼、袁舒婕:《快速反应稳民心权威发布强信心践行"四力"守初心》,载人民网,2020-03-02。

此外，中国外宣媒体与包含国际主流媒体在内的多家境外媒体开展了多种形式的交流合作，如受邀视频连线、参与直播、派出主持人或网红主播参与节目等，以公布中国疫情的最新进展及防控措施。这些合作获得了观众的普遍称赞，不仅澄清了很多谣言，也一定程度上缓解了国外民众的恐慌心理。截至 3 月 7 日，CGTN 各语种频道已为英国、美国、俄罗斯、阿联酋、阿根廷等 65 个国家的 70 余家主流媒体提供了 138 次连线报道，其新闻及专题节目也被包括美国有线电视新闻网、福克斯新闻、英国广播公司等在内的全球 1650 余家海外媒体使用 98000 余次。

（二）讲好中国战"疫"故事，引发全球受众共情

讲好中国战"疫"故事，要讲展现中国力量、中国精神的故事，要"察实情、说实话、动真情"，努力推出"有思想、有温度、有品质的作品"。疫情暴发期间，最能感动各国民众、引发其内心情感共鸣的主要是有关武汉一线医护人员、火神山与雷神山医院建设者、公安民警、基层工作者、志愿者等人无私奉献的报道。CGTN 先后推出视频"Do nurses in Wuhan hospital have time to eat their meals？"（《武汉医院的护士有空吃饭吗？》）、"A look inside Wuhan quarantine ward for seriously ill"（《探访武汉重症隔离病房》），用平实、感人的语言介绍了奋斗在一线的医护人员危险而紧张的工作，反映了这些最美逆行者的乐观与坚强，前者的观看量 723120 次，收获点赞 1.1 万次；后者观看量 1531309 次，点赞 8659 次。

在长达数月的持久战"疫"报道中，只讲带有紧张感的故事是不行的，还需有度把握共情共鸣的手段与形式，对国际受众进行软性的情绪引导与情感抚慰。CGTN 于情人节当天发布视频"A special wedding ceremony in Wuhan"（《武汉的一场特别的婚礼》），观看量为 547839 次，点赞 4426 次。视频惹得众多网友泪目，网友评论："中国人有着如此美丽的灵魂"，"这是大难中最温馨的场景，祝愿新人白头偕老"，"突如其来的困境彰显了中国人最伟大的人性"。这些软性战"疫"故事润物细无声地温暖了海外受众，使其对中国人英勇坚强、乐于奉献、敢于牺牲、团结一致、众志成城的民族精神形成了直观、感性的印象。

中国战"疫"故事是中国与世界携手共同战"疫"的故事。讲好这些故事，要秉承人类命运共同体理念，要讲体现人类共同利益的、美好价值追求的故事。积极抗击疫情，维护世界人民的健康安全，是目前全世界人民最大

的共同利益,合作共赢是人类命运共同体的核心理念。讲好中国战"疫"故事,要竭力超越文化隔阂,增进文化间的互惠性理解,凝聚各国人心,激发全世界团结奋进的强大力量。CGTN 于 3 月 11 日、14 日陆续发布"China sends special medical rescue team to Italy"(《中国向意大利派遣医疗队》)和"Chinese experts arrived to help with COVID–19 in Rome"(《中国专家抵达罗马帮助抗疫》)两个短视频,点击率都在 17 万以上,有效缓解了国外民众的恐慌情绪,进而鼓舞、提升全世界人民携手抗疫的士气。网友普遍对刚刚经历了严重疫情仍对他国慷慨施以援手的中国表示衷心赞叹:"我们属于同一个世界!我们会一起渡过难关的","在病毒面前,我们都是人类。我们在同一条船上。帮助他人就是帮助自己。停止嘲笑、责备和仇恨,让我们共同努力对抗病毒"。这些由衷抒发的感激、赞美之词,体现出通过中国援助他国的抗疫之举,很多国外民众对人类命运共同体理念有了初步和感性的认识。中国作为负责任大国的担当与现实贡献、心怀天下、乐善好施的国家形象已有目共睹、渐入人心。

(三)及时揭露抹黑报道,营造良好舆论氛围

除了及时、全方位报道我国的抗疫实况与真诚讲述中国故事,我国外宣媒体还做到了习近平总书记所要求的,"及时揭露一些别有用心的人污蔑抹黑、造谣生事的言行,为疫情防控营造了良好舆论氛围"①。部分西方媒体利用疫情,继续其惯用伎俩,或以偏概全、放大缺点,或编造耸人听闻的故事,故意混淆国外民众的视听,但对中国的抗疫贡献常常轻描淡写、一笔带过。这种曲解中国、误导民众的做法极其不负责任,一部分国外受众被长期洗脑,中国国家形象遭到了较大程度的破坏。对此,我国外宣媒体及时有力地回应国际关切,批驳某些西方媒体的歪曲报道很有必要。

各外宣媒体纷纷开通辟谣栏目以矫正视听。其中,CGTN 推出品牌产品"Facts Tell"(《真相放大镜》)栏目证伪海外谣言,以帮助澄清事实、传递事实真相、回击海外媒体污名化中国。例如,"Are policemen shooting novel coronavirus patients on the street?"《警察在街上开枪射击新冠肺炎患者了吗?》等视频,以主播出镜、专家采访等形式,用海外报道截图和文件证据,有理有据分析事件的来龙去脉,向受众澄清无良西方媒体借疫情抹黑中国的不

---

① 习近平:《在统筹推进新冠肺炎疫情防控和经济社会发展工作部署会议上的讲话》,载《人民日报》,2020-02-24。

实言论。其他报道也在释疑解惑上下功夫,深度回应国外受众的关切。例如,CGTN 曾先后发布几个视频来回应有关方舱医院医疗条件的质疑,其中一个标题为"A look into a mobile cabin hospital"(《探访一家方舱医院》)的视频日志,实实在在地将医院条件的不完善状况呈现于海外受众面前,反而出其不意地收获了广泛的关注与好评,观看量达 610510 次,点赞 4840 次,互动评论 1075 条。这些评论大多真诚且宝贵,如看到两名医护人员搀扶病患上厕所,几名网友留言建议医院提供轮椅。网友显然对报道的真实性感觉满意,SUP Richie 评论说:"这正是我们所需要的透明";Ivory Hanzo 说:"如果你们提供的信息都像这个视频一样真实,将无人会被虚假信息所误导。"这些视频及时准确地传递了中国声音,较好地解答了国外受众有关方舱医院的疑问。

二、外宣媒体国际传播方面存在的不足

在近两个月的持久疫情报道中,中国外宣媒体以崇高的敬业精神和专业精神,为海外受众展现了一个真实、立体、全面的中国形象,取得了可喜的成绩,也不可避免地存在一定的不足和问题。

(一)部分报道点击率低,海外受众关注较少

西方媒体凭借其多年来的传播优势,发布的信息极易受到海外受众的关注。部分西方媒体常年对中国形象进行着刻板化、扭曲化的处理,导致有些受众对于西方媒体过分依赖,而不信任中国媒体的报道。同样一个主题的视频,如有关李文亮医生不幸逝世的报道,CNN 的观看量为 1383999 次,而 CGTN 仅有 15190 次。海外受众较少到中国外宣媒体的官网查询信息,即使想看中国媒体的报道,也总习惯性地到优兔、推特等著名海外社交平台查看。中国外宣媒体发布的海量疫情相关报道中,尽管有些报道的单平台点击率达几十万,但超过百万点击率的只占少数比例,大多数报道的点击率不够理想。

(二)辟谣力度仍待加大,回应关切有待加强

中国外宣媒体的很多报道能及时针对西方媒体的歪曲或者国外受众的疑问展开,也取得了较好的效果。然而,打开西方媒体的网站,会发现仍有较多关于中国疫情的报道并不是客观全面的,有些是片面的、脱离语境的。如果不

及时进行自我合理阐释,将会在很大程度上影响国外受众对中国形象的认知。通过研究部分报道,尤其是视频后发现:受到中国媒体正能量激励的受众大多发表正面、积极的评论,肯定中国政府及人民的抗疫斗争,对之心存敬意,表达祝福;而受到西方媒体消极误导的受众往往发表负面评论。这充分说明受众在很大程度上可以被引导,因此及时、有效地解决这些受到不良影响受众的疑惑、回应其关切至关重要,将直接影响中国国家形象的树立。

(三)传播主体过于单一,故事选取缺乏创新

在中国抗疫故事的对外传播中,主体基本以官方媒体为主,鲜有中国的民间力量、普通民众在各类平台上发声。主持人、记者的报道中运用的官方话语较多,显现出较浓的宣传意味。虽然外宣媒体在抗疫报道中试图逐渐淡化这种色彩,但是在实际到达率方面产生的预期效果尚不明显。此外,中国抗疫过程中涌现了很多好故事,但媒体在向世界的转述中产生了一定的落差,即"应讲"与"能讲"之间的落差。故事资源原本很丰富,选取的角度、内容却缺乏创新性和生命力,在国际传播中不够接地气。

三、强化中国外宣媒体对外传播的对策建议

自2016年习近平总书记调研中央新闻单位并要求中央主流媒体要加快建设国际一流媒体,积极争夺国际话语权后,外宣媒体正逐渐构建与我国综合国力相匹配的国际传播格局,取得了一席之地。然而其传播能力仍与我国的国际地位差距较大,在塑造中国国家形象、争夺国际话语权方面依然任重而道远。笔者以为,应该在如下几点上多加研究。

(一)充分研究国际受众,强化人类命运共同体意识

中国外宣媒体应着重研究抗疫报道中广泛被国际受众关注及备受其冷落的报道,尤其是视频作品。对于点击率高、好评如潮的视频,要分析总结其受欢迎的原因;对于点击率低,无人问津的视频,要思索其为什么不吸引人,是选取的内容意义不大,还是题目不博人眼球?对于点击率较高,但受众评价不高的视频,要充分调查其中存在哪些问题,由于意识形态不同以及文化隔阂的客观存在,媒体想表达的观点与受众最终所理解的往往会存在偏差。而传播

活动与传播效果之间的落差究竟是怎样造成的,又该如何减少?

国外受众对真实性的要求颇高,外宣媒体在报道时应尽最大可能地呈现事实,提高传播的可信度,建立起受众对中国媒体和中国国家形象的信任感,逐渐形成良性循环。越真实越客观的报道,越容易取得信任;越完美的报道反而越容易被视为宣传、炒作。只有建立在充分的信任感基础上,国外受众才能对中国故事加以认可,对中国抗疫斗争给予真正的理解与支持。目前已有一些国外受众觉醒,指责部分西方媒体传达虚假信息、肆意抹黑中国、散播恐慌情绪,甚至自觉地在社交平台对中国的抗疫成绩做出公正客观的评价。中国媒体应着力争取这些理智的国外受众,让他们影响、带动更多的人摆脱西方虚假新闻的控制,转而积极关注中国外宣媒体的报道,更加愿意相信中国媒体。

随着世界疫情防控形势的日益严峻,中国已分批对其他国家和国际组织提供抗疫援助,包括检测试剂、口罩、防护服等医疗物资援助和派遣医疗专家组等医疗技术援助。美国库恩基金会主席库恩指出,"新冠肺炎疫情的迅速蔓延,正让全世界的人民深刻认识到中国提出的人类命运共同体理念的现实意义,因为世界各国从来没有像现在这样迫切需要加强合作,抗疫情,稳经济,携手取得共同胜利。"目前中国正在身体力行地充分践行人类命运共同体理念,中国外宣媒体应抓住这一关键时刻,"正当其时"地向海外受众强化这一理念,努力使之深入人心。

(二)加速借船出海,事半功倍提升传播效果

近日一个视频在海外社交媒体上大火。一位名为唐纳德·麦克尼尔(Donald McNeil)的《纽约时报》记者做客美国全国广播公司(NBC News),条理清晰地向美国观众介绍中国的检疫流程,不仅激起了主持人羡慕,还引发了网友热评,他们支持中国政府的决策,还有网友谴责了西方媒体的对华偏见。此前,西班牙网红博主苏诺伊(Noel)针对不实疫情报道发布了辟谣视频,被该国主流媒体转发并开设辟谣专栏。以上两个案例说明,大多数海外受众更相信本国媒体和权威人士所说的话,后者对中国的正面评论对某些西方媒体产生了巨大打击,逐渐瓦解着西方对中国根深蒂固的偏见,润物无声地引导了舆论。鉴于此,外宣媒体应邀请有社会影响的外国专家、权威人士、意见领袖、新闻人士、网红博主等来中国进行实地考察,他们回国后与受众分享自己的切身经历,长此以往,海外受众将越来越信任中国媒体、愈加客观地了解中国。

在官网受关注较少的情况下,外宣媒体应不失时机地主动出击,与国外媒体开展更多层次、多领域的深度合作,借更多的船,出更远的海,以制造更宽、更广、更新的国际舆论场。珍惜把握每一次借船出海的机会,通过与国外媒体的合作,切实提高海外受众的信任感,使他们更加关注中国外宣媒体,以更好地实现走出去、走进去的宣传效果。

(三)调动多元"讲述者",激发民间主体传播能力

在国际社会讲好中国故事,绝不只是外宣媒体和新闻工作人员的责任,"应组建官方与民间相结合、境内与境外相结合、传统与现代相结合、专业和业余相结合的'传播矩阵'"[1],使讲故事的主体更加多元。在抗疫故事传播和以后的外宣活动中,应增加民间话语空间的叙事力度,充分激发民间主体的传播能力。李子柒原创视频征服无数海外网友并斩获 YouTube 银牌奖,为更多普通民众参与中国故事讲述提供了诸多启示:好的中国故事应含有被国外受众广泛认同的情感需求与价值理念,如爱——对自然、生活、文化、美食、劳动及他人之爱。宏大叙事固然必不可少,"小而美"的故事更容易打动人心。讲好中国故事,不要总落窠臼,而应"改变生硬的传播模式、多进行双向交流",期待"千千万万的创作者,能够不流俗而又真实地记录自己的美好生活,让外界广泛而又准确地听到他们的声音"[2]。

参考文献

[1] 陈先红、宋发枝:《"讲好中国故事":国家立场、话语策略与传播战略》,载《现代传播》,2020(1)。

[2] 丁以绣、李淼、袁舒婕:《快速反应稳民心权威发布强信心践行"四力"守初心》,载人民网,2020-03-02。

[3] 央视网:《中国国际电视台及时客观报道中国抗击疫情》,载央视网,2020-03-07。

[4] 中国新闻网:《首部"抗疫"英文纪录片〈武汉战疫纪〉感动全球网友》,载《北京日报》,2020-03-16。

[5] 卓宏勇:《"一带一路"倡议下的文化传播研究》,载《传媒》,2019(20)。

---

① 郑少忠:《讲好中国故事,既要"敢讲"又要"善讲"》.载《新闻战线》,2020(1),22~23页。
② 扶青:《李子柒海外走红的启示》,载《南方日报》,2019-12-10。

海外主流媒体涉华疫情报道中的中国国家形象与文化影响[①]

向勇　朱粲[②]

国家形象是一个国家在国际社会中明确的信息认知,包括本国国民对本国的认知以及其他国家的国民对该国的认知。国家形象是国家文化软实力的重要组成部分,反映了一个国家的国际影响力和综合国力。海外主流媒体作为信息来源的主要窗口和基本渠道,在一个国家形象的信息输入和输出中扮演重要的角色,对于国家形象的建构发挥非常重要的作用。

国家形象依靠国际受众的评价与认定,具有强烈的主观性和可变性。中国作为此次"疫情暴发初始地"的"舆论中心国",既要被动接受海外媒体的"形象他塑",也要采取行动主动展现"形象自塑"。笔者选取了《纽约时报》(*New York Times*)、美国有线电视新闻网(CNN)、英国广播公司(BBC)、《金字塔报》(*Ahram*)和《明镜周刊》(*Der Spiegel*)等海外有代表性的五家主流媒体,使用网络工具,检索了这些海外媒体1月23日至2月24日有关"中国新冠肺炎疫情"的相关报道,借此研究海外主流媒体在此次疫情报道中的中国国家形象,进一步了解海外主流媒体的报道立场与舆论态度、理论认知偏差的文化依据和现实成因,最后经过初步的分析提出相应的建议。持续关注海外媒体对中国疫情的报道,深化认识与理解中国在国际舆论风暴中的国家形象及文化影响,有利于我们从内部不断改进国际传播、舆情引导和信息沟通的方式与策略,从外部改变与完善中国政府对外交流方式以及中国与国际社

[①] 本文主要内容已发表在《文化月刊》2020年第4期。
[②] 向勇:北京大学艺术学院教授,北京大学文化产业研究院副院长,国家社科基金重大项目首席专家;朱粲:国家社科基金重大项目课题组成员,北京大学艺术学院艺术管理与文化产业博士研究生。

会的互动机制，从而营造有利于中国社会经济发展的更加美好的国家形象认知和国际舆论环境。

一、海外主流媒体涉华疫情报道的基本情况

（一）海外主流媒体涉华疫情报道的主要形式

在 1 月 23 日至 2 月 8 日新冠肺炎疫情暴发后，中国采取的第一个严防死守的 14 天隔离措施期间，《纽约时报》涉华疫情报道的各类新闻消息和时评有 282 篇；2 月 8 日至 2 月 24 日，随着其他国家相继出现新冠肺炎确诊病例，其报道篇幅上升至 1358 篇。《纽约时报》在官网首页开设了"The Coronavirus Outbreak"（冠状病毒肺炎疫情暴发）的专题栏目，在 1 月 23 日启用了"Daily Live Briefing"（24 小时直播简报）机制。这种多部门、多国家和地区的多方记者联合协作的专题实时更新报道，是《纽约时报》针对特别重大的新闻事件报道时所采用的播报方式，曾运用于"斯里兰卡恐怖分子炸弹袭击事件""特朗普弹劾事件"等重大事件报道中。据称，此次新冠肺炎疫情报道是《纽约时报》有史以来时间跨度最长的 24 小时直播新闻报道。

CNN 也在其门户网站的首页开设了新冠肺炎暴发专题栏目。与《纽约时报》的报道数量相比，CNN 涉华疫情的报道较少，截至 2 月 24 日，约为 571 篇。

BBC 的官方网站未显示新冠肺炎疫情报道的篇幅总数，其涉华疫情报道以"事实性新闻"与"平衡性新闻"为主。在涉及中国新闻自由和言论自由的议题上，BBC 选择了较为激烈的批评立场。

《金字塔报》英文官方网站未对新冠肺炎疫情报道做篇幅统计，总体上报道篇幅较少，内容主要针对中国疫情的数据更新，是一种跟进式的事实性报道，评论性的文章几乎没有。

《明镜周刊》主办的"明镜在线"是德国最早的线上新闻网站，纸质杂志的封面颜色为橙红色，除了封面故事的大标题之外，在底端增加了当期杂志内三篇重点报道内容提要。在此次涉华疫情报道中，《明镜周刊》专门推出了一期封面报道。

（二）海外主流媒体涉华疫情报道的客观基调

CNN 的关注点大多在于美国国内对于新冠肺炎疫情的应对动向，如美国

的确诊数量、疫情对美国经济可能的影响,以及特朗普政府针对中国旅客的旅行限制等。除针对李文亮医生的报道中表达了对他的敬意,并批评中国政府的做法会失去公信力与民心之外,CNN的总体基调较为和缓,基本上以事实性报道和综合性评论为主。CNN官网在一篇有关新冠病毒与亚裔人种的关系分析中,深入分析了在美国比新冠病毒蔓延更快的种族歧视,反对西方白种人对亚裔的种族主义侮辱和无知袭击,强烈谴责了对亚裔人的无端歧视、驱逐和侮辱等行为,最后还提出美国亚裔如何进行自我保护,以及美国民众如何帮助正被种族歧视的亚裔的专家建议。

BBC的涉华疫情报道也大多是事实性的新闻报道,比如报道因为床位紧张导致武汉亲人无法入院治疗的情况,大量展示被隔离的武汉人们的生活实况,介绍中国在两周内建造雷神山医院与火神山医院的"中国速度"等,大多是关于中国形象的客观报道和正面信息。

随着中国疫情形势的好转,《纽约时报》在2月8日以后开始关注新冠肺炎疫情对中国社会经济的影响,涉及"中国在平衡抗疫情和保经济中的艰难寻找""中国工厂复工和制造业重启""新冠肺炎疫情与中国经济""中国农民工的困境"等议题,也做出了一些有一定深度和参考价值的理性分析和趋势判断。

(三)海外主流媒体涉华疫情报道的主观倾向

《纽约时报》涉华疫情报道采取了较为激烈的批评方式与讽刺语调。大多数报道时评文章的选题立意表现出典型的西方式记者思维,即所谓媒体自由的批评色彩,刻意强调批评中国在政治体系上的制度性缺陷,较少关注地方政府或个别官员的具体表现。《纽约时报》选取了"付出代价"等字样,强烈抨击中国现有的政治体制,认为中国治理体系的缺陷是导致新冠肺炎疫情全球蔓延的"罪魁祸首"。这种言辞激烈、任意批评的言论基调助推了美国"恐华""反华"的社会情绪,对中国的国家形象造成十分负面的影响。

西方媒体自诩为新闻自由和言论自由的捍卫者和当事人,却在《纽约时报》涉华疫情报道的大多数文章中,都选择性地聚焦于有关中国的"政治体系""言论自由""掩盖真实"和"官僚机构"等负面报道,尤其是对中国的威权政权治理、新闻控制和言论筛查等管制措施格外注意,并持续抨击。西方媒体抱有对中国制度的刻板印象,对中国的政治体制、政府管理模式进行大肆攻击。在此次新冠肺炎疫情专栏最受欢迎的文章排名中，前三篇涉及"中国领导人承认应对存在缺陷""中国多地未报告新增确诊病例""北京大跃退"等夺人眼球的报道内容，对中国政府和领导人采取直接的批评。《纽约时报》也十分热衷报道某些在中国发声、个人记录武汉疫情的中国社运人士（social activist）的个人抗争，以反衬中国政府对公民言论自由的控制。

《明镜周刊》一直以来对于中国的态度较为负面，其过往的封面报道常常故意带有强烈辱华隐喻的图文设计。《明镜周刊》2月1日的封面采用了中国红为底色，画面人物为一个中国人身穿雨衣（或防护衣）、头戴防毒面罩，以一种全副武装的防护形象示人，正低头看手中的苹果手机。该封面的标题赫然写着"冠状病毒中国制造"（CORONA-VIRUS MADE IN CHINA）。该报道试图用"made in China"的一语双关，描述"中国制造"对全球化带来的影响。文章作者刻意强调了德国巴伐利亚1月28日凌晨的首例确诊，起因于中国人的入境传染。作者认为，德国新冠病例的确诊具有"中国制造"影响下全球化的象征意义，并多次提及新冠病毒对全球经济、政治和文化的消极影响。此类时评隐含着不利于中国的政治气氛和暗示意味，试图将造成全球化诸种问题的头号矛头指向中国，将新冠病毒对全世界的恶劣影响与"中国制造"生硬地联系起来。

（四）海外主流媒体涉华疫情报道的文化认知

在《纽约时报》一篇有关新冠肺炎疫情为何始于中国的时评文章中，作者虽然同意世界卫生组织不鼓励以地名或人名来命名此次新冠病毒的倡议，以防止"对特定群体污名化而造成无意的负面影响"，但将导致疫情暴发的文化因素强加给中国，认为中国从孔子时代就有"对传递消息者的惩罚"的历史传统，进而形成一种"惩罚惯例"。作者引用了孔子爱徒子路的明哲保身、"木秀于林，风必摧之"的人生告诫、"枪打出头鸟"的惯用习语等所谓中国人特有的文化观念，牵强附会地论证新冠疫情背后的文化因素。作者还认为中国对某些食物功效保有的"传统信仰"（崇尚"以形补形"，冬季进补某些特殊野生动物和稀有植物，以增进身体的特殊功能）深深烙入中国人的集体意识，使得武汉华南海鲜市场野生动物的非法贩售非常猖獗，最终导致了新冠肺炎疫情的暴发。

二、海外主流媒体涉华疫情报道给中国国家形象带来的负面影响

综上，美国《纽约时报》和德国《明镜周刊》的涉华疫情报道，给我国的国家形象和文化影响造成了很大的负面作用。

（一）中国被"他塑"为没有政治民主和言论自由的"威权国家"

以《纽约时报》《明镜周刊》为代表的海外主流媒体颇为一致地认为，2020年春暴发的新冠肺炎疫情对强调全面建成小康社会目标的中国而言，不仅是一次重大的公共卫生危机，也是一次重大的政治危机和经济危机，认为这是对中国近年来在对外宣传中精心塑造"盛世形象"的巨大嘲讽。《纽约时报》举起所谓"民主、言论自由和人权"的西方价值理念，误导美国公众对中国的价值认知，恶意将新冠肺炎疫情蔓延的主因归咎于中国政府的舆论控制和国家的政治体制。新冠肺炎疫情的暴发和蔓延成为西方批评者坐实中国"压制民主、管制言论"的现实佐证和典型论据。

（二）中国"被成为"影响世界经济和他国人民生活的"罪魁祸首"

新冠肺炎疫情在短期内给中国经济和人民生活带来不利影响。随着疫情在其他国家的蔓延，以及国外公司在中国的众多合作工厂无法及时复工复产，世界经济将受到较大程度的影响。日本疫情失控，韩国、伊朗、意大利等国疫情暴发，它们也效仿中国，采取居家隔离、局部"封城"等防控措施。受疫情影响的当地居民会在海外媒体的诱导下，认同中国为罪魁祸首的推论，并对海外旅居的中国人采取歧视性的防范和疏离。而各国此前就存在的经济发展滞缓、生活品质下降的现象，进一步加重了外国国民的反华情绪。

（三）中国人在国际社会的公民形象的个体认知严重受损

在某些海外媒体的舆论鼓动下，某些国家和地区久已存在的种族歧视和对中国人素质的诟病，会导致中国公民在此次新冠肺炎疫情危机时期及疫情解除之后的一段时间内，仍被视为被中国政府"蒙蔽""愚弄"而"无法获取真相"的"愚民"。这样，中国人在世界舞台发声时，个体的经历讲述和情感

传达的真实性、感染力会被严重质疑。某些海外媒体恶意使用了"新东亚病夫"来指称中国人,中国人的个人形象与可怕的病毒捆绑在一起,已经造成多个国家和地区的旅居华人遭受"污名化"对待和辱骂驱赶。

(四)中国文化的价值认同遭受明显挑战

某些海外媒体对中国文化的曲意解读,无形中会导致他国人民对中国文化,比如饮食文化、健康文化的认同度和好感度明显降低,影响中国文化对外传播的接受效果。随着海外新冠肺炎疫情的蔓延以及多个国家对中国采取旅行贸易的限制措施,原计划 2020 年上半年开展的许多跨国文化交流活动、文化类节庆会展纷纷取消,人员之间正常的文化交流停滞,这将对我国文化产品出口、对外文化贸易和文化交流活动产生不可避免的深远影响。

三、提升中国国家形象和文化影响的对策建议

国家形象是一个国家在国际社会发挥影响力的重要影响因素,良好的国家形象是国际社会对一个国家产生广泛认同的主要表现方式。我们要借助中国在防控新冠肺炎疫情上所取得的阶段性成果和积累的经验教训,采取主动措施,积极导入自信、包容、公开、透明的"形象自塑"手段,借助本国媒体和海外媒体优化信息认知,不断改变和提升中国的国家形象。

(一)不回避突出问题,改变公共信息沟通理念

从新冠肺炎疫情的暴发、蔓延和防控的发展过程可以看出,一些地方政府应对此次疫情措施中的某些不足和个别疏忽等问题,往往会成为海外媒体,尤其是并不亲华的海外媒体的关注点,并被加以无限放大。海外媒体对这些问题的攻击,不会因为我们拒绝向海外媒体澄清或限制其获取信息而得到改善。西方记者在进行重大新闻报道时,如果无法得到更多主流渠道的信息,就会转而借助"非主流"的渠道,甚至主观推演,这样对中国的报道难免负面,导致我国国家形象受损。

对于海外媒体的新闻报道,无论是其"居心叵测"选择性忽视优点,刻意报道中国的负面形象,还是全媒体时代"坏事即好新闻"的刻板新闻理念,尤其是在中西意识形态认知相对分歧的情况下,我们都应该遵循网络传播和国

际传播的规律。事实证明,由我们强制决定给西方媒体看什么的单向传播方式,会引发西方记者的不满,激发他们的逆反心理和不信任感,从而导致恶性循环。在影视文学作品中,人们往往喜爱的是一个有血有肉、有情感有弱点的生活中的"真实人",而不是一个完美无缺、高高在上的"假面英雄"。如果我们过于希望在世界舞台上展示一个强大、发达、自信的国家形象,迫切希望中国文化不仅"走出去",走上国际舞台,而且还能"走进去",走进世界民众的心里,就要用"'展示'而非'告知'"(show not tell)的平民方式,生动地传播中国人现实生活中"活泼"的日常文化。否则,随着中国在国际社会的曝光度增加,外国民众在看到更多中国形象、听到更多中国声音的同时,却只能本能地感受到中国只是在"不友好"地崛起,没有真正感受到中国文化的亲和魅力和价值内涵,无端助长了他们"中国威胁论"的心理恐慌,对中国文化对外推广的公信力和客观性产生质疑。

在 2 月 24 日举行的中国—世界卫生组织新冠肺炎联合专家考察组新闻发布会上,外方组长、世界卫生组织总干事高级顾问布鲁斯·艾尔沃德(Bruce Alyward)以专业理性、得体周全、宽容真诚的态度高度认可了中国所采取的"传统古老方法 + 现代科技手段"的疫情防控措施,对"中国式防控"手段和中国人"利他的集体意愿"充满调适的认知认同和高度敬意的温情讲述,深深打动了在场的中外记者。像这样不念稿子、轻松平和、充满感激、信息准确透明、多角色人员参与的新闻发布会还可以更多地主动举办。

(二)变被动为主动,提高中国文化产品跨文化叙事能力

西方传播学话语中,"传播"(communication)也有"交流"之意,意在强调双向对话的沟通机制。在西方语境中,攻击性较强的合理争论、据以论据的自由辩论和直截了当的话语方式,是较为重要的沟通方式甚至是建立友谊的有效模式。反之,沉默不语、傲慢无礼或消极回避都会被视为不友好、不自信的表现。2008 年中国四川汶川地震发生后,时任国务院总理的温家宝在地震两小时后的 16 时 40 分已赶赴灾区现场,指挥救灾。这一反应迅速的应对举措,直至今日仍被纽约大学等美国高校作为国家公共危机处理的经典案例,以正面教材的形式在大学课堂上详细讲授。这在美国民众中大大提升了中国政府和中国领导人的好感形象。中国政府应对汶川地震的舆论措施,很好地抓住了新闻事件报道的"黄金 72 小时法则"。强力有效的措施和快速得体的信息

公开,使得中国政府由被动的宣传变为主动的传播,对引导国际舆论产生了正面的价值。

全媒体时代的跨文化传播是"全程媒体、全息媒体、全员媒体和全效媒体"的舆论生态和媒体格局,"信息无处不在、无所不及、无人不用",其手段不只是传统官方媒体的多语种频道建设、海外机构建设等耗资巨大的全球推广计划,而是更多地了解国外的文化语境、交流习惯和精神信仰,培养既懂外语语言、也懂得外国文化思维和能使外国观众产生情感共鸣的跨文化传播人才。在国家形象的海外公共传播策略上,我们应尽量减少政府主体的官方色彩和政治部门的公务行为等意识形态、说教色彩较为浓厚的方式,主动展示普通人民的日常生活,以人性化强、距离感弱的生活场景赢得国外人心。《纽约时报》在一边倒的批评质疑报道中,却对武汉外卖小哥给予了正面的赞扬式报道,称赞中国外卖小哥们给城市运送的是"满满的希望",称他们为"平民英雄"。因此,我们既要在对外文化传播的内容创意上更加灵活创新,探索多角度的叙事方式,既展示优点,用事实和生动具体的故事说话,也要对客观存在的问题采取坦然面对、积极解决的姿态,主动参与讨论,占得国际舆论引导的先机,便与国际话语体系展开有效的沟通对接。

(三)不卑不亢,在对外文化传播中展现自信中国大国形象

在李文亮医生去世后,国内有不少主流媒体和自媒体争相报道,认为CNN采用了恶意歪曲事实的新闻标题,妖魔化中国政府和地方警察,还附上了谷歌自动翻译的中文译文。CNN的英文标题使用了"police target"一词,将李文亮医生的死讯与他早期预警受到警方训诫联系起来。中文将本该翻译为"警方目标"的词组翻译为"警方袭击"。据此中文翻译,中国境内许多主流媒体纷纷指责美国媒体将"警方训诫"造谣为"警方袭击",进行大肆攻击。如果我们更加自信,仔细查阅原文,知道本来报道立场平和的CNN使用的英文单词只说明"警方目标",仅表示李文亮医生成为警方关注的目标,并未使用任何表达"袭击"的不当词汇,也就不会发生无端批判CNN的过激行为,更有利于国内外媒体同行的交流与合作。

西方主流媒体对自身承担的舆论监督责任,具有神圣的捍卫意识,把批评政府、嘲弄领导人视为理所当然。对于某些海外媒体不顾国人情感和接受习

惯，在新闻报道中恶意使用针对中国的种族主义和侮辱性词汇，我们不能委屈忍让、一味放纵，但也不用过度解读、过度激愤，更不应该在没有用专业知识考证事实的情况下盲目指责对方。我们要在争取国家形象自我塑造权和承认他者解释权的情况下，予以客观理智的认识，展示中国的大国胸襟和开放自信的国家形象。